Gemeinsam tüfteln statt einsam glotzen

Duden

Gemeinsam tüfteln statt einsam glotzen

Clevere Experimente für Kinder und Eltern

Julia Kleeberger
Franziska Schmid
Junge Tüftler gGmbH

Dudenverlag
Berlin

Inhaltsverzeichnis

Einleitung

Vorwort - unser Anfang oder wie wir zur Tüftel-Familie gekommen sind

„Maya, komm mal hier rüber und mach mal bei dem Workshop mit - das ist wichtig, da lernst du, wie das funktioniert mit den Robotern. Ich schau dir zu.“

Aussagen wie diese begegneten uns oft, wenn wir auf Veranstaltungen wie der *ARS Electronica* in Linz, der *TechCrunch* in London oder dem *DesignMai* in Berlin unterwegs waren: Überall gab es Neuheiten und Technologien zum Anfassen und Ausprobieren. Wir machten mit, weil wir näher verstehen wollten, wie das alles funktioniert - und fanden uns immer umringt von Kindern, die bei den Workshops dabei waren. Die Eltern standen oft nur daneben und schauten zu. Während die Kinder und wir durch Ausprobieren und Herumtüfteln dahinterkamen, wie die Dinge funktionierten, hatten die Erwachsenen nur eine vage Vorstellung, was da eigentlich vor sich ging.

Wer wir sind? Wir sind Franzi und Julia, die beiden Gründerinnen von Junge Tüftler. Bevor wir das wurden, verdienten wir unser Geld in Agenturen und Forschungseinrichtungen und waren in der Kreativ- und Designszene Berlins zu Hause. Einen Hintergrund in Physik oder Informatik hatten wir nicht. Aber wir dachten uns, das, was wir in den Workshops gemacht haben, war so einfach und hat so viel Spaß gemacht: Das sollten wir auch anderen nahebringen. Gleich danach kamen die Zweifel: Können wir das überhaupt? Und dann schauten wir, wie unsere Kinder einfach machten, ausprobierten und lernten - ohne jeden Selbstzweifel. Wir stellten uns die Frage: Wann in unserem Leben verlieren wir dieses unerschütterliche Vertrauen in uns selbst, *es einfach zu machen* und Dinge durch Ausprobieren zu lernen? Und was können wir tun, um das Vertrauen wieder zurückzugewinnen?

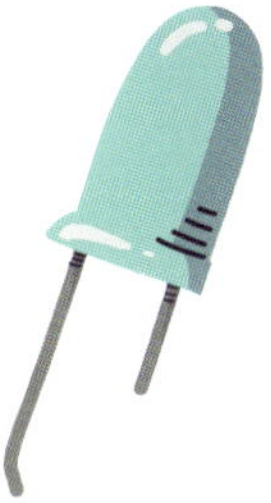

Also begannen wir uns umzuschauen und nach Antworten zu suchen. Wir stolperten über Initiativen und Forschungsgruppen wie etwa das *„Playful Learning Lab"* in Minnesota und die *„LifeLong Kindergarten Group"* am Michigan Institute of Technology. Hier ist der Name Programm: Ähnlich wie im Kindergarten arbeiten die Labs nach dem Ansatz des *„Playful learnings"*, also des Lernens durch Spielen. Wir waren elektrisiert von der Herangehensweise und eigneten uns einfach durch das Herumtüfteln abstrakte technologische Zusammenhänge und Programmierlogiken an. Dazu brauchten wir keine dicken Sachbücher zu wälzen oder Studiengänge zu absolvieren. Wir probierten es einfach aus - spielerisch eben. Dass das so einfach ging, lag auch daran, dass die Institute und Labs ihr Wissen frei im Netz zur Verfügung stellen, viele gebräuchliche Materialien verwenden und die Vorgehensweisen allgemein verständlich erklären. So konnten wir direkt loslegen.

Wir trafen uns bei Franzi in der Küche und begannen, mit Knete zu experimentieren. Es war kinderleicht. Der Elektrofachhandel um die Ecke wurde unsere neue Inspirationsquelle: Wir entdeckten LEDs, verschiedene Summer, Sensoren und Motoren. Wir bauten leuchtende Schnecken, quietschende Knetmonster oder Männchen mit kreiselnden Hüten. Und ganz nebenbei frischten wir all unser Wissen über Reihen-

und Parallelschaltungen auf - und über Kurzschlüsse. Die Einfachheit der Experimente faszinierte uns und wir konnten es kaum erwarten, diese Projekte gemeinsam mit Kindern umzusetzen: Wir starteten unseren ersten Workshop im Jahr 2015 und der Erfolg war enorm! Die Kinder hatten mindestens genauso viel Spaß wie wir und sie waren so kreativ! Es entstand ein ganzes Universum von neuartigen blinkenden und summenden Wesen, klingenden Pflanzen-Orchestern und Bildern, die sprechen konnten.

Die Kinder hatten jede Menge Spaß und waren glücklich, ihren Ideen und Fantasien Ausdruck verleihen zu können und einen Raum zu haben, um einfach mal herumzutüfteln. Auch wir waren begeistert und freuten uns über die leuchtenden Kinderaugen. Das zeigte uns, dass wir etwas richtig machten, und ganz nebenbei wurden wir alle mit jedem Projekt ein bisschen schlauer - einfach, weil wir es ausprobierten.

Natürlich gab es auch immer wieder Momente, an denen wir nicht weiterkamen - aber das Gute war, wir waren nie allein. In den USA formierte sich eine ganze Bewegung, die sich in Windeseile weltweit verbreitete: Überall entstanden „*Makerspaces*", in denen Menschen wie wir Spaß daran hatten, einfach etwas zu machen und ihr Wissen darüber zu teilen. Wenn wir also nicht weiterkamen, dann recherchierten wir in Internetforen oder fragten in unserem Umfeld herum - und irgendjemand hatte das „Problem" meistens bereits vor uns gelöst und dokumentiert oder konnte uns weiterhelfen.

#einfachmachen - das ist die Einstellung, die all unserem Tun zugrunde liegt. Mit dieser Haltung haben wir in den letzten Jahren mit Tausenden von Kindern zusammen getüftelt. Wir haben eine Fülle von Projekten erstellt und gesammelt und können auf einem riesigen Erfahrungsschatz aufbauen. Das Beste aus alldem wollen wir hier mit euch teilen. Wir zeigen euch Schritt für Schritt, wie ihr selbst gemeinsam mit euren Kindern viele spannende Projekte umsetzen könnt. Dafür braucht ihr keinerlei Vorerfahrung, sondern nur eine gute Portion Neugier und die Lust, einfach zu machen. Also, los geht's!

Warum dieses Buch?

Sicher habt ihr euch auch schon öfter gefragt: Was ist eigentlich wirklich wichtig für mein Kind? Und was tut ihm gut in einer Welt, die immer mehr und mehr digitalisiert ist?

Wir stellen uns diese Frage ständig. Wir lieben es, mit unseren Händen zu bauen und Neues zu erschaffen. Lernen durch *be*-greifen, also durch das Machen und Tun ist unserer Meinung nach essenziell, damit sich Kreativität entfalten kann.

Was viele dabei auf den ersten Blick übersehen: Auch das Arbeiten am Computer birgt unheimlich hohes kreatives Potenzial. Die Erfindung von Smartphones, Solarpanels oder Autos, die alleine fahren, wäre ohne Computer nicht denkbar. Computer und Technologien erweitern unsere Gestaltungsmöglichkeiten und können uns helfen, das, was in uns steckt, noch besser zu entfalten.

Wichtig ist dabei, dass wir es schaffen, diese beiden Welten miteinander zu verbinden: das Menschliche und Materielle auf der einen Seite und das Technische und Abstrakte auf der anderen Seite – und genau das tun wir in der Tüftel-Familie.

In unseren Workshops und Veranstaltungen bringen wir das Beste aus beiden Welten zusammen. Wir lieben es, gemeinsam mit Menschen in Teams zu arbeiten. Und wir sind fasziniert von Technologien und den darin liegenden Möglichkeiten, Gutes zu tun.

Bereits mehrmals hatten wir das Glück, ganze Sportarenen und Veranstaltungshallen mit Experimentierstationen füllen zu können, um dort tagelang mit Hunderten von Kindern zu tüfteln und zu bauen. Entstanden sind zum Beispiel Roboter, die sich von Baum zu Baum bewegen, um sie zu bewässern, sodass unsere Innenstädte grüner werden. Kinder haben so wunderbare Ideen, die Welt besser zu machen - es ist unsere Aufgabe, ihnen die Werkzeuge dafür in die Hand zu geben, das tun zu können.

Für wen wir das Buch geschrieben haben

Wollt ihr euren Kindern den kreativen Spielraum geben, sich zu entfalten, aber wisst nicht genau, wie ihr das anstellt, dann seid ihr hier genau richtig. Wir zeigen euch Schritt für Schritt, wie ihr euch mit dem Tüfteln vertraut machen könnt. Ihr erhaltet interessante Einblicke und Hintergrundinfos sowie praktische Tipps, damit ihr selbst in der Lage seid loszulegen. Mit diesem Buch habt ihr also alles in der Hand, um gemeinsam mit euren Kindern auf eine spannende Reise zu gehen und in die faszinierende Welt des Tüftelns einzutauchen.

Wie dieses Buch aufgebaut ist

Das Buch besteht aus zwei Teilen: Im **ersten Teil** „Wissen“ geben wir euch Hintergrundinformationen, Tipps und Tricks, damit ihr gut gerüstet seid für das Tüftel-Abenteuer.

Im **1. Kapitel** erfahrt ihr, wie das mit der Kreativität und dem Lernen überhaupt so funktioniert und warum es so wichtig ist, dass wir uns diese beiden Fähigkeiten ein Leben lang erhalten. Wir gehen darauf ein, welche Bedeutung das Digitale beim Lernen hat und zeigen euch Tipps und Tricks zur Mediennutzung. Dabei gehen wir z. B. auch auf Fragen ein, wie viel Zeit Kinder eigentlich mit Medien verbringen sollten, und geben euch Werkzeuge an die Hand, wie ihr zu Hause gemeinsame Regeln finden könnt.

Im **2. Kapitel** widmen wir uns der Magie des Tüftelns: Wir legen dar, warum Tüfteln so wichtig im Lernprozess ist, und erklären, warum Tüfteln und Programmieren enge Verwandte sind. Außerdem zeigen wir euch, wie einfach es ist, ein Computerprogramm zu erstellen, und dass es Schleifen nicht nur bei Geschenken gibt, sondern auch beim Coden. In einem Selbstcheck könnt ihr euch und euer Kind einschätzen, um besser zu verstehen, wo ihr im Lernprozess gerade steht.

In **Kapitel 3** gehen wir darauf ein, dass es immer mehrere Wege gibt, ein Ziel zu erreichen – je nach Neigung und Interessen gilt es, den für sich selbst richtigen Weg zu finden, denn jeder Mensch lernt auf seine Weise. Daher unterscheiden wir auch 7 verschiedene Tüftel-Typen. Zu welchem Tüftel-Typ zählt ihr? In Kapitel 3 findet ihr es heraus und erfahrt, welcher Weg sich für euch eignet und was ihr dafür braucht. Außerdem stellen wir verschiedene Tüftel-Formate vor, sodass ihr wisst, wofür ihr euch wie viel Zeit nehmen solltet.

Im **zweiten Teil** des Buches „Einfach lostüfteln" wird es dann konkret. Hier haben wir euch eine Fülle von Projekten beschrieben, sodass ihr direkt mit euren Kindern lostüfteln könnt. Bei der Auswahl der Projekte haben wir euch und eure Kinder im Alter von 5 bis 8 Jahren vor Augen gehabt, aber glaubt uns: Auch wir Erwachsene haben jede Menge Spaß dabei, die Projekte umzusetzen. Es geht bei uns also gar nicht so sehr um die Frage des Alters, sondern vielmehr um eure individuellen Neigungen.

Deshalb haben wir für jeden der 7 Tüftel-Typen ein Starter-Projekt formuliert, damit ihr gleich richtig loslegen könnt. Natürlich könnt ihr auch die Starter-Projekte der anderen Typen umsetzen – je mehr ihr ausprobiert, desto besser baut ihr auch ein Verständnis für die verschiedenen Lernwege und Herangehensweisen auf. Es gibt immer mehrere Möglichkeiten, das Ziel zu erreichen – und zusammen ist es dabei am schönsten. Außerdem führen wir auch die einzelnen Technologien, die wir hier verwenden, mit einem Beispielprojekt ein.

Wenn ihr euch bereits gut vorbereitet fühlt oder einfach schon mal reinschnuppern wollt, überspringt den ersten Teil und fangt direkt mit dem zweiten Teil an: #einfachmachen! Das Buch ist also so flexibel nutzbar, so flexibel, wie ihr es auch seid. Und jetzt viel Spaß dabei!

Wer tüftelt denn da? Ein großes Hallo von der Tüftel-Familie

Neben **Franzi** und **Julia** ist die Tüftel-Familie in den letzten Jahren zu einem bunten Team mit über 20 Personen herangewachsen, die gemeinsam an tollen Projekten arbeiten. Entsprechend vielfältig sind auch die Projekte, die in der Tüftel-Familie umgesetzt werden, und einen Auszug daraus stellen wir euch in diesem Buch vor. Dafür möchten wir euch auch ein bisschen mit den Personen dahinter bekannt machen:

Juliane liebt es, Wesen und Welten aus Pappe und Pompons zu illuminieren und ihnen elektrisches Leben einzuhauchen. Wenn sie nicht gerade tüftelt, trifft man sie oft auf Filmfestivals. Lasst euch in den Stop-Motion-Projekten ebenfalls von ihr inspirieren und macht euren eigenen Film.

Klingt ein Summer nicht oder funktioniert der Schalter nicht richtig? **Susanne** findet die Problemstelle und löst jede technische Herausforderung. Sie tüftelt gerade noch an einem Schalter für die Superhelden-Maske (Projekt 20).

Ein Modellflugzeug, dass den Feinstaub in der Luft messen kann, oder ein Parcours-Mosaik, um Roboter durch Labyrinthe fahren zu lassen? **Felix'** Kopf ist voll von fantastischen Ideen und mit seiner Leidenschaft fürs Tüfteln und seinem geschulten Auge für Gestaltung zaubert er immer wieder wunderbare kleine Kunstwerke. In diesem Buch verrät er euch seine Tipps für virtuelle Welten.

Giulia sprüht vor Ideen und Einfällen! Ein „Geht nicht“ akzeptiert sie nicht und tüftelt so lange, bis sie eine Lösung findet. Dafür baut sie auch schon mal einen alten CD-Player auseinander, um sich neue Projekte auszudenken, wie etwa den Spiralen-Maler. Dabei geht sie stets sehr gewissenhaft und analytisch vor: eine echte Physikerin eben!

Carlottas Leidenschaft gehört der Illustration. Und wenn sie nicht gerade unsere Ladenfenster bemalt oder Grafiken für Tüftel-Bücher wie dieses hier entwickelt, könnt ihr sie auf dem Fußballplatz antreffen, wo sie gerade kurz davor ist, den Siegtreffer zu erzielen.

Franz’ Leidenschaft für Programmierung und Coding ist mindestens genauso groß wie fürs Bauen und Werkeln. Daher liebt er auch Roboter und baut zum Beispiel riesig große Winkekatzen-Bots. In diesem Buch gibt er euch hilfreiche Tipps, um zum Beispiel einen Abenteuerpfad spannender zu machen.

Marlen ist eine Tüftlerin der ersten Stunde. Die Faszination für elektronische Klänge hat sie direkt zu uns geführt und seitdem begeistert sie große und kleine Tüftler und Tüftlerinnen mit ihrer ansteckenden Leidenschaft - sei es ganz analog mit dem Zahnputzspiel oder mit jeder Menge Kabel und Code, um sprechende Poster zu basteln: Marlen zeigt euch, wie’s geht!

Mit ihrem schier unendlichen Schwung reißt **Claudi** das Team mit. Ihre Leidenschaft ist, Kindern den Einstieg in die digitale Welt zu erleichtern. Beim Projekt „Falsch verkabelt“ erklärt sie euch, wie das auch ganz ohne Technologie funktioniert.

Moment mal: Ausprobieren und dann auch kurz innehalten und darüber nachdenken, was gerade passiert ist: **Philo** ist Meisterin darin, dass ihr beim Spielen gleichzeitig immer jede Menge lernt und dabei einen Riesenspaß habt. In unserem Buch erklärt sie euch ein Maus-Fang-Spiel und voilà: Ganz einfach habt ihr euer erstes Computerspiel selbst programmiert.

Mailis hat als Freiwillige nach der Schule den Weg zu uns in die Tüftel-Familie gefunden und bereichert uns mit ihrem frischen Blick und ihren klar strukturierten Gedanken. Bei den Grußkarten-Projekten gibt sie euch Tipps, wie ihr persönliche Wünsche analog und digital versenden könnt.

Richtig gute Stimmung im Workshop? Dann ist **Melda** nicht weit. Sie hat auch immer ein Auge darauf, dass die Zusammenarbeit gut läuft - denn sie weiß, dass das der Schlüssel zum Erfolg ist. Probiert das Roboter-Labyrinth aus: Hier merkt ihr ganz schnell, wie wichtig gute Teamarbeit ist.

Markus ist Digital-Enthusiast durch und durch. Lasst euch von seiner Begeisterung für virtuelle Welten und selbst gebaute Computerspiele anstecken! In den Projekten sprechende Katze und Schmetterling und CoSpaces-Naturwelten verrät er euch seine Tipps für die Arbeit mit CoSpaces und ScratchJr.

Egal ob Zeichnung, Film oder Text: **Lukas** lässt keine Möglichkeit aus, seine Ideen und Gedanken kreativ umzusetzen und weiterzugeben. Sein Geheimtipp ist ein Bewegungsspiel, mit dem ihr auf ganz einfache Art und Weise Kenntnisse über die Funktionsweise von Stromkreisen erlangt.

Steffi arbeitet leidenschaftlich gern mit Klängen. Sie blüht regelrecht auf, wenn sie Musik mit der Zusammenarbeit mit jungen Menschen verbinden kann, und ihr Einfallsreichtum scheint grenzenlos. Sie zaubert mit euch die verrücktesten Klangkombinationen, wie ein Orchester aus selbst gebauten Winkekatzen. In unserem Buch gibt sie euch Tipps für ein monstermäßiges Halloween-Glas oder zeigt euch, wie ihr eure Schatzkiste zum Johlen bringen könnt.

Nicole liebt Ordnung und Struktur einerseits und die Zusammenarbeit mit einem wilden Haufen Kinder andererseits. Gerade in dieser Gegensätzlichkeit entfaltet sich ihr Genie und mit ihr könnt ihr ganz versiert eure Kinderzimmerschilder und Papierhäuser zum Leuchten bringen.

Kein Thema ist zu komplex und kein Projekt zu groß, als dass es **Elisabeth** nicht mit Bravour meistern würde - egal, ob es um künstliche Intelligenz geht oder darum, den laufenden Workshop-Betrieb zu organisieren. Hier verrät sie euch Tricks, mit denen ihr eure Stop-Motion-Filme mit ebendieser Bravour auf Profiniveau hebt.

Nora ist inspiriert von der Vorstellung, dass jeder und jede die Möglichkeit bekommt, mit Technologie zu bauen und eigene Ideen zu verwirklichen. In unserem Buch zeigt sie euch, wie ihr eure Puste nutzen könnt, um leuchtende Luftballons zu fabrizieren.

Ohne **Natascha** würde bei uns manchmal so einiges aus dem Ruder laufen. Dabei wirbelt sie ohne viel Aufhebens im Hintergrund und stellt sicher, dass alles rundläuft. Sie zeigt euch, wie auch ihr eure ersten Programmier-Erfahrungen sammelt und dabei Buchstaben zum Tanzen bringt.

Karo ist das heimliche Genie in der Tüftel-Familie. Sie jongliert die Zahlen und sorgt mit ihrem offenen Wesen für allzeit gute Stimmung im Büro. Hier erklärt sie euch, was Backen mit Programmieren zu tun hat - oder umgekehrt.

Egal, was es ist, **Yasin** ist immer mit ganzem Herzen dabei und das spürt man bei all seinen Projekten. Hier teilt er mit euch seine Einblicke in das Musizieren mit dem Mikrocontroller Makey Makey.

Hat hier jemand was gesagt? Keine Nachricht von euch an uns bleibt unkommentiert, und ganz oft ist es **Flo**, der hier dahintersteckt. Er ist fast täglich mit unseren Leserinnen und Lesern im Kontakt, um Neuigkeiten mitzuteilen. Im Buch gestaltet er mit euch eine der bekanntesten Spielfiguren aus den Anfängen der Computerspielezeit neu, den Space-Invader.

Wir alle freuen uns darauf, euch bei eurer spannenden Reise zu begleiten, und haben dafür hier unsere schönsten Tüftel-Projekte für euch zusammengestellt, die uns besonders ans Herz gewachsen sind. Hier teilen wir mit euch wichtige Hintergrundinformationen, Tipps und Erfahrungen, die wir in unseren unzähligen Veranstaltungen gesammelt haben. Alles, was ihr braucht, um loszulegen, habt ihr bereits:

1. Eine gesunde Portion Neugier auf das Thema, denn deshalb haltet ihr das Buch in euren Händen.
2. Lust, gemeinsam mit eurem Kind auf eine Entdeckungsreise zu gehen.
3. Alles Weitere, was ihr benötigt, lernt ihr hier.

Nur Mut, denn mit der Einstellung #einfachmachen werdet ihr jede Herausforderung meistern. Lasst euch ein kleines Geheimnis von uns verraten: Bis vor wenigen Jahren wussten wir auch nicht, was die unterschiedlich langen Beinchen einer LED bedeuten - und wenn jemand über Schleifen gesprochen hat, dann haben wir an Geschenke oder Schuhe binden gedacht - aber nicht ans Programmieren. Aber unsere unversiegbare Neugier und jede Menge leuchtender Kinderaugen haben uns immer wieder darin bestätigt, wie schön es ist, einfach zu machen. Los geht's.

Apropos #einfachmachen: Wir in der Tüftel-Familie haben uns unsere eigene TüftelAkademie gebaut. Auf dieser Onlineplattform bieten wir Eltern, Lehrerinnen und Lehrern die Möglichkeit, zu Hause und in der Schule mit uns zusammen ins Tüfteln einzusteigen mit zahlreichen freien Projekten und Lernmaterialien.

Begleitend zu diesem Buch haben wir für euch alle Projekte auch noch mal als Foto-Tutorials dokumentiert. Zudem findet ihr hier die Vorlagen zum Ausdrucken, die ihr für die Projekte braucht, sowie Tipps zum Einkaufen der notwendigen Materialien und inspirierende Links zum Weiterlesen und Tüfteln. Schaut einfach mal rein unter: https://tueftelakademie.de/gemeinsamtuefteln.

Wir haben einige Tüftel-Boxen für euch zusammengestellt, die ihr als vollständige Materialsammlung für einzelne Projekte erwerben könnt. Wir freuen uns auch, wenn ihr Teil unserer Community werdet, denn Tüfteln und das Sich-darüber-Austauschen, das gehört für uns einfach zusammen.

Probiert alles aus, was euch und euren Kindern Spaß macht, seid auch mal frustriert, beginnt neu und vollendet eure Projekte erfolgreich. Wir freuen uns riesig über euer Feedback. Was funktioniert gut, was nicht, wo braucht ihr Hilfe? Ihr könnt gerne auch Fotos auf Instagram oder Twitter teilen. So können wir eure Erfolge sehen oder euch weiterhelfen.

Teil 1

Wissen – die Vorbereitung

Lasst uns gemeinsam loslegen. Und wie jede gute Reise beginnt alles mit einer guten Vorbereitung.

Warum Tüfteln?

Die Zukunft wird kreativ - so seid ihr bereit!

Sicher habt ihr euch auch schon mal die Frage gestellt, was ist es eigentlich, was unsere Kinder in der Schule lernen sollen? Worauf kommt es tatsächlich an? Klar: rechnen, schreiben, lesen - und dann? Was brauchen unsere Kinder, um ein gutes Leben zu führen? Wie entwickeln sie die Antworten auf die großen Herausforderungen unserer Zeit? Wir haben darauf eine Antwort: Kreativität!

Kreativität meint die Fähigkeit, Probleme von einer neuen Seite zu betrachten, Dinge anders einzusetzen, als ihr ursprünglicher Verwendungszweck war, und gelernte Schritte bewusst über den Haufen zu werfen.

Wenn wir kreativ sind, dann gestalten wir unsere Umgebung und erschaffen etwas Neues. Meist sind wir dabei von einer inneren Energie, einem Schaffensdrang angetrieben, der uns beflügelt, mehr Wissen und Können zu erwerben. Dies können wir dann sinnstiftend zu etwas Kreativem, Neuem verbinden. Und dabei muss es nicht immer gleich die nächste Marssonde sein, die wir erfinden - auch beim Backen oder bei der Gestaltung des Balkonbeetes können wir kreativ sein.

„Bei Kreativität geht es nicht einfach nur um künstlerisches Tun; vielmehr ist sie der Kern jeglicher Innovation“[1], so Balder Onarheim, Professor für Kreativität an der Technischen Universität Dänemark.

Deshalb ist Kreativität auch unerlässlich für unser Überleben und dafür, dass wir uns ständig weiterentwickeln. Indem wir Dinge in neue Zusammenhänge setzen, gewohnte Nutzungen hinterfragen, neu kombinieren und weiterentwickeln, also indem wir frei herumtüfteln und experimentieren, erschaffen wir Neues.

Das Gute dabei: Wir Menschen sind von Natur aus kreativ. Das erleben wir auch regelmäßig in unseren Veranstaltungen, so z. B., als wir mit Kindern in einem unserer Workshops leuchtende Luftballons gebaut haben (das Projekt findet ihr auch hinten im Praxisteil). Während wir gerade ganz vertieft mit ein paar Kindern tüftelten, sahen wir, dass der fünfjährige Kolya neben uns aus den herumliegenden Materialien einfach ein leuchtendes Luftschiff baute - ohne dass ihn jemand dazu ermuntert hätte oder es eine Anleitung dafür gegeben hätte.

Jede und jeder hat die einzigartige Fähigkeit, sich Dinge auszudenken und vorzustellen, die bisher noch nicht existieren. Kreativität ist wie ein Muskel, den wir regelmäßig trainieren müssen, um in Übung zu bleiben, doch leider tun wir das in unserem Alltag viel zu wenig. Daher haben einige Vordenker erkannt, dass Schule genau der richtige Ort ist, um Kreativität zu üben und sich Methoden anzueignen, sie auch ein Leben lang zu erhalten. Diese wichtigen Zukunftskompetenzen werden auch als 21st Century Skills bezeichnet. Neben Kollaboration, selbstständigem Handeln und kritischem Denken zählen auch Kreativität und Digital-Kompetenzen dazu.

Dabei reichen Letztere über den reflektierten Einsatz von digitalen Medien hinaus. Es geht darum, die digitale Welt zu gestalten. Neben dem Verständnis über die Anwendung, also der Frage „Wie nutze ich das?“, und der Reflexion hinsichtlich der gesellschaftlichen Bedeutung, also der Frage „Wie wirkt das?“, umfasst die Gestaltungskompetenz auch die technische Perspektive, also die Frage „Wie funktioniert das?“. Entsprechend weit verbreitet ist die Forderung, die bisherigen drei Kulturtechniken Lesen, Schreiben und Rechnen um die vierte Kulturtechnik des Programmierens zu ergänzen. Ziel ist es dabei nicht, dass alle Kinder später einmal Informatikerinnen werden. Wir erwarten ja auch nicht, dass unsere Kinder alle Schriftsteller werden, nur weil sie schreiben lernen. Vielmehr geht es darum, dass sie die grundlegenden Modelle des Programmierens verstehen und eigenständig Programme erstellen können, um in einer digitalen Welt gestaltend mitzuwirken.

Doch was genau sind die Bedingungen, die Voraussetzung dafür sind, dass es gelingt, Zukunftskompetenzen in die Schule zu integrieren, und wie stellt man das eigentlich an? Mit unseren Workshops liefern wir hier eine Antwort, wie diese neue Lernkultur umgesetzt werden kann.

Tüfteln. Eine neue Kultur des Lernens

Als wir 2015 mit unseren Tüftel-Workshops anfingen, wagten wir einen Blick in die Schule, und was wir sahen, beunruhigte uns: uniforme Tische und Stühle, in Reih und Glied ohne jegliche Materialien, die zum Bauen oder Experimentieren anregten. Zu der Zeit waren wir des Öfteren in FabLabs und Makerspaces unterwegs: kreative, offene Werkstätten mit einfachem Zugang zu Maschinen und einer einladenden Atmosphäre, um freudig draufloszutüfteln. Der Zugang zu verschiedenen Materialien und Maschinen einerseits sowie der Austausch mit Gleichgesinnten andererseits förderte eine kreatives Miteinander: Wir kombinierten leitfähige Garne mit Stoffen in Webmaschinen, wir experimentierten mit 3-D-Druckern und Lasercuttern und wir löteten verschiedenste Bauteile an Mikrocontroller. Es entstanden Kleidungsstücke, die zu

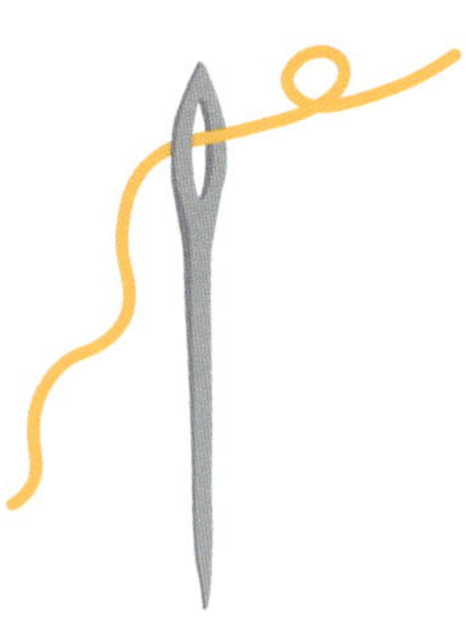

blinken begannen, wenn sich Menschen näherten, Armbänder, die beim Händedrücken Sounds machten, oder einfach nur Nonsense-Maschinen, die zufällig Wasser spritzten. Warum? Einfach, weil es möglich war!

Und uns wurde klar: Kreativität braucht einen Raum, um sich zu entfalten. Es ist wichtig, einladende Umgebungen zu gestalten, die offen sind und in der Menschen angstfrei miteinander tüfteln und sich austauschen können oder auch mal für sich alleine werkeln.

Jetzt mag der eine oder die andere denken: Werkstätten zum Herumschrauben und Tüfteln haben doch bei uns schon sehr lange Tradition. Vom Werkbund haben bestimmt schon einige gehört. Er wurde bereits 1907 gegründet und die Werkstätten gibt es heute noch. Hier wurde zum Beispiel die Idee „form follows function“ umgesetzt.

Warum braucht es dafür jetzt englische Begriffe wie FabLabs oder Makerspaces? Ganz einfach: Zwischen Makerspace und der guten alten Schrauberwerkstatt besteht ein wesentlicher Unterschied: Bei den Makerspaces geht es immer auch um die Gemeinschaft. Die Devise lautet: Wir machen es gemeinsam! Inspiriert aus Amerika, ist die Maker-Kultur durchdrungen von einem offenen Ansatz des Teilens und dem freien Zugang zu Wissen und Maschinen für alle.

Im Gegensatz zu Patenten und Schutzrechten von Ideen hat sich daher in Amerika ein besonderes Lizenzmodell etabliert, das global gültig ist: Creative Commons Licences, was man frei mit *Lizenzen des kreativen Gemeingutes* übersetzen kann. Dahinter verbergen sich Standard-Lizenzverträge, mit denen ein Rechteinhaber umfassende verschiedene Nutzungsrechte einräumt. So wird es anderen möglich, das Werk in großem Umfang und sehr vielseitig zu verwenden. Das Gute daran: Damit können das Werk oder auch nur einzelne Teile und Inhalte wieder weiter genutzt, bearbeitet und verändert werden, ohne dass hierfür Gelder bezahlt werden müssen. Wenn wir also mithilfe von Scratch interaktive Geschichten programmieren oder Stop-Motion-Filme mit den Kindern gestalten, dann greifen wir hierbei oft auf Bildmaterial aus dem Internet zurück, das unter einer CC-Lizenz steht. So können wir die Dinge gut verwenden. Wenn wir eines gelernt haben, dann das: Egal, welche Frage wir haben –

irgendjemand da draußen hat bestimmt schon mal vor einem ähnlichen Problem gestanden und seine Lösung dazu mit der Community geteilt.

In diesem Buch findet ihr Anleitungen, bei denen wir uns von Ideen anderer Makerinnen oder Tüftler haben inspirieren lassen und diese weiterentwickelt haben. Wir sind selbst super neugierig zu erfahren, wie ihr unsere eigenen Projekte angeht und was ihr daraus macht. Wir laden euch ein, unsere Beispiele zu verwenden und weiterzuentwickeln. Und wenn ihr Lust habt, uns zu schreiben, dann freuen wir uns riesig darüber, von euch Post zu bekommen, in der ihr eure Erfahrungen und Ergebnisse mit uns teilt.

Beim Tüfteln ist es essenziell, dass man ausprobieren und herumexperimentieren kann, um Erfahrungen zu machen und dabei ganz spielerisch zu lernen. Wir werden beim Tüfteln also jedes Mal auch wieder ein bisschen schlauer. Dabei hat das gemeinsame Herumtüfteln auch noch einen guten Nebeneffekt: Unsere Kinder erwerben dabei wichtige Kompetenzen, die ihnen später auch beruflich helfen, denn Dinge wie Teamfähigkeit, problemlösungsorientiertes Denken und Kreativität sind Schlüsselkompetenzen, auf die es im Berufsleben ankommt.

Routinearbeiten werden mehr und mehr von Robotern und Maschinen übernommen. Die Anforderungen an unsere Arbeitsplätze ändern sich in einem so rasanten Tempo, dass wir nicht wissen können, welche Berufe unsere Kinder einmal ausüben werden, denn die Hälfte der in Zukunft existierenden Berufe ist noch nicht einmal erfunden.

Umso wichtiger ist es, dass wir unsere Kinder dazu befähigen, ihre schöpferischen Potenziale zu entfalten, und ihnen das Werkzeug an die Hand geben, die Welt kreativ mitzugestalten. Computer und Technologien sind in diesem Prozess wichtige Tools, die uns helfen können, unsere Fantasie zu beflügeln. Dabei ist wichtig, sie auch sicher und sinnvoll einzusetzen. Auf den kommenden Seiten geben wir euch dazu unsere Tipps und Empfehlungen.

Computer und Medien: Wie nutzt ihr sie?

Wie nutzt mein Kind Medien? Die sechs häufigsten Fragen von Eltern und unsere Antworten darauf

Wie viel Zeit darf mein Kind überhaupt vor dem Screen verbringen? Ab welchem Alter sollte es mit Medien spielen und welches Gerät ist das richtige? Eltern haben viele Fragen, wenn es um Mediennutzung geht. Unsere Antworten darauf sind so vielfältig wie die Kontexte, aus denen heraus sie gestellt werden. Denn genau den einzelnen Zusammenhang gilt es zu berücksichtigen. Wenn ihr in den Baumarkt geht und fragt: „Was eignet sich besser, Hammer oder Bohrmaschine?“, dann werdet ihr als Reaktion bekommen: „Was habt ihr denn eigentlich vor?“ Wollt ihr einen Nagel in die Wand schlagen? Dann kommt ihr mit einer Bohrmaschine nicht weit. Genauso verhält es sich mit den Fragen zur Mediennutzung.

1. Wie viel Zeit sollte mein Kind mit Medien verbringen?

Um diese Frage gut zu beantworten, ist es wichtig, erst einmal zu differenzieren, was ihr mit „Medien“ meint, denn auch Bücher oder Handpuppen sind Medien. Wenn Eltern uns diese Frage stellen, meinen sie aber oft digitale Medien, kurz: alles, was einen Bildschirm hat. Und hier lautet unsere Antwort auf die Frage:

Es geht nicht darum, wie viel Zeit Kinder mit Medien verbringen, sondern was sie damit machen. Es kommt also nicht auf die Quantität an, sondern die Qualität zählt.

Entscheidend dabei ist, dass Kinder lernen, mit digitalen Medien selbst zu gestalten. Wenn sie das Tablet einsetzen, um eigene Filme zu fabrizieren, oder mit dem Makey Makey einen Apfel zum Sprechen bringen, dann lernen sie, dass diese Geräte genauso Werkzeuge sind wie Schere und Papier. Und je besser sie sie beherrschen, umso intensiver können sich Kinder ausdrücken und ihre Fantasie entfalten.

Dabei ist es wichtig, dass ihr eure Kinder bei dieser Erfahrung begleitet und dabei seid. Durch Medien können Bilder und Geräusche in sehr hoher Geschwindigkeit auf eure Kinder einprasseln und einwirken. Entscheidend ist es daher, dass ihr während der Medienerfahrung und im Anschluss mit ihnen über das Wahrgenommene sprecht. So können sie die Informationen besser verarbeiten und das Erlebte reflektieren.

Für einen gesunden Umgang mit Medien ist es also wichtig, dass Kinder lernen, dass diese nie Selbstzweck sind, sondern ein Mittel, um sich auszudrücken. Ebenso entscheidend ist es, dass sie lernen, sich über das Erlebte auszutauschen und es zu hinterfragen, um es gut zu verarbeiten. Dabei könnt ihr die besten Vorbilder sein. Für Kinder ist es gut, wenn sie sehen, dass ihr die Mediengeräte gestaltend nutzt, sei es, um einen Blogartikel zu schreiben, eine Präsentation für die Arbeit vorzubereiten oder ein digitales Fotobuch zu erstellen.

Ein negatives Rollenbild gebt ihr ab, wenn ihr wegen Mediennutzung andere Dinge aufschiebt - Smartphone als Zeitvertreib, um sich durch die nie endenden Chat-Verläufe der Social-Media-Kanäle zu scrollen oder auch durch Youtube zu zappen. Die Masse an Reizen, die dabei auf euch einströmt, führt oft zur Ermüdung und das Springen zwischen den verschiedenen Inhalten erschwert es, euch länger auf ein Thema zu konzentrieren.

Um eine gute Mediennutzung vorzuleben, setzen wir gern das Projekt 21 „Handybett mit Wecker“ der Auerbach Stiftung ein. Mit diesem einfachen Bausatz lernen Kinder schnell, Regeln und Rituale für die Mediennutzung umzusetzen, und verstehen, Medien bewusst zu verwenden. Vor allem aber lernen sie, die Geräte auch einfach auszumachen.

2. Digitale Medien? Ab wann - und was ab welchem Alter?

Die Frage, ab wann Kinder überhaupt mit digitalen Medien in Berührung kommen sollten, beschäftigt viele Eltern. Klar ist, dass die ersten drei bis vier Kindheitsjahre von direkter, sinnlicher Erfahrung geprägt sein sollten. Das eigene Spüren und Erleben steht hier im Vordergrund.

Es ist aber auch genauso klar, dass Kinder überall von Medien umgeben sind: Bereits wenn sie als Baby aus dem Kinderwagen schauen, sehen sie Mama oder Papa mit dem Smartphone in der Hand - und es ist nur natürlich, dass sie Interesse an den Dingen haben, denen wir so viel Zeit und Aufmerksamkeit widmen. Wenn wir also so tun, als ob das nicht so wäre, ignorieren wir ein ganz großes Interessengebiet und einen wichtigen Entwicklungsbereich unserer Kinder.

Wir setzen mit unserer Arbeit bei Kindern im Vorschulalter an, also ab 5 Jahren. Für Tablets gibt es schöne, kindgerechte Apps, mit denen sie etwa lernen, ihre eigenen Stop-Motion-Filme zu erstellen, die sie mit eigens aufgenommenen Geräuschen vertonen können. Bei der Produktion lernen sie zum Beispiel, dass sie das Geräusch, das aus einem Wasserhahn fließendes Wasser macht, für einen Fluss in ihrer Geschichte verwenden können. Damit lernen sie etwas über eine ganz wichtige Eigenschaft von Medien: Nicht immer ist alles so, wie es scheint! Diese Erkenntnis ist wichtig, man sollte sie mit Kindern reflektieren, und sie wirkt oft wie ein Ventil, das sich öffnet, um einer geballten Ladung von Fantasie völlig freien Lauf zu lassen. Wenn die Kinder einmal verstehen, dass sie Geräusche selbst erzeugen und in einen anderen Sinnzusammenhang stellen können, dann sprudeln sie nur so vor Ideen: Auf einmal laufen sie herum, nehmen verschiedene Geräusche auf und bringen in ihren Filmen Fische zum Klopfen oder Katzen zum Bellen.

Ein weiteres Instrument, das wir gern einsetzen und das nicht nur bei den Kindern jede Menge Staunen auslöst, ist das Erfinder-Werkzeug Makey Makey. Eine Blume, die singen kann? Ein Bild, das musiziert? Die Kinder werden auf neue Ideen gebracht und ihre Fantasie wird beflügelt, auf einmal ist alles möglich! Wenn die Ideen dann nur so sprudeln, darf das Kind entscheiden, welches Werkzeug es einsetzen will, um der Idee Ausdruck zu verleihen. Auch hier sind der Dialog mit euch und Hilfestellungen wichtig, damit es sich seiner Möglichkeiten bewusst wird und eine überlegte Entscheidung treffen kann: Will es sein gemaltes Bild animieren? Ein Rollenspiel, das es erfindet, oder auch einen Stop-Motion-Film vertonen? Je mehr Werkzeuge das Kind kennt und einzusetzen weiß, umso vielfältiger sind seine Möglichkeiten, sich auszudrücken.

3. Tablet oder Laptop?

Die Frage nach dem Gerät, ob Tablet oder Laptop, sorgt stets für Diskussionen, und wir haben hierzu bereits viele kontroverse Standpunkte gehört. Wichtig ist auch hier: Es kommt auf den Kontext an. Letztendlich handelt es sich um Werkzeuge, und deshalb müssen wir zuerst fragen: Was möchtet ihr denn machen? Jedes Medium bringt andere Gestaltungsmöglichkeiten mit sich. Tablets eignen sich zum Beispiel besonders gut, um Stop-Motion-Filme zu erstellen oder selbst gebaute Augmented-Reality-Anwendungen (AR-Anwendungen) zu erleben. Für das Bauen und Programmieren ausgefeilter AR-Welt ist das Tablet zu klein. Hierfür braucht es dann einen Laptop mit entsprechend großem Bildschirm, Maus und Tastatur, um gut arbeiten zu können.

Auch die Frage des Alters und der Feinmotorik des Kindes spielt eine Rolle. Da Tablets sich durch die Touch-Bedienung recht intuitiv bedienen lassen und oft mit Symbolen arbeiten, fällt es Kindern meist recht leicht, die Geräte in kürzester Zeit eigenständig zu bedienen. Da sie für die Bedienung anfangs weder lesen noch schreiben können müssen, können bereits Kinder ab 5 Jahren mit Tablets arbeiten.

Das ist beim Laptop durchaus anders. Hier ist das Kind auf einmal mit einer tiefer gehenden Menüsteuerung konfrontiert sowie mit einer Tastatur von über 50 Tasten, entsprechend höher ist daher der Lernaufwand. Wir haben durchaus Situationen erlebt, wo Kinder in der 2. oder 3. Klasse erstmalig vor einem Laptop gesessen haben, und es hat dann 20 Minuten gedauert, bis alle ihre Kennung und ihr Passwort in das Gerät eingegeben hatten. Gerade, was die Benutzung von Tastatur und die Koordination einer Maus betrifft, gilt: Übung macht den Meister. Je mehr Werkzeuge das Kind also anzuwenden und zu beherrschen lernt, umso freier kann es sich entfalten.

4. Screen-Zeit = Tüftel-Zeit?

Das ist eine sehr gute Frage. Die Antwort lautet: nicht unbedingt. Gerade in der letzten Zeit wegen der häufigen Videokonferenzen haben wir gemerkt, wie anstrengend es ist, den ganzen Tag vor dem Rechner zu sitzen und wie gut es tut, mal wieder etwas mit den Händen zu machen und zu tüfteln.

Daher stellen wir viele Projekte vor, für die man keinen Screen benötigt. Das haptische und sinnliche Erfahren, das „be-greifende" Lernen steht hier im Fokus. Manchmal eignen sich Stift und Papier auch viel besser, um die Logik von Algorithmen zu verstehen.

Um aber den Computer als Werkzeug nutzen zu lernen, ist es natürlich unabdingbar, ihn zu verwenden. Ganz ohne Bildschirme kommen wir also nicht aus. Wichtig ist erneut, darauf zu achten, wie euer Kind den Computer verwendet. Wird es zum eigenständigen Kreieren und Gestalten aufgefordert und beginnt es, den Computer als Ausdruckswerkzeug zu verwenden, oder ist es unkonzentriert, schweift ab und daddelt nur herum?

Wir merken an uns selbst, wie leicht wir uns von den Medien ablenken lassen: Sich immer wieder ins Bewusstsein zu rufen, warum sitze ich vor dem Computer und was will ich erreichen, hilft, sich zu fokussieren. Manchmal ist es sinnvoll, einen Wecker zu stellen, um sich daran zu erinnern, alle halbe Stunde eine Pause zu machen oder mal aufzustehen und sich zu bewegen. Gerade, wenn man das Gefühl hat, bei einer Sache nicht weiterzukommen, tut ein Szenenwechsel gut. Meist findet man dann einen neuen Gedankenansatz, der zu einer Lösung führt. Kinder brauchen sogar mehr Pausen und mehr Bewegung, um Gelerntes zu verarbeiten. Findet heraus, welche Etappen euch und euren Kindern guttun. Tüftelt das einfach miteinander aus!

Daher empfehlen wir euch, mit dabei zu sein und euer Kind zu begleiten. So könnt ihr es auch immer wieder unterstützen und Hilfestellung geben, wenn es vor dem Screen tüftelt. Mit eurer Unterstützung kann es lernen, sein Gerät auch sinnhaft zum Recherchieren und Gestalten einzusetzen. Und es kann verstehen, wann der richtige Zeitpunkt da ist, um das Gerät abzuschalten.

5. Cybersicherheit: Wie genau funktioniert das mit dem Datenschutz?

Smartphones, Musik- und Videostreaming, Apps, soziale Netzwerke - überall, wo wir digitale Dienste und Geräte nutzen, erzeugen wir immer auch Daten und Datenspuren. Wir hinterlassen einen digitalen Fußabdruck. Zu wissen, wo wir digitale Daten erzeugen und wie diese möglicherweise von Unternehmen gespeichert und verwendet werden, ist

eine wesentliche Voraussetzung, um digitale Anwendungen sicher nutzen zu können. Das Bewusstsein für das Thema Cybersicherheit ist deshalb eng mit den wachsenden digitalen Möglichkeiten verbunden.

Wir haben beobachtet, dass das Thema Cybersicherheit und Datenschutz bei Eltern mannigfaltige Emotionen auslösen kann, die von Nachdenklichkeit über Unbehagen bis hin zu Wut und Frustration reichen. Unsere Vermutung, warum dieses Thema bei Eltern so starke Gefühle auslöst, führen wir auf ein Dilemma zurück: Es ist uns klar, dass Medien ein wichtiger Bestandteil unseres Daseins sind und wir gar nicht umhinkönnen, sie zu verwenden. Aber wenn wir das tun, erzeugen wir Daten, die zum Teil auch einen persönlichen Bezug haben und daher schützenswert sind; wir wissen aber nicht genau, wie diese Daten von Unternehmen verwendet werden.

Es handelt sich also zum Teil um Informationen, die wir nicht jedem zugänglich machen wollen - und sei es nur darum, um Missbrauch zu verhindern und unsere Kinder zu schützen. Doch genau in diesen Medien wissen wir nur teilweise, wie wir das erreichen können, da die Programme und Systeme selten transparent sind. Wir wissen nicht, wo überall Daten von uns wie gespeichert werden - und genau das hinterlässt bei uns ein Ohnmachtsgefühl. Unser wichtigster Tipp ist: Geht gegen dieses Ohnmachtsgefühl an, um euren Kindern eine positive Medienerfahrung zu ermöglichen. Denn wenn wir eines gelernt haben, dann dass Verbote nicht den erwünschten Schutz bringen. Im Gegenteil. Die Kinder suchen sich dann andere Möglichkeiten, und meistens sind es solche, bei denen ihr nicht dabei seid, sodass ihr sie nicht begleiten könnt. Wie genau stellt man das am besten an? Als Erstes ist es wichtig, dass ihr euch von der Vorstellung verabschiedet, als Eltern einen Wissensvorsprung haben zu müssen. In unseren Köpfen herrscht zum Teil noch das altmodische Bild vor, dass wir als Eltern immer schon alles wissen müssten - das ist Quatsch. Wir haben beobachtet, dass Kinder uns besonders aufmerksam zuhören, wenn wir sagen: „Genau weiß ich das auch nicht, aber lass es uns doch gemeinsam herausfinden.“ Diese Einstellung ist essenziell, gerade, wenn es um Themen der Digitalisierung geht. Denn diese entwickeln sich ständig weiter, umso wichtiger ist es, selbst ständig weiter zu lernen. Am besten nehmt ihr euer Kind mit auf diese Lernreise. Werdet zu Wegbegleitern und findet gemeinsam einen guten Umgang mit allen möglichen Medien – und das fängt bei den alltäglichen Dingen an. Wir stellen euch drei vor:

a) Passwörter: Der richtige Umgang

Habt ihr euer Smartphone mit einem Passwort geschützt? Präziser: Habt ihr euer Smartphone mit einem Passwort geschützt, das nur ihr kennt? Denn hier fängt digitale Mündigkeit bereits an: Kinder lernen durch euch. Ihr habt eine Vorbildwirkung, und es ist wichtig, dass sie von euch lernen, Passwörter nicht weiterzugeben (auch nicht an eure Kinder oder den Lebenspartner). Das hat nichts mit Vertrauensbeweis zu tun oder ob man jemanden mag oder nicht, sondern mit Datenschutz. Wenn ihr euren Kindern hier die richtigen Verhaltensweisen vorlebt, werden sie sie viel leichter verinnerlichen und selber umsetzen.

b) Gute Passwörter: Was man bei der Erstellung berücksichtigen sollte

Jetzt geht es um die Frage, welches Passwort ihr verwendet. Der Geburtstag eures Kindes oder der Name des Haustiers ist sehr unsicher und daher eher ungeeignet. Erklärt euren Kindern, was ein gutes Passwort ausmacht. Hierzu zählt:

- Es ist nur einer Person bekannt.
- Es ist mindestens 10 Zeichen lang.
- Es enthält Zahlen, Buchstaben in Groß- und Kleinschreibung sowie Sonderzeichen.

c) Nutzeraccounts und Profile

Wenn ihr euch mit eurem Kind auf den Weg der Nutzung von Medien, Apps und Programmen begebt, werdet ihr schnell merken, dass viele der Programme auch ein Nutzerprofil von euch bzw. eurem Kind anlegen.

Dies ist eine wunderbare Möglichkeit, um Kindern das Prinzip von „Fake Accounts“ zu erklären. Bei dem Großteil von Anwendungen, die Kinder nutzen, ist es nicht erforderlich, reale Daten anzugeben. Erklärt euren Kindern, dass ihr Fakenamen und falsche Adressdaten gebraucht, um sie zu schützen. Denn es handelt sich um Informationen, die im Internet oder zur Verwendung des Lernprogramms nicht notwendig sind, sondern nur von den Betreibern erhoben werden. So lernen die Kinder nicht nur, später auch ihre eigenen persönlichen Daten zu schützen und nicht jedem Programm preiszugeben, sondern sie entwickeln gleichzeitig ein Bewusstsein dafür, dass Informationen von Nutzeraccounts aus dem Internet nicht zwingend wahr sind und dass sich jeder für jemand anders ausgeben kann.

Jetzt habt ihr drei erste Hilfestellungen zum Datenschutz an der Hand. Damit haben wir aber gerade erst an der Oberfläche des Themas gekratzt. Wichtig ist, dass ihr euch weiter kontinuierlich damit auseinandersetzt und euch stets bewusst seid, wo ihr überall digitale Fußspuren hinterlasst. Dabei ist es völlig in Ordnung, dass ihr nicht jeden blinden Fleck kennt. Das Thema entwickelt sich ständig weiter, deshalb werdet ihr auch immer auf Aspekte stoßen, die für euch neu sind. Wichtig ist aber, dass ihr dranbleibt und euch bewusst macht, dass ihr mit jedem Klick, den ihr tätigt, mit jedem Like und jedem Share-Button, den ihr drückt, Daten erzeugt, die andere vielleicht auf irgendeine Art nutzen.

Vertraut auch auf euer Bauchgefühl: Wenn ihr merkt, hier fühlt sich etwas nicht gut an, dann geht dem nach. Beunruhigt euer Kind nicht mit pauschalen Aussagen und Verboten, sondern recherchiert gemeinsam, um informierte Entscheidungen treffen zu können. Erklärt euren Kindern, woran es liegt, wenn ihr ein ungutes Gefühl habt, und gebt ihm die Gründe mit an die Hand, warum ihr einiges erlaubt, bei anderen Dingen aber Einwände habt. Mit dieser Einstellung seid ihr auf einem guten Weg, Cybersicherheitsprofis zu werden und eure Kinder zu einem mündigen Umgang mit Medien zu befähigen.

6. Open Data. Wie ist das denn hier mit Datenschutz?

Während es bei Cybersicherheit darum geht, dass ihr euch eures digitalen Fußabdrucks bewusst seid und wie eure Daten für kommerzielle Dienste eingesetzt werden, gibt es auch eine positive und offene Nutzung von Daten. Bei Open Data werden bewusst Daten gesammelt, um sie der Allgemeinheit für einen guten Zweck zur Verfügung zu stellen. Ein Beispiel dafür ist Wikipedia. Hier können alle User nach einem vorgegebenen Regelwerk Texte verfassen und die freie Enzyklopädie mitgestalten oder sie auch einfach nur nutzen. Auch viele Universitäten stellen weltweit ihre Vorlesungen frei zur Verfügung. Offene Daten spielen also eine große Rolle bei der Demokratisierung von Wissen.

Zudem gibt es noch einen weiteren Aspekt, wie durch Open Data die Demokratie gestärkt wird: Das Offenlegen von großen Datensammlungen reicht von Daten des Verkehrsflusses in einer Stadt über den Baumwuchs in Städten bis hin zu der Höhe des CO_2-Ausstoßes oder der Qualität unseres Wassers: Daten schaffen nicht nur Transparenz über politische Entscheidungen, gleichzeitig ermöglichen Open-Data-Projekte auch allen Bürgerinnen und Bürgern, aktiv die Gesellschaft mitzugestalten. Das Wissen darüber, wie sich Menschen in der Stadt bewegen, nutzen zum Beispiel Initiativen wie FixMyBerlin dazu, um Radwege zu planen für eine nachhaltige Mobilitätsentwicklung in der Stadt. Informationen über die Begrünung der Stadt haben einige Ortschaften in den letzten heißen Sommern verwendet, um gemeinsam das Bewässern der Bäume in der Nachbarschaft zu koordinieren.

Um das Erheben und Verwenden von Daten aus der Perspektive von Bürgerinnen und Bürgern hat sich ein neues Wissenschaftsfeld entwickelt, „Citizen Science“.[2] Open Data zeigt, welches Innovationspotenzial in digitalen Anwendungen liegt für die Entwicklung einer nachhaltigen Gesellschaft - und es ist superleicht, für jeden von uns einfach mitzumachen.

Wie nutze ich selbst Medien?

Kinder lernen von klein auf durchs Abschauen, daher seid ihr als Eltern ein wichtiges Vorbild für das Erlernen eines guten Umgangs mit Medien. Lebt ihnen einfach vor, wie eine sinnvolle Mediennutzung aussieht. Wie und wann nutzt ihr selbst Medien und digitale Geräte? Folgender Selbsttest dient dazu, euer Mediennutzungsverhalten zu reflektieren:

Die Checkliste zur Mediennutzung

Ich habe feste Zeiten, zu denen ich nach neuen Nachrichten auf meinem Telefon schaue.	☐–☐–☐–☐–☐	Ich nutze Wartezeiten und Pausen, um durch die Neuigkeiten aus meinen sozialen Netzwerken auf dem Smartphone zu scrollen.
Digitale Geräte werden bei uns bewusst beiseitegelegt, bevor wir uns an den Tisch setzen.	☐–☐–☐–☐–☐	Das Telefon ist auch am Tisch immer griffbereit.
Wenn ich mich gerade in einem Gespräch befinde und mein Telefon klingelt, beende ich zuerst das Gespräch.	☐–☐–☐–☐–☐	Ich unterbreche das Gespräch, um ans Handy zu gehen.

Ich schalte mein Handy bewusst an, wenn ich es nutzen will.	□–□–□–□–□	Mein Handy ist 24/7 angeschaltet.
Ich nutze meinen Computer nur, um zu arbeiten oder eigene Inhalte zu gestalten bzw. zu produzieren.	□–□–□–□–□	Wenn ich am Computer arbeite, stehe ich nur auf, um mir einen Kaffee zu holen.
Ich führe regelmäßig ein Data Detox meiner sämtlichen Nutzeraccounts durch.	□–□–□–□–□	Ich weiß gar nicht genau, wo ich überall Nutzeraccounts von mir angelegt habe.
Ich verwende ein Passwort-Management-System für die Verwaltung meiner Zugänge.	□–□–□–□–□	Ich habe überall dasselbe Passwort.

So nutze ich Medien:

So nutzt mein Kind Medien:

Das möchte ich an meiner Mediennutzung verändern:

____

____

Das möchte ich an der Mediennutzung meines Kindes verändern:

____

____

Wenn ihr eure Selbsteinschätzung verifizieren wollt, führt einen Tag lang eine Strichliste, wie oft ihr auf euer Handy schaut. Eure Kinder helfen euch bestimmt dabei, euch zu erinnern.

Für eine gesunde Mediennutzung sollten eure Kreuze so weit wie möglich links stehen. Welcher der 8 Punkte berührt euch am meisten? Versucht in den kommenden 4 Wochen daran zu arbeiten, euer Kreuz weiter nach links auf der Skala zu verschieben. Überlegt euch 2 Maßnahmen, um das zu erreichen:

Das gehe ich an:

____

____

Das könnt ihr direkt hier oder noch besser auf einen selbstklebenden Notizzettel an eurem Schreibtisch oder in der Küche schreiben, an einer Stelle, wo ihr mehrmals täglich hinschaut. Nach 4 Wochen macht ihr noch einmal den Test. Na, wo steht jetzt euer Kreuz?

Familienvertrag

Ein sinnvoller Umgang mit Medien bedeutet für viele von uns eine Verhaltensänderung, und das erfordert ordentlich Disziplin. Damit ihr euch in der Familie gegenseitig unterstützt und daran erinnert, kann ein Familienvertrag helfen.

Was ihr in den Vertrag schreibt, bleibt euch überlassen. Gern könnt ihr euch an den 8 Punkten „Wie nutze ich Medien" orientieren und euren maximalen Mediengebrauch in der Familie festlegen - oder ihr überlegt euch eure eigenen Inhalte. Dabei ist es sinnvoll, wenn ihr zwischen den einzelnen Vertragsparteien unterscheidet. Das kann so aussehen, wie ihr es hier auf der rechten Seite findet.

Überlegt, ob es auch Punkte gibt, die euch alle gleichermaßen betreffen. Wenn ihr alle Regeln aufgestellt habt, ist es wichtig, dass ihr den Vertrag feierlich unterzeichnet. So erhält er mehr Gewicht. Am besten, ihr hängt ihn in eurer Wohnung gut sichtbar auf, sodass ihr euch immer wieder daran erinnert.

Wir wünschen euch viel Erfolg dabei, einen guten Umgang mit Medien für eure Familie zu gestalten.

Familienvertrag

Wir Eltern ______________ und ______________ verpflichten uns,

(zum Beispiel: unsere Handys im Schlafzimmer immer auszuschalten)

____

____

Wir Kinder ______________, ______________, ______________

verpflichten uns,

____

____

Bei Vertragsbruch legen wir fest,

____

____

Und alle unterschreiben hier:

____

Wie wir beim Tüfteln lernen

Von Motivation und Gehirnen

Was passiert eigentlich im Gehirn, wenn wir lernen? Einfach erklärt: Unser Gehirn besteht aus einem gewaltigen Netzwerk von Nervenzellen, die über Synapsen miteinander verknüpft sind. Lernen wir etwas Neues, werden neue synaptische Verbindungen aufgebaut. Benutzen wir gelerntes Wissen lange Zeit nicht, gehen diese Verbindungen wieder verloren.

Unser Gehirn ist evolutionär dazu angelegt zu lernen. Der Körper belohnt uns, wenn wir drauf und dran sind, etwas Neues zu lernen: „Neugierde hat ihren Sinn. Wenn wir neugierig auf etwas sind und etwas in freudiger Erwartung vor uns hertragen, dann schütten unsere Gehirne einen Botenstoff aus, der sich Dopamin nennt“ [4], sagt der Neurologe Volker Busch. Das Dopamin hilft, das Gelernte besser zu verarbeiten und die Neuronen miteinander zu vernetzen. Man spricht auch vom Dünger für das Gehirn.

Auch unsere menschliche Geschichte zeigt, dass wir zum Lernen geboren sind. Der Homo sapiens hat sich gegenüber dem Neandertaler nämlich nicht durchgesetzt, weil er der Innovativere von beiden war. Es war umgekehrt, der Neandertaler hat nachweislich innovativere Ideen, wie zum Beispiel die Angelrute, hervorgebracht. Was uns aber zum evolutionären Gewinner gemacht hat, war, dass wir besonders gut Wissen teilen und so vervielfältigen konnten. Hat ein Homo sapiens etwas Neues erfunden, haben die anderen sich das abgeschaut und gegebenenfalls noch verbessert. Eine große Gruppe konnte auf das bestehende Wissen aufbauen und so einen Wissensvorsprung erlangen. Wir teilen gerne Wissen und lernen am besten voneinander. Den Menschen bezeichnet man daher auch als *Social Learner*.

Glückshormone durch Lernen! Klingt toll, aber deckt sich das mit unserer Lernerfahrung in der Schule? Wir wagen mal eine Vermutung: Die meisten Leserinnen und Leser verbinden mit der Schulzeit eher keine euphorischen Glücksmomente. Aber wenn wir Lernen von der Schule trennen und darüber nachdenken, wo wir sonst noch lernen, dann verstehen wir das mit den Glückshormonen sofort.

Eigentlich ist es ganz einfach. Vielleicht erinnert ihr euch noch an die magische Antriebskraft, die ihr als Kind beim Spiel erlebt habt. Wie ihr gemeinsam für den Bau einer Höhle durch die Wohnung gestreift seid und immer mehr Baustoffe wie Kissen und Decken gesucht habt, um damit wilde Konstruktionen zu erschaffen. Dann ist der Geist fokussiert und die Arbeit an einem gemeinsamen Ziel erfüllt einen mit Energie. Es wird so lange an der Aufgabe herumgetüftelt, bis alle zufrieden sind: Meist ist das Spiel dann auch zu Ende, das Erschaffen war nämlich der eigentliche Motivator und nicht unbedingt die Höhle, die gebaut wurde. Kinder probieren aus und scheitern, verändern ihre Konstruktion, nehmen neue Baustoffe und helfen sich gegenseitig. Dieses innovative und iterative „Spielen“ – oder auch Arbeiten – ist der Traum eines jeden modernen Arbeitgebers und wird dann mit neudeutschen Wörtern wie *Entrepreneurial Spirit* oder *New Work* bezeichnet. Leider verliert sich diese Fähigkeit meist auf dem langen Bildungsweg. Es sieht so aus, als ob die Schulzeit eine große Rolle bei dem Verlust unserer intrinsischen Lernlust spielt. Darauf kommen wir später noch zurück.

Die intrinsische Motivation kennen manche Erwachsene aber auch noch. Oft sind es Künstlerinnen, Komponisten, Ingenieurinnen, die davon berichten. Es ist ein kostbarer Seinszustand, in dem man immer weitermachen möchte, wenn man im „Flow“ ist. „Flow“ ist ein Phänomen, das von Mihaly Csikszentmihalyi[3] in einem TED Talk sehr gut beschrieben wird.

Ziel ist also, in diesen Flow zu kommen. Dabei lernt man ganz unbewusst Neues, nicht weil man es lernen will, sondern weil man es braucht, um seinem Ziel näher zu kommen. Wollt ihr zum Beispiel das ferngesteuerte Auto eures Kindes reparieren, müsst ihr euch selbstverständlich mit Strom, Löten o. Ä. auseinandersetzen und lernt dabei nicht, weil ihr das schon immer wissen wolltet oder weil es zum Grundwissen gehört, sondern weil ihr es einfach benötigt, um das kleine Fahrzeug wieder in Gang zu bekommen. Das Tolle ist, dass das Wissen überall für uns alle jederzeit greifbar geworden ist. Youtube ist mit den unzähligen Projekten wohl eine der größten freien Lernplattformen.

Was könnt ihr konkret tun, um eure Kinder den Macher-Flow spüren zu lassen? Vielleicht habt ihr auch selbst Lust bekommen, euch in die Euphorie des Machens zu begeben? Nur wie geht das jetzt ganz genau?

Es braucht einige Rahmenparameter dafür. Druck und Zwang sind die Killer jeglichen kreativen Schaffens. Deshalb solltet ihr euch im Vorfeld einige Gedanken dazu machen, wie ihr genügend Zeit und Raum schafft. Ein freier Samstag ist für ein Tüftel-Projekt zum Beispiel perfekt und auch ein (anfänglich) aufgeräumter Tisch mit genügend Platz und viel sichtbarem Material ist extrem hilfreich. Das kreative Chaos wird automatisch entstehen – das gilt es auszuhalten, bis am Abend wieder aufgeräumt wird.

Überlegt euch auch, welche Werkzeuge für eure Kinder sicher sind und wo ihr was positioniert. Ein Lötkolben sollte nicht aus Versehen zu einer gefährlichen Stolperfalle mit Verbrennungsgefahr werden.

Auch eine kurze Vorbereitung auf das „Was“ und das „Wie“ kann euch helfen. Damit meinen wir, dass ihr euch im Vorfeld kurz daran erinnern solltet, dass Lernen in der Schule oft an den Lehrerinnen und Lehrern hing und wie sie mit uns umgegangen sind. „Der Ton macht die Musik“ trifft, was wir meinen. Achtet darauf, dass ihr mit eurem Verhalten keinen Zwang oder Druck ausübt. Wenn am Schluss was ganz anderes rauskommt, als was ihr euch so schön überlegt habt – umso besser. Stellt Kritik hintan und versucht jedes kreative Tun und Ausprobieren der Kinder als einen Schritt im Prozess zu sehen und wertzuschätzen. Um einen ersten Startpunkt zu haben, könnt ihr bei den Projektbeispielen im zweiten Teil aus dem Vollen schöpfen. Wir sind gespannt, welche Erfahrungen ihr macht!

Die unterschiedlichen Interessen und Neigungen

Jedes Kind wird mit großartigen, natürlichen Talenten geboren, oder um es mit den Worten von Gerald Hüther und Uli Hauser zu sagen: „Jedes Kind ist hochbegabt“ [5] - nur leider bietet das Umfeld nicht immer die optimalen Voraussetzungen, dass sich jede individuelle Neigung entfalten kann. Das ist schade, aber auch ganz natürlich. Oft entdeckt man sein Talent erst sehr spät im Leben und meist über Umwege. Deshalb ist es eine schöne Übung, dem Zufall eine Chance zu geben. Das soll konkret heißen, dass ihr viele verschiedene Themen und Zugänge auswählen und euren Kindern aufzeigen könnt, Zugänge, an denen Kinder sich ausprobieren und Interessen entdecken können. Wir schaffen daher bei den Veranstaltungen der Tüftel-Familie ebenfalls verschiedene Zugänge: Bei uns sitzen Jungs zum Beispiel vor der Nähmaschine und nähen mit leitendem Garn leuchtende Superhelden-Capes, Mädchen programmieren Musik-Apps oder alle zusammen springen auf einer interaktiven Tanzmatte. Dabei entsteht ein Zugang über die Themenvielfalt, und unterschiedliche Neigungen können hervortreten: Manche Projekte haben eine eher handwerkliche, manche eine eher kognitive Herangehensweise. Am Ende haben alle im Team gearbeitet, programmiert, verkabelt, getestet, Fehler ausgemerzt. Vor allem aber haben die Kinder viel Neues über Tüfteln, Programmierung und auch über sich selbst gelernt.

Das Tolle daran, mit bereits sehr jungen Kindern, also ab ca. 5 Jahren, an diesen Themen zu arbeiten, ist, dass sie noch nicht gelernt haben, dass Nähen vielleicht eher „Mädchensache“ ist und das Roboterbauen

eigentlich mehr von Jungs gut gefunden wird. Wir wollen ihre Begeisterung früh wecken, damit dieses Gefühl von „das kann ich, weil es mich interessiert“ entsteht, wächst und hoffentlich lange wirkt. Wir wollen den Entdeckerdrang und das Wissenwollen aufrechterhalten und fördern. Wir zeigen euch, wie auch ihr verschiedene Zugänge zu dem Thema Tüfteln und Programmieren finden und sehen könnt, was für eure Kinder gut funktioniert und nicht nur den Kleinen Freude macht.

Um leichter herauszufinden, in welche Richtung ihr starten möchtet und welche Zugänge in euch den stärksten Entdeckerdrang auslösen, haben wir einen Selbsttest zu den 7 Tüftel-Typen (s. S. 88) entwickelt. Er dient der Reflexion, welches Projekt ihr als Erstes angehen solltet. Aber auch hier gilt es, dem Zufall eine Chance zu geben, verlasst deshalb eure Komfortzone und versucht euch auch an einem schwierigen Projekt mit ganz anderem Themenschwerpunkt. Wer weiß, welche unerkannten Talente ihr in euch entdeckt!

Lernen durch Begreifen

Das Spannende auf unserer Junge-Tüftler-Reise war, dass wir uns unsere Konzepte und Formate nicht etwa aus einer pädagogischen Sicht überlegt haben, sondern eher aus der Perspektive der sogenannten Nutzerzentriertheit. Wir haben bereits einige Erfahrung in Medien- und Design-Fragen gesammelt. Dabei geht es uns immer darum, wie wir in Menschen ein Interesse für unsere Inhalte wecken können und wie wir sie begeistert halten können. Man nennt das auch Experiencedesign. Oberstes Ziel für unsere Workshops war, dass Kinder freudvolle Erfahrungen machen und gerne Technologien und Tüftel-Materialien nutzten. Dafür spielt z. B. die Einrichtung des Tüftel-Raumes eine große Rolle, aber auch, wie wir mit den Kindern sprechen und sie aktivieren.

Unsere Ansätze, die wir heute als unsere Kernwerte definieren, lehnen sich hauptsächlich an Maria Montessori und Seymour Papert an. Auch John Dewey und Jean Piaget haben uns beeinflusst. Von ihnen haben wir die für uns wichtigsten pädagogischen Ansätze für unsere Formate zusammengetragen.

Info Maria Montessori

Die Montessoripädagogik ist sehr umfassend und bereits Anfang des 20. Jahrhunderts entstanden. Dennoch hat sie bis heute nicht an Relevanz und Richtigkeit verloren. Maria Montessori ging davon aus, dass jedes Kind eine natürliche Freude am Lernen hat, weil es in der menschlichen Natur liegt, am Leben (der Erwachsenen) teilhaben zu wollen. Dabei wird dem Kind eine große Achtung entgegengebracht und das Kind übernimmt selbst Verantwortung für seinen individuellen Lernprozess. Dies bedeutet, dass auch das Tempo und die Themenschwerpunkte vom Kind selbst gewählt werden. Montessori prägte das Leitbild: „Hilf mir, es selbst zu tun.“

Der oder die Lehrende ist in ihrem Ansatz nicht die Person, die das Wissen übergibt, sondern vielmehr eine Begleitperson, die das Kind im Lernprozess unterstützt und sich oft auch selbst neues Wissen aneignen muss, weil Kinder auf ganz unerwartete Fragen und Ideen kommen.

Genauso spielt die Atmosphäre des Tüftel-Raums und die Sinneserfahrung dort eine wichtige Rolle. Ein sicherer, ansprechender Ort und Materialien mit Aufforderungscharakter sind dabei wichtig, um dem Kind Sicherheit zu geben, genauso aber, es zu motivieren, alles zu entdecken. Dies passiert hauptsächlich durch selbst gesteuerte Arbeit am Thema und führt zu einer ausgeglichenen Persönlichkeit, bei der die natürliche Lust am Lernen gefördert und erhalten bleibt.

Info Seymour Papert

Seymour Papert prägte hauptsächlich den Ansatz des Konstruktionismus. Dabei geht es darum, dass wir durch aktives Tun Wissen selbst erleben und aufbauen und nicht einfach Wissen „eingetrichtert“ bekommen. Bereits in den 1960er-Jahren hat Papert Konzepte vorgestellt, wie Kinder mithilfe von Computern kreativ und innovativ lernen können. Mit seinen Ansätzen war er Gründungsmitglied des MIT Media Lab, welches unter anderem auch die Lifelong Kindergarten Group hervorgebracht hat.

Papert vertrat die These, dass sich die Welt radikal gewandelt und Schule sich diesem Wandel nicht angepasst hat. Demnach habe Schule die Tendenz, Kinder zu unselbstständigen Menschen zu machen. Er plädierte dafür, nicht auf ein von der Lehrperson definiertes Ziel hinzulernen, sondern sich selbst Wissen zu erobern und anzueignen.

Die 6 Tüftel-Werte

Auf dieser Grundlage haben wir folgende Werte definiert:

Bauen und Begreifen: Wie schon Montessori sagte, lernen wir nicht nur durch geistiges Verständnis, sondern mit Kopf, Herz und Hand. Wir können die tollsten Konstruktionen auf ein Blatt Papier zeichnen, ob es tatsächlich funktioniert, kann nur in der Praxis geprüft werden. Meist entstehen dann beim Werkeln auch neue Ideen. Wenn ihr zu Hause vor einem Materialchaos sitzt, ist das vielleicht nicht Montessori-konform, aber legt einfach los und kommt ins Machen. Ihr werdet sehen, wenn ihr euch einlasst auf die Schöpferkraft, die in euren Händen steckt, und erst mal ohne Erwartungen drauflosIegt, werden euch und vor allem euren Kindern wundervolle Ideen kommen, was man wie und woraus bauen könnte.

Gemeinsam erschaffen: Gemeinsam sind wir mehr als die Summe aller Teile. Wenn man mal keine Idee mehr hat, wie sich ein Fehler in der Programmierung beheben ließe, hilft es, sich mit anderen auszutauschen und gemeinsam Lösungen zu finden. Denn es gibt immer mehr als nur einen Lösungsweg. Für die Eltern bedeutet das, wirklich gemeinsam mit den Kindern und nicht für die Kinder zu denken. Kinder machen oft nicht auf Anhieb alles „richtig“ - aber das ist gut und wichtig. Lasst sie ausprobieren und experimentieren. Versucht die Ideen der Kinder aufzugreifen und ernst zu nehmen, denn der Prozess ist meist wichtiger als das Endergebnis. Dies bedeutet auch, auszuhalten, wenn es mal nicht so schnell geht. Aber die Kinder sind dafür umso stolzer, wenn sie es selbst geschafft haben, die LEDs in das feinmaschige Steckbrett zu stecken, und lernen viel mehr, als wenn sie den Eltern dabei zusehen.

Inspirieren und Erfindergeist wecken: Kreativität ist nichts Mysteriöses, das man entweder hat oder nicht. Es ist die Fähigkeit, sich Inspiration aus anderen Bereichen zu holen und auf das eigene Projekt zu übertragen. Das kann man lernen und üben. Kinder haben dieses Gespür oft noch, weil sie gar nicht immer wissen, wofür ein bestimmter Gegenstand eigentlich dient. So kann er für alles Mögliche umfunktioniert werden. Versucht mit euren Kindern zum Beispiel verschiedene Blickwinkel einzunehmen: Geht durch die Wohnung und versucht Gegenständen neue Funktionen zuzuweisen. So kann etwa ein Kugelschreiber zu einem wunderbaren Haarklips werden oder ein Teller zu einem Regenschirm …

Individuelle Impulse fördern: Wir alle haben unterschiedliche Talente und begeistern uns für verschiedene Themen. Über unsere Interessen können Zugänge zu Programmierung und zum Tüfteln eröffnet werden. Wie wäre es mit einer alarmgesicherten Schatzkiste (Projekt 4), einer Mühle, deren Flügel sich drehen (Projekt 25), oder einer Lampionkette für das leuchtende Haus (Projekt 18)?

Einfache Zugänge zu Programmierung und Elektronik schaffen: Es geht wie gesagt nicht darum, dass alle Kinder Programmiererinnen oder Programmierer werden sollen. Wir helfen euch, die Potenziale und die Vielfältigkeit aufzuzeigen, um den Computer als kreatives Werkzeug zu nutzen. Dafür haben wir die Projekte im zweiten Teil nach Schwierigkeitsgrad sortiert. Beginnt mit einfachen Projekten, die neben bekannten Werkzeugen wie Papier und Schere Stück für Stück auch Elektronik und Programmierung einbeziehen. Ihr werdet sehen, wie einfach ihr euch zu den Profiprojekten hocharbeitet.

Fehler wertschätzen: Das ist inzwischen ein alter Hut. Wir alle wissen, dass wir durch Fehler am besten lernen. Deshalb ist es wichtig, den einen oder anderen Fehler einzukalkulieren. „Mist - funktioniert nicht!“ ist ein Weg, mit einem Fehler umzugehen, „Ahhh, ein interessanter Fehler“ ein anderer. So schafft ihr Raum, um aus einem Missgeschick oder einer Fehlfunktion zu lernen.

Diese Tüftel-Werte unterstützen uns in unserer täglichen Arbeit und geben uns Orientierung. Es ist wichtig und erfordert Konzentration, als anleitende Person nicht in alte Muster zurückzufallen. Wie wir das umsetzen? Wir haben Richtlinien für unsere Workshop-Mentorinnen und -Mentoren, die besagen, dass man in dieser Rolle die Tastatur des Rechners, an dem ein Kind arbeitet, nicht anfassen darf. Wir nutzen gern folgendes Bild: Stellt euch vor, Tastatur und Maus sind aus Lava. Was alles fällt dir ein, ohne dabei in die Tastatur des Kindes zu greifen?

Im Alltag mit Kindern ist das manchmal anders: Wie oft seid ihr vielleicht ungeduldig und übernehmt die Tastatur, den Aufbau einer schwierigen Konstruktion mit bunten Bausteinen oder das Schließen des Hosenknopfs? Dies sind Momente, in denen das Kind de facto nicht unterstützt wird, eine Tätigkeit selbst zu lernen, sondern passiv zusieht, wie sie ein Erwachsener übernimmt. Es ist oft schwer, die Geduld aufzubringen, Kindern beim Navigieren auf einem Computer zuzusehen. Es kann ewig dauern, bis ein Passwort, Buchstabe für Buchstabe, eingetippt ist. Das zehrt an unseren Nerven, aber vielleicht könnt ihr es das nächste Mal ein wenig gelassener sehen und das Kind allenfalls durch unterstützendes Erklären selbst die Erfahrung machen lassen.

Dieses Prinzip könnt ihr beim Spielen im Alltag üben: Lasst doch einfach ein Missgeschick passieren. Ein Turm aus Bauklötzen fällt um - super! Ein Glas Wasser kippt um? Auch nicht so schlimm. Schließlich sind das auch wichtige Lernerfahrungen, die ganz praktisch die physikalische Welt erschließen. Wasser läuft bergab. Wenn ein Turm zu krumm gerät, hält die Statik nicht. Es lohnt sich, Fehler wertzuschätzen, denn die Kinder lernen dabei, eigenständig zu handeln und konzentriert bei der Sache zu sein.

Das Spannende ist, dass Eltern dabei auch ganz viel lernen - nämlich Geduld und eine höhere Frustrationstoleranz. In diesem Moment seid ihr als Eltern übrigens ein sehr wichtiges Vorbild, denn Studien belegen, dass Geduld hauptsächlich durchs Vorbild der Eltern gelernt wird. Das ist im durchgetakteten Alltag oft schwer, aber vielleicht gelingt es euch am nächsten Sonntag schon ein wenig besser. Wenn wir auf Messen oder Veranstaltungen unterwegs sind und uns als „Julia oder Franzi von der Tüftel-Familie" vorstellen, ernten wir oft ein verschmitztes Lächeln. Dies sehen wir als Kompliment an, weil beim Wort Tüfteln sofort Bilder im Kopf entstehen von einem Daniel Düsentrieb oder einer Laura Kampf (tolle Youtube-Tüftlerin mit Empowerment-Faktor). Auch bei den beiden klappt es oft nicht auf Anhieb. Tüfteln ist eben etwas, was auch mal Zeit braucht, aber dafür einen nachhaltigen Lernerfolg erzielt.

Tüfteln hat sogar etwas von einem Abenteuer: Ihr bekommt eine Aufgabe gestellt, oder stellt sie euch selbst, ihr beginnt und macht gute Fortschritte, doch dann stellen sich euch Hindernisse entgegen, die es zu überwinden gilt, und am Ende erlebt ihr hoffentlich einen Glücksmoment, weil ihr drangeblieben seid, weil ihr eure Aufgabe geschafft habt und etwas geschaffen habt. Auch wenn es vielleicht „nur" ein Vogelhäuschen ist. Das habt ihr gemacht und dabei gelernt, mit Kopf, Herz und Hand, die Sinne angeregt und die Synapsen gezündet. Los geht's!

Der Tüftel-Instinkt: angeboren, verlernt und neu trainiert

In unseren Workshops sind wir beeindruckt davon, wie schnell und geschickt sich Kinder selbst ihre eigenen Zugänge zu technischen Geräten oder neuen Materialien schaffen. Ganz unbedarft und ohne jegliche Vorerfahrung greifen sie zu den Dingen, die sie am meisten ansprechen, erkunden und testen sie. Sie probieren aus, wie sich die gegebenen Werkzeuge und Materialien dafür eignen, ihre Idee voranzubringen, und entwickeln ihre Ergebnisse kontinuierlich weiter, indem sie Materialien kombinieren und Funktionsweisen erfahren.

Schnell haben wir gemerkt: Das ist keine Ausnahme, sondern die Regel! Kinder haben ganz selbstverständlich die Fähigkeit, sich mit neuen Technologien vertraut zu machen, und lernen blitzschnell. Ganz anders sieht es oft in Workshops mit Erwachsenen aus.

Wann genau ist der Zeitpunkt im Leben, an dem wir diese wunderbare Gabe des sorglosen Experimentierens und Spielens verlieren - und wie können wir sie wiedererlangen? Es gibt nicht den einen Moment, in dem wir unseren Entdeckergeist oder unsere Neugierde verlernen. Aber es ist zu beobachten, dass im Erwachsenenalter diese innere Antriebskraft viel seltener auftritt. Dies liegt daran, dass sie über die Jahre hinweg, in der Schule nämlich, abtrainiert wurde. Habt ihr in der Schule mit dem ganzen Körper, also mit Kopf, Herz und Hand gelernt? Wir eher nicht - sondern eigentlich nur mit dem Kopf.

Das Ziel, das die Schule verfolgt, ist es, zu einem gewissen Moment erlernte Inhalte präzise zu reproduzieren. Es geht weniger darum, alternative Lösungswege zu entwickeln, zu interpretieren oder Kenntnisse neu miteinander zu verbinden. Diese Fertigkeiten werden in der Schule kaum wertgeschätzt und gefragt. Das wäre in vielen Fällen nämlich für eine einzelne Lehrperson mit 30 Kindern auch viel zu schwer zu

managen und zu benoten. Sie kann noch so motiviert an den Unterricht herangehen, die Rahmenparameter in dem System Schule sind einfach denkbar ungünstig für positives und aktives Lernen. Hat Schule bei euch die Lust am Lernen, das Wissenwollen gefördert?

Natürlich gibt es eine Daseinsberechtigung für Frontalunterricht, eben in den Momenten, wenn man etwas Schwieriges erklärt bekommen will.[6] Einen Youtube-Clip anzuschauen, um sich zu erinnern, was noch mal ein Kurzschluss war, würden wir in diesem Kontext übrigens auch als Frontalunterricht einordnen. Aber um Wissen wirklich zu verinnerlichen und anwendbar zu machen, im besten Fall etwas kreatives Neues entstehen zu lassen, braucht es Interaktion und Kontext. Wir nennen das **projektbasiertes Lernen oder neudeutsch Challenge-based Learning**. Dabei sind uns besonders Kreativität, Kommunikation, kritisches Denken und Kooperation wichtig.

1. **Kreatives Denken und Handeln:** die Fähigkeit, wenn ihr auf Probleme stoßt, neue Lösungen zu erdenken. Ideen zu erarbeiten, die einen neuen Weg aufzeigen, und diesen dann auch auszuprobieren.
2. **Kooperation:** Gute Ideen gemeinsam wachsen zu lassen; das geht nur so. Sich auch der Kritik zu stellen und diese ernst zu nehmen. Auf Ideen anderer aufzubauen.
3. **Kritisches Denken:** nicht einfach nur Gehörtes und Gelerntes als gegeben zu akzeptieren, sondern selbst genau hinzusehen und den Mut zu haben, Bestehendes zu hinterfragen und ggf. neu zu definieren
4. **Kommunikation:** Alle oben genannten Punkte können nur durch eine gewisse Kommunikationskompetenz mit Leben gefüllt werden. Was hilft die beste Idee, wenn ich niemanden dafür begeistern kann? Was hilft ein Team, wenn die Mitglieder nicht konstruktiv miteinander sprechen können? Was hilft ein scharfer Geist, wenn Kritik nicht wohlwollend und lösungsorientiert angesprochen werden kann?

Das Spannende ist ja, dass jedes Kind ganz natürlich beim Spiel intrinsisch motiviert ist zu lernen und sich im Prozess des Projektes, das ihr umsetzen wollt, Wissen aneignet. Wie können wir diese Neugier also möglichst lange am Leben halten? Ihr könnt einen ersten Schritt machen, indem ihr zu Hause die Wissensaneignung mit euren Kindern in einen spannenden Kontext setzt. Erlebt gemeinsam, was es bedeutet, sich einer neuen Herausforderung zu stellen, sprecht mit euren Kindern gezielt darüber, was sie im Projekt anwenden, lernen oder verändern mussten, um ans Ziel zu kommen. Dies hilft euch, gemeinsam zu reflektieren, was ihr alles gelernt habt.

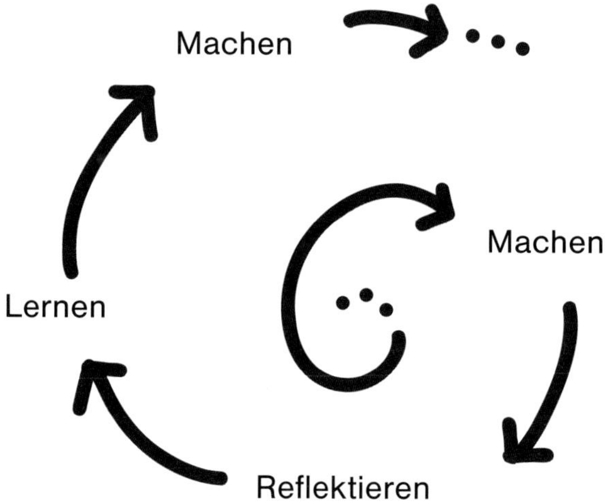

Diese Grafik[7] zeigt, wie Wissen aufgebaut und verstetigt wird. Sprecht über eure Erfahrungen, Frustrationen und Erfolge.

Programmieren und Tüfteln sind enge Verwandte

Tüfteln und Programmieren sind enge Verwandte. Beiden liegt zugrunde, dass man ein Projekt angeht, das man umsetzen möchte. Dabei stößt man immer wieder auf Dinge, die nicht funktionieren, auf falsche Annahmen, die man getroffen hat, Fehler in der Konstruktion und vieles mehr. Man tastet sich Schritt für Schritt an die Lösung heran und merzt einen Fehler nach dem anderen aus. Vielleicht muss man sich noch zusätzliches Wissen aneignen, selbst recherchieren, ausprobieren oder sich mit vielen Menschen austauschen, bis man weiß, wie es funktionieren könnte.

Beide Disziplinen durchlaufen also den gleichen Herangehensprozess und belohnen einen am Ende mit einer funktionierenden Fahrradschaltung, einem neuen Plisseerock, einem ferngesteuerten Roboterarm oder einem Ersatzteil aus dem 3-D-Drucker.

Dieser Prozess, der beim Tüfteln und Programmieren Anwendung findet, ist also ein prima Vehikel, um die oben genannten wichtigen Kompetenzen einer zeitgemäßen Bildung zu erlangen.

Und das Beste daran ist: Wenn ihr gemeinsam mit euren Kindern tüftelt und programmiert, kommt euch nicht etwa die Rolle der anleitenden Person zu, sondern auch ihr dürft und sollt gemeinsam und auf Augenhöhe mit den Kindern bauen und lernen. Findet für euch die Rolle heraus, die euch beim gemeinsamen Spielen hilft, die zu euch passt und euch Spaß macht.

Versucht immer wieder aktivierende Fragen zu stellen, um den Lernprozess für alle gleichermaßen zugänglich zu machen. Wenn euer Kind also eine LED zum Leuchten bringt, ihr aber nicht, dann lasst euch auch noch mal in aller Ruhe von eurem Kind erklären, welches der beiden LED-Beinchen mit dem Pluspol der Batterie verbunden werden muss und warum das so ist. Nutzt dafür gerne als Inspirationen unsere Anregungen im zweiten Teil oder nutzt andere Möglichkeiten: Fragt Oma oder Opa, ob die wissen, wie das mit dem Plus- und dem Minuspol noch mal war. Oder bittet die Nachbarin, ob sie euch noch mal kurz erklären kann, was ein Algorithmus ist und wie der funktioniert.

Wir finden es ganz wunderbar, mit unseren Händen zu arbeiten. Deshalb braucht ihr für die meisten Projekte Baumaterial, also Papier, bunte Bausteine, Alufolie, Holz, Schnur, Schere, Farbe etc. Aber uns ist es auch ein großes Anliegen, den natürlichen und kreativen Umgang mit Ressourcen voll auszuschöpfen. Deshalb ist die digitale Ebene genauso wichtig wie die rein materielle. Durch die Ergänzung um die digitalen Möglichkeiten können wir ganz neue, noch kreativere und noch interessantere Projekte umsetzen.

Dafür experimentieren wir mit bekannten Materialien, wie Papier und Knete, aber wir fügen dann noch leitfähiges Garn, Batterien, Sensoren, Mikrocontroller, 3-D-Druck oder Programmierung hinzu - so eröffnet sich eine ganz neue und vielfältige Welt des Experimentierens, Bauens und Begreifens. Eure Kreativität kann sich durch die Kombination von materiellen Baustoffen mit digitalen Werkzeugen und dem Tüftel-Mindset nur potenzieren. (Wir sind schon ganz gespannt, was ihr wohl so alles bauen werdet.) Das Wunderbare daran ist, dass im Gegensatz zu den Modellen und Traummaschinen, die wir uns als Kinder überlegt und aus Holz und Papier gebaut hatten, hier die Motoren, Lämpchen und Schalter funktionieren!

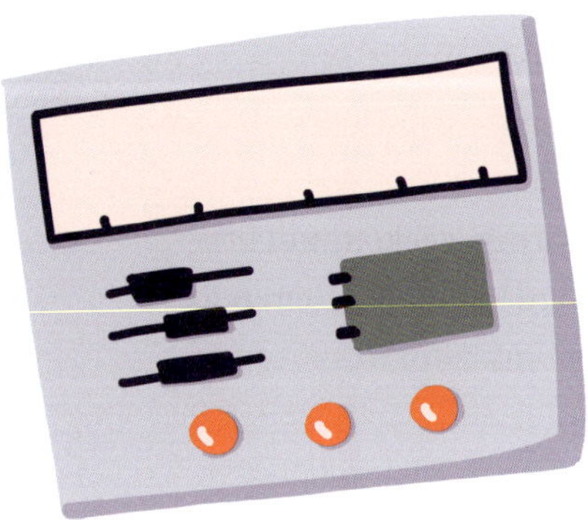

In jeder Waschmaschine, Bohrmaschine, elektrischen Zahnbürste, jedem Wasserkocher oder Wecker sind Mikrocontroller, Stromkreise, Sensoren und Platinen verbaut - unsere Welt ist und wird zunehmend digitaler. Deshalb ist es unsere Aufgabe als Eltern und Erwachsene, Kinder an dieser Welt teilhaben zu lassen und ihnen die Werkzeuge in die Hand zu geben, um sie aktiv mitzugestalten.

Programmieren. Einfacher, als ihr denkt

„Programmieren - davon hab' ich keine Ahnung." Diesen Satz hören wir recht häufig, sei es von Eltern in unseren Workshops, von Lehrern in unseren Fortbildungen oder von Mentorinnen, die das erste Mal in einer unserer Veranstaltungen dabei sind. Interessanterweise haben wir die Beobachtung gemacht, dass wir den Satz von Kindern recht selten hören. Sie setzen sich einfach vor den Computer und legen los. Wir Erwachsenen wollen aber hier noch etwas an die Hand genommen werden. Das ist für uns hochspannend, denn wir alle kommen jeden Tag mit unzähligen Algorithmen in Kontakt, ohne dass wir uns dies bewusst machen.

Die Welt der Programmierung wird oft in Filmen und Serien als Nerd-Thema dargestellt: Männer in schwarzen Kapuzen-Sweatshirts sitzen vor Monitoren, essen Pizza aus der Schachtel in dunklen Zimmern. Vermutlich waren diese Männer alle auch noch supergut in Mathe. Das ist ein oft benutztes Stereotyp. Gleichzeitig werden Softwareentwickler und Programmiererinnen händeringend gesucht, sie werden einen sicheren Job haben, darüber hinaus ist Code die Sprache der Zukunft.

Wichtig ist uns hier allerdings, dieses Vorurteil in ein etwas zeitgemäßeres Licht zu setzen: Die Welt der Programmierung ist zwar immer noch stark männerdominiert, die Beschäftigung mit dem Thema führt aber keinesfalls zum Einzelgängertum noch zu autistischen Zügen. Ganz im Gegenteil: Die Welt der Programmierung kann vielfältig, kreativ und sinnstiftend sein.

Im Bereich IT beschäftigen sich zum Beispiel Psychologinnen und Psychologen damit, wie wir mit Maschinen und Geräten interagieren. Designer machen Vorschläge, wie eine App aussieht und wie sie genutzt werden kann, während Konzepterinnen überlegen, welche Services überhaupt digitalisiert werden sollen und wie etwas in eine sinnvolle Anwendung übertragen werden kann. Und dann gibt es noch unzählige Arten von Programmiererinnen und Entwicklern. Wir sagen nur: Frontend, Backend, Fullstack … Full was? Genau! Programmierung ist eben nicht gleich Programmierung. Was wir damit sagen wollen, ist, dass es viele unterschiedliche Betätigungsfelder gibt, die alle einen Bezug zur tatsächlichen Programmierung, also zum Codezeilenschreiben, haben. Dafür ist es nicht mal wichtig, dass man selbst wirklich den Code schreibt, aber man muss schon verstehen, wie das Ganze grundsätzlich funktioniert, wie es aufgebaut ist und vor allem welche Möglichkeiten es gibt. Ein wenig ist ein digitales Projekt vergleichbar mit dem Schreiben eines Buches. Der/die Schreibende selbst schreibt die genauen Zeilen und Wörter auf. Vielleicht stammt die Konzeptidee des Buches aber von jemand anders. Ob am Ende alles schön klingt, dafür ist eine Lektorin oder ein Lektor zuständig. Und dann gibt es noch die Leute, die den ganzen Text setzen und layouten. Und natürlich die, die das Buch lesen. So oder so ähnlich ist es dann auch zum Beispiel beim Programmieren einer App. Programmierung ist omnipräsent und bestimmt unseren Alltag in vielen Lebensbereichen.

Deshalb ist es so wichtig, dass wir ausnahmslos allen kleinen und großen Menschen eine aktive Teilhabe an der digitalen Welt ermöglichen. Es wäre fahrlässig, im reinen Benutzerstatus zu verweilen. Digitalisierung ist so weltverändernd, dass wir alle daran aktiv mitgestalten können und dies auch tun sollten. Wer versteht, aus welchen Algorithmen die Welt gestrickt ist, kann aktiv mithelfen, die Welt zu einem besseren Ort zu machen.

Programmieren könnt ihr doch schon!

Das beste am Programmieren ist, dass wir die Grundzüge aus unserem Alltag von frühester Kindheit an kennen. Programmierung besteht aus Algorithmen. Oh weh, schon mal gehört, aber was war das doch gleich? Eigentlich ist es ganz einfach: Ein Algorithmus ist nichts anderes als die Aneinanderreihung von bestimmten Anweisungen in einer definierten Abfolge. Na, fällt euch dazu schon was ein? Wie wäre es mit dem Beispiel Kuchenbacken. Zuerst braucht man eine Schüssel, dann das Mehl abwiegen, 3 Eier aufschlagen, Butter dazu und so weiter. Nur wenn diese Abfolge von Anweisungen eingehalten wird, gelingt der Kuchen.

Auch komplexere Systeme werden durch Algorithmen gesteuert. In der Notaufnahme von Krankenhäusern zum Beispiel sind die Mitarbeitenden geschult, bestimmte Prozesse zu durchlaufen, um so die bestmögliche Versorgung für alle Erkrankten zu gewährleisten. Das medizinische Personal hat den Algorithmus im Kopf und ordnet ein, ob ein Notfall vorgezogen wird oder jemand noch warten muss. Ob dabei der schmerzverzerrte Gesichtsausdruck auch eine Rolle spielt, wissen wir leider auch nicht.

Algorithmen können beschrieben werden. Auch wir können die Abläufe in einer App beschreiben, also die Logik dahinter. Bei Instagram weiß jeder, dass wenn ich auf das kleine Herzchen drücke, eine Mitteilung gesendet wird, die den Absender des Fotos wissen lässt, dass mir das Bild gefällt. Die Abfolge ist klar: Bild hochladen, Herzchen drücken, Likes bekommen.

Die Übersetzung ins Technische oder ins Computerlesbare ist allerdings dann das, wovon die meisten Menschen keine Ahnung haben. Diese Übersetzung in eine Sprache, die auch von Maschinen verstanden werden kann, ist die Programmierung.

Dieser Aspekt ist uns extrem wichtig: Zunächst müssen die Idee und die Logik durchdacht und beschrieben werden. Dies können wir genauso gut leisten wie die Supernerds. Programmierende müssen genauso auch erst Ideen formulieren und diese auf konkrete Funktionen herunterbrechen, bevor sie überhaupt anfangen, sich an den Rechner zu setzen und die ersten Zeilen Code zu schreiben. Auch hier sind die Aspekte Kommunikation und Kooperation wichtig, auf die wir in unseren Projekten besonders großen Wert legen. Sich mit anderen über die Idee auszutauschen, sie anzureichern, besser zu machen ist entscheidend bei der Entwicklung von Computerprogrammen.

Ein Algorithmus ist eine endliche, möglichst genau beschriebene Schrittfolge, die dazu dient, ein Problem zu lösen. Oft werden dafür beim Programmieren zunächst sogenannte Flussdiagramme oder Flowcharts erstellt. Diese zeigen auf eine visuelle Art, wie der Algorithmus funktionieren soll. Diese Abfolge muss dann in ein Computerprogramm übersetzt werden. So sieht zum Beispiel ein Flussdiagramm zum Backen von Muffins aus, ihr findet es auf der rechten Seite.

Algorithmen selbst bestehen wiederum aus verschiedenen Bauteilen. Die wichtigsten lauten: Befehle, Bedingungen und Schleifen. Wir wollen diese kurz erklären, weil es wirklich ganz einfach sein kann:

- Befehle: Ihr alle wisst, was ein Befehl ist. Zum Beispiel: Mehl abwiegen!
- Bedingung: Wenn ihr weniger als 150 Gramm Mehl auf der Waage habt, dann gebt mehr dazu. Das Hauptmerkmal einer Bedingung ist eine Aussage in der Form „Wenn…, dann…“.
- Schleife: Die Schleife ist wie eine Art Klammer, und alles, was in der Klammer steht, wird so oft wiederholt, wie es die Schleife vorgibt.

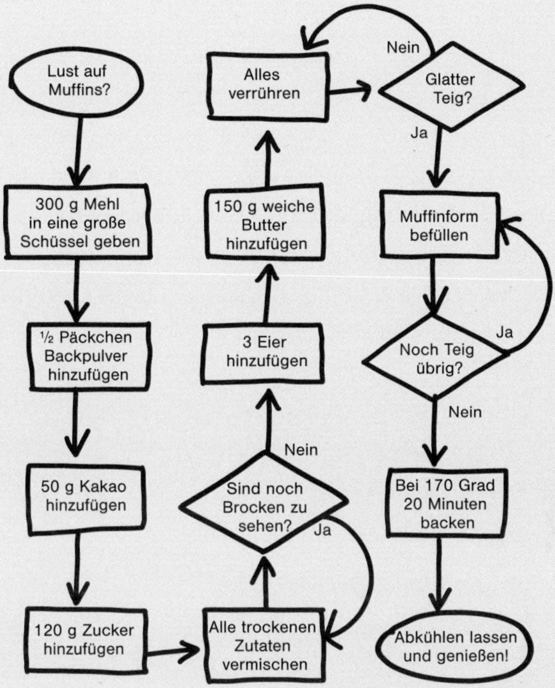

Hier ist zum Beispiel das Programm, welches abläuft, wenn ihr euer Auto mit dem Schlüssel per Knopfdruck abschließt:

Wenn der Schlüssel gedrückt wird, dann:	**Bedingung**
Schleife (3-mal):	**Schleife** besagt, dass der Befehl 3-mal wiederholt werden soll
Lass die Blinker aufleuchten	**Befehl**

Ein Computerprogramm bildet den Algorithmus in einer bestimmten Programmiersprache ab. Davon gibt es sehr viele. Je nachdem, was man machen möchte, kann man unterschiedliche Sprachen nutzen. Zu den recht bekannten zählen C++, Python oder Java. Das Tolle daran ist, wenn man eine Sprache lesen und schreiben kann, fällt es oft leicht, auch andere Sprachen zu verstehen. Seit einigen Jahren und speziell im Bildungsbereich für Kinder wird gerne eine sogenannte visuelle Programmiersprache benutzt, beispielsweise Scratch oder NEPO. Diese Sprachen machen es uns Laien sehr leicht, denn durch die Darstellungsweise kann man gut nachvollziehen, worum es geht. So sieht das dann ungefähr aus:

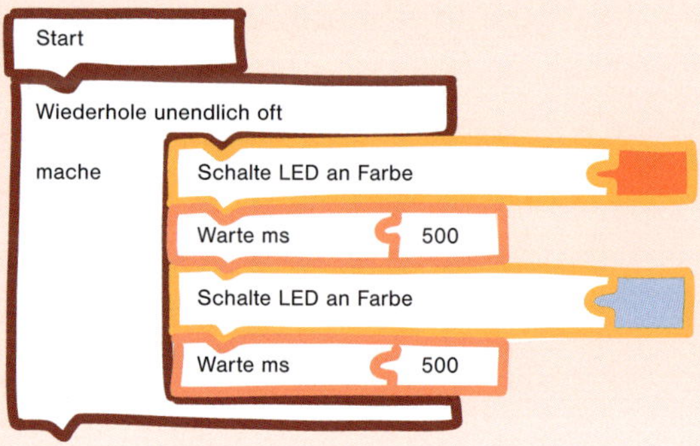

Wir schlagen euch das **Pair-Programming** vor. Dies bedeutet, dass man zu zweit vor einem Rechner sitzt und gemeinsam ein Programm entwickelt und schreibt. Dabei ist eine Person Navigator und die andere Driver. Der Navigator hat den Blick fürs große Ganze und behält den Überblick, ist immer einen Schritt voraus. Der Driver hingegen macht die „Handarbeit" und schreibt den Code tatsächlich. Wir tauschen die beiden Rollen immer wieder untereinander, sodass jede Person in den Genuss kommt, beides zu tun, und auch mal den Blickwinkel auf die eigene Arbeit verändern muss. Dieses Prinzip funktioniert bei Erwachsenen genauso gut wie bei Kindern und wird tatsächlich auch im professionellen Kontext eingesetzt, denn gemeinsam lassen sich Probleme einfach besser lösen. Durch den ständigen Austausch über den Code und die Funktionen, die umgesetzt werden sollen, werden Fehler vermieden und Lösungen können schneller und effizienter gefunden werden.

In einer unserer Fortbildungen für Lehrkräfte saß eine Deutschlehrerin, fast in Rente, neben einem Musiklehrer. Sie hatte auf diese Weise viele Zeilen Code geschrieben und damit eine tolle Märchenmaschine programmiert. Sie selbst war begeistert und überrascht, alles so gut hinbekommen zu haben. Solche Beispiele motivieren uns ungemein und wir legen auch euch diese beiden Tüftel-Standpunkte ans Herz:

1. Es macht wirklich Spaß, eigene Ideen in Programme zu übersetzen, die dann auch noch funktionieren!
2. Es ist nie zu spät, sich mit Technik und Programmierung auseinanderzusetzen. Alle lernen dazu und verstehen jedes Mal ein wenig mehr … auch darüber, wie unsere digitale Welt gestrickt ist.

Wie es bei uns losging

Eines unserer ersten Computerprogramme, das uns nachhaltig beeinflusst hat und unsere Tüftel-Leidenschaft anspornte, war das Programmieren einer LED mithilfe eines Arduino-Boards. Das klingt total banal, eine LED zum Leuchten zu bringen, es geht ja auch, indem man einfach eine Batterie ranhält. Richtig, aber sie eben gezielt anzusteuern, sie nicht nur leuchten, sondern blinken zu lassen, ist für Anfänger schon erst mal eine Hürde. Zumindest war es das für uns. Um unsere Idee umzusetzen, nutzten wir den verbreiteten Mikrocontroller Arduino, ein sogenanntes Steckbrett, LED, Kabel und einen Widerstand. Alles sehr technisch aussehend und für feinmotorisch Begabte gemacht. Nachdem man dann den Stromkreis aufgebaut hat, geht es an die Programmierung, in diesem Fall

mit der Arduino-Programmierumgebung. Wir konnten weder programmieren, noch wussten wir viel über Elektronik, und am Ende hat es doch funktioniert: Die LED blinkte! Wir haben uns durchgewurschtelt. Heureka!

Ehrlicherweise wollen wir sagen, dass wir das nie und nimmer allein geschafft hätten. Muss man aber ja auch gar nicht. Das Tolle und unheimlich Motivierende ist, dass es zu den meisten Themen, und zu Arduino ganz besonders, eine große Community gibt, die Projekte und Problemlösungen online stellen. Auf Blogs, in Chats oder auch auf Youtube kann man häufig Antworten auf seine Fragen finden. Ein 8-Minuten-Video war unser Vehikel zur blinkenden LED, die für uns nicht das Ende der Fahnenstange sein sollte. Der Spaß und der Flow, den wir gespürt haben, als wir die Köpfe über unserem Projekt zusammensteckten, haben uns motiviert, noch ganz andere Dinge anzugehen. Schon bald haben wir mithilfe des Arduino-Boards Papierkatzen zum Schnurren gebracht und Umweltdaten, z. B. Feinstaub, gemessen.

Das fanden wir spannend, und es fühlte sich an, als hätten wir die Tür zu einer ganz neuen Welt geöffnet. So viel Wissen und Material war online frei zugänglich, aus dem wir uns heraussuchen konnten, was wir ausprobieren oder lernen wollten. Das erste Programmierprojekt war umgesetzt. Sehr klein und sehr fein – und wir wollten mehr.

So entstand an einem Winterabend im Jahr 2014 an Franzis Küchentisch, während wir leitende und isolierende Knete kochten, die Idee zur Tüftel-Familie. Wir wollten eine Brücke bauen zwischen den unzähligen Informationen, Robotik-Sets, Programmierkursen etc., die online alle vorhanden sind, einem Großteil der Bevölkerung aber verschlossen bleiben und auch im Schulunterricht nicht berücksichtigt werden. Wir wollten dieses Wissen kuratieren und in Projekte gießen, die Spaß machen und gleichzeitig realisierbar sind. Fünf Jahre später haben wir über 700 Workshops durchgeführt, mit mehr als 30 000 Kindern und Jugendlichen getüftelt und 5 000 Multiplikatorinnen und Multiplikatoren geschult. Dabei steht die Kombination von Hard- und Software bei uns immer im Fokus. Wir nennen unseren Ansatz auch Montessori 4.0. Das bedeutet, dass in unseren Formaten immer gebaut, gebastelt und kreativ konzipiert wird, aber eben auch verkabelt, gelötet, geschaltet und programmiert.

Die abstrakten Dinge, die innerhalb des Computers und der Programmierung stattfinden, erhalten durch die Kombination mit dem Physischen eine viel stärkere Präsenz und sie werden leichter nachvollziehbar und verständlich. Deutlich wurde das beispielsweise bei unserem Workshop „Wie funktioniert eigentlich das Internet?", den wir gemeinsam mit „fragFinn", einer Suchmaschine für Kinder, zum Safer Internet Day (immer in der 2. Februarwoche) durchgeführt haben. Gemeinsam mit den Kindern bauten wir mit großen Bausteinen und Bändern das Internet nach. Da die Kinder selbst die Rolle von Internetknotenpunkten und Routern einnahmen und ihre Funktionsweise nachspielten, wurde ihnen bewusst, wie das Versenden von Daten und E-Mails funktioniert – und dass eine unverschlüsselte E-Mail ähnlich wie eine Postkarte ist: Jede Person, die sie zufällig in die Hände bekommt, kann lesen, was drinsteht – anders als bei einer verschlüsselten E-Mail. Sie ist vergleichbar mit einem zugeklebten Brief, der nur durch die Empfängerin oder den Empfänger zu öffnen und lesbar ist.

Dieses Buch richtet sich an euch Eltern, die ihr mit euren Kindern loslegen möchtet. Aber natürlich haben wir unsere Erfahrungen in der Schule und im IT-Unterricht nicht vergessen. Schule ist und bleibt immer noch der Ort, an dem der Großteil der Wissensvermittlung und der Vorbereitung auf das (Berufs-)Leben stattfindet. Deshalb ist es uns ein ganz besonderes Anliegen, unseren Ansatz auch in Schulen zu tragen.

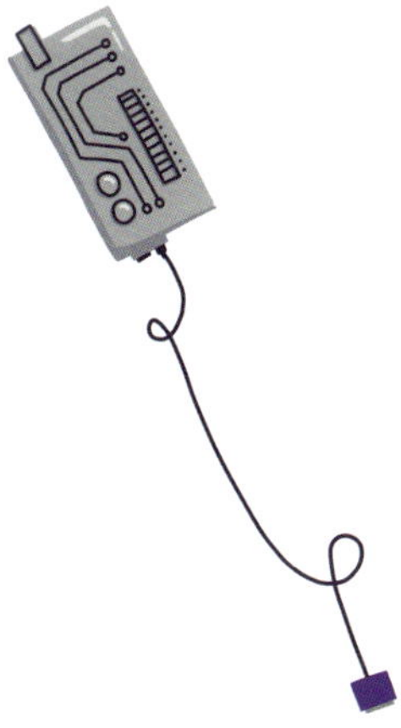

Warum sich Kinder mit Programmieren beschäftigen sollten

Habt ihr euch schon mal überlegt, wie wohl unsere Eltern früher gelernt oder studiert haben? So ganz ohne Computer und Internet? Wie soll das funktioniert haben? Was hat man da den ganzen Tag gemacht? Wie war Arbeit überhaupt möglich? In nur einer Generation hat sich bezüglich Digitalisierung alles so schnell und so weit entwickelt, dass auch gesellschaftliche Konventionen, wie beispielsweise Arbeit, komplett anders funktionieren. Der Computer und das Internet sind wohl die prägendsten Veränderungen der zweiten Hälfte des letzten Jahrhunderts. Unsere Generation gehört zu den Digital Natives, ist also nach 1980 geboren. Wir hatten schon als Jugendliche Handys, und ein Laptop oder Rechner zum Studium war Grundausstattung. Dennoch sind wir eine Generation, die sich nicht wirklich intensiv mit den Themen IT und Programmierung beschäftigt hat. Die wenigsten von uns haben eine solide Grundausbildung, was Informatikkenntnisse angeht, genossen. Deshalb sind wir Nutzer und Nutzerinnen geblieben, nur die wenigsten von uns sind gestaltend tätig und z. B. in die Softwareentwicklung gegangen. Wir merken, dass unser Wissen lückenhaft ist und wir an vielen Stellen in Erklärungsnot geraten, wenn wir zum Beispiel Fragen von unseren Kindern zur Funktionsweise des Internets bekommen.

Fragen, Fragen, Fragen

Als Eltern stellt ihr euch vielleicht folgende Fragen:

- Muss mein Kind programmieren lernen?
- Wie bewerte ich den Umgang meines Kindes mit digitalen Endgeräten?
- Wie kann ich mein Kind dabei unterstützen, sich dem Thema Programmierung zu nähern?
- Wie kann ich selbst mehr über Technik und Programmierung lernen, damit ich mit meinem Kind darüber sprechen kann?
- Was muss ich alles wissen, tun und können, damit meine Kids und ich starten können?
- Wen kann ich fragen, wenn ich dabei selbst nicht weiterkomme?
- Wie finde ich andere Menschen, mit denen ich das gemeinsam ausprobieren kann?
- Kann ich das Tüfteln auch als Schulprojekt oder in der Kindergruppe umsetzen?

Toll, dann habt ihr schon einen großen Schritt gemacht. Fakt ist, dass unsere Kinder von Geburt an mit digitalen Endgeräten wie Handy und Laptop ganz selbstverständlich umgehen. Vierjährige, die selbst Spotify öffnen, um sich ihre Hörbücher zu suchen, mit Oma ein Videoanruf, kein Problem. Viele Eltern wissen nicht so recht, wie sie das finden sollen und ob nicht strenge Verbotsregeln hermüssten, damit das Kind nicht … ja was eigentlich nicht? Wovor fürchten wir Eltern uns?

Auf Eltern, und übrigens auch auf Erziehende in Kitas oder Lehrpersonen in der Schule, kommt eine immens wichtige Aufgabe zu. Wir müssen den Kindern zeigen, welches Potenzial in diesen Geräten steckt. Und welches Potenzial sie selbst entfalten können, wenn sie diese Geräte nicht nur benutzen, um ein Spiel nach dem anderen durchzuzocken, sondern sie als Werkzeuge verstehen.

Dafür ist es wichtig, sich mit dem Thema Programmierung auseinanderzusetzen, also der Frage nachzugehen: „Wie funktioniert das alles hinter dem Screen? Wer hat das eigentlich alles gebaut und erfunden?“

Im Moment ist es leider immer noch so, dass eine kleine Gruppe von Menschen unsere täglich genutzten Apps erdenkt und programmiert. Immer wieder fällt auf, dass dabei hauptsächlich (weiße) Männer mit einem relativ hohen Bildungsniveau an den Tastaturen gesessen haben.[8] Es ist ein generelles Problem, dass zu wenig Frauen, zu wenig People of Colour im Bereich Softwareentwicklung vertreten sind und dort überhaupt zu wenig Diversität herrscht.

Hier gilt es, aktiv zu werden. Unser Ziel ist es, dass alle Menschen gleichermaßen daran mitwirken können, unsere Welt zu gestalten. Schließlich nutzen wir auch alle tagtäglich viele digitale Werkzeuge und Services, die unser Leben enorm prägen. Unsere Aufgabe ist es, den Kindern zu vermitteln, dass diese Programme und Apps nicht einfach da sind, sondern, dass Menschen sie erdacht, konzipiert und programmiert haben. Jede und jeder von uns kann also daran teilnehmen und mitgestalten. Dafür benötigen wir alle die gleichen Startchancen. Deshalb ist es extrem wichtig, Kinder schon früh mit dem Thema Programmierung in Kontakt zu bringen.[9]

Umso schöner, dass ihr dieses Buch lest und euch dafür einsetzt, dass eure Kinder einen Zugang zu dem Thema Programmierung bekommen. Vielleicht ladet ihr gleich noch ein paar Freundinnen und Freunde mit ein. So werdet auch ihr ein Teil unserer Bewegung mit dem Ziel, möglichst allen Menschen eine gleichberechtigte Teilhabe an der digitalen Welt zu ermöglichen. Legen wir gemeinsam los!

Tüfteln und Programmieren für Eltern. Eine Gebrauchsanweisung

Möglicherweise seid ihr aber weder Elektroingenieurin noch Softwareentwicker? Kein Problem, das sind wir auch nicht. Und genau dafür habt ihr ja jetzt dieses Buch. Es ist toll, dass ihr euch gemeinsam mit euren Kindern auf eine spannende (Lern-)Reise begeben wollt! Das ist für euch genauso eine neue Erfahrung wie für die Kleinen. Verabschiedet euch von dem Gedanken, dass ihr immer alles wissen und den Kindern die Welt erklärt müsst. Begebt euch lieber auf Augenhöhe und lernt mit ihnen gemeinsam. Nutzt dafür die unterschiedlichen Möglichkeiten. Und je mannigfaltiger ihr versucht, euch die Welt der Programmierung zu erschließen, umso ganzheitlicher werden eure Erkenntnisse sein - ihr erinnert euch an Maria Montessori.

Schaut gemeinsam z. B. „Die Sendung mit der Maus", setzt euch an das Tablet und programmiert euer erstes Computerspiel, faltet leuchtende Origami-Frösche (Projekt 15) oder näht Stoffkatzen, die miauen können (Projekt 39). Unsere vielen unterschiedlichen Screen-off- und Screen-on-Projekte im zweiten Teil des Buchs machen euch den Einstieg zusammen mit euren Kindern leichter.

Um herauszufinden, wie ihr mit dem Tüfteln beginnen könnt und welche Fertigkeiten euer Kind schon beherrschen sollte, wie Feinmotorik oder Lesekompetenz, um ein bestimmtes Projekt umzusetzen, haben wir die kleine Grafik mit dem Spinnennetz und eine ausführlichere Checkliste (s. S. 72 ff) für euch und eure Kinder ausgedacht, die zeigen, wie ihr bisher mit digitalen Dingen umgeht und mit was euch der Einstieg ins Tüfteln am besten gelingt.

Schaut euch zusammen einige Projekte in Ruhe zu Hause an. Sprecht mit euren Kindern darüber, welche Projekte sie gut finden und worauf sie Lust haben. Vielleicht darf am Tüftel-Sonntag immer ein anderes Familienmitglied ein Projekt aussuchen, einmal die Kinder, einmal die Erwachsenen. So lernt ihr bestimmt ganz neue Talente an euch kennen und verlasst die eigene Komfortzone. Folgende Grafik hilft euch beim Erkennen dessen, was ihr eigentlich schon alles könnt. Bestimmt steckt mehr Tüftel-Geist in euch, als ihr vielleicht gedacht habt.

Die Checkliste zum Tüfteln

Nutzt eine unterschiedliche Farbe für jede Person. Findet so gemeinsam heraus, was ihr als Nächstes ausprobieren möchtet. Unsere 7 Tüftel-Typen (s. S. 88) unterstützen euch dann dabei, eure Lieblings-Tüftel-Projekte leicht zu finden. Je weiter außen ihr eure Punkte im Spinnendiagramm gesetzt habt, umso näher seid ihr schon am Tüfteln dran.

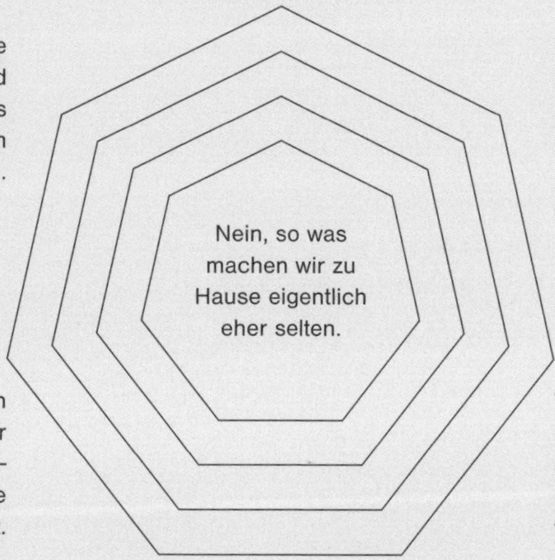

Lebenslanges Lernen

Unser Motto: #einfachmachen

Die 5-jährige Anna sitzt vor Knete. Eifrig beginnt sie daraus einen Schmetterling zu formen. Auf dem Tisch liegen auch noch kleine LEDs und Batterien. Sie beobachtet, wie Mateo neben ihr ein Auto knetet, das leuchtet. Sie greift zur LED und steckt sie in die Knete - nichts passiert. Sie steckt eine Batterie ebenfalls hinein ... noch immer passiert nichts. Anna zieht die LED wieder heraus und steckt sie mehrmals erneut in die Knete, dabei dreht sie die LED und probiert andere Stellen aus: Auf einmal leuchtet ihr Schmetterling. Sie greift zu weiteren LEDs und probiert weiter.

Diese Szene beschreibt den *handlungsorientierten Kreativitätsprozess von Kindern*: Kinder haben eine Idee und probieren aus, sie auf spielerisch-kreative und tüftelnde Weise umzusetzen. Dabei verwenden sie verschiedene analoge und technologische Werkstoffe und Produkte. Sie entwickeln dabei die Idee weiter, erhalten Anregungen von anderen und experimentieren mit Alternativen.

Oft klappt es nicht, oder zumindest nicht auf Anhieb. Wir Eltern haben sofort den Impuls, sie zu unterstützen, um mit einem Erfolg unserem Kind ein positives Lernerlebnis zu bereiten. Wir geben Tipps oder greifen kurzerhand selbst ein, damit das Kind genauso stolz wie wir auf die leuchtende LED in seinem Schmetterling sein kann. Denn für uns Erwachsene ist meistens (erst) das abgeschlossene Projekt der Erfolg. Doch was bedeutet das für das Kind? Es wird zur Lösung hinmoderiert, obwohl es absolut entspannt vor sich hin experimentiert. Wir suggerieren dem Kind, dass es immer vorwärtskommen muss und einen Schritt nach dem nächsten gehen soll, ohne Fehler und ohne Umwege zum Ziel. Dabei haben Kinder meist noch Lust zu entdecken und auszuprobieren. Uns Eltern fehlt in diesem Moment die Frustrationstoleranz, wir können nur schwer zuschauen, wenn die Lösung (für uns) doch so offensichtlich ist!

Vielleicht könnt ihr das nächste Mal kurz innehalten. Greift nicht gleich ein und leitet euer Kind auch nicht immer direkt zum Ziel. Motiviert euer Kind lieber, noch einmal genau beim Nachbarkind hinzuschauen, wie es dort funktioniert. Motiviert es, Fragen zu stellen an die Kinder, die das Problem schon gelöst haben. So lernen die Kinder und wir. Wir lernen, weil wir am Ende selbst zum Erfolg gekommen sind, wir lernen mit Rückschlägen umzugehen und Wege oder Strategien zu entdecken, die hoffentlich bei allen zu leuchtenden LEDs führen.

Nehmt euch selbst den Druck, dass immer alles auf Anhieb gelingen muss. Wir müssen nicht immer alles wissen. Seid selbst Kind und probiert einfach gemeinsam aus. Habt keine Angst vor Fehltritten und chaotischer Materialschlacht. Gebt euch und euren Kindern den Raum und die Zeit zum Erkunden, um gemeinsam Neues entstehen zu lassen.

Harte Nüsse knackt ihr nur mit Inspiration, ihr müsst alle Möglichkeiten ausprobieren. Kinder tun das pausenlos und adaptieren so manches, während wir Eltern noch mit uns selbst beschäftigt sind. Natürlich wäre Anna nicht von allein darauf gekommen, mit Knete Stromkreise zu formen. Aber indem wir zum Lernen anregende Materialien bereitstellen und vor allem auch Beispiele vorgeben, können die Kinder zunächst nachmachen und dann selbst ausprobieren und dann Neues erdenken. Ganz schnell kommen die Kinder ins #einfachmachen. Wir Eltern müssen uns trauen, auf den kreativen Prozess zu vertrauen. Jeden Schritt unmittelbar zu bewerten und das Ziel ganz schnell erreichen zu wollen ist nicht sinnvoll - der Weg ist ja unser Ziel.

Bleiben wir neugierig, eigenständig und verantwortungsvoll bei unseren Lernwegen. Deswegen heißt es ja „lebenslanges Lernen“. Denn das macht uns Menschen aus, dass wir ein Leben lang Neues lernen dürfen. Wir haben es selbst in der Hand, es mit Freude zu tun und unseren Geist jung und wach zu halten. Am besten beginnen wir damit bereits in frühester Kindheit, denn hier prägen wir unser Verhältnis zum Lernen. Die folgenden Punkte sind uns dabei sehr wichtig:

- **Selbstwirksamkeit** - es ist nicht nur für euch eine tolle Erfahrung, beim Tüfteln zu lernen, was man alles kann, sondern natürlich vor allem auch für eure Kinder eine super Stärkung für ihr Selbstbewusstsein. Sie arbeiten mit den Händen an Projektideen, die sie selbst erdacht haben, und verstehen, wie sie diese umsetzen und realisieren können.
- **Eine gesunde Fehlerkultur** - denn aus Fehlern lernen wir am meisten, außerdem machen auch Eltern Fehler. Eng damit verbunden ist natürlich auch die Frustrationstoleranz. Lernt auszuhalten, dass die kleinen Kinderhände fünf Anläufe brauchen, um das Papier an der richtigen Stelle zu falten.
- **Kritisches Denken und daraus Neues ableiten, genaues Hinschauen und Reflektieren** - wie funktioniert was? Hier lernen wir, Prozesse, Systeme und Strukturen zu erkennen und sie auf andere Kontexte anzuwenden. Dies sind kognitive Superkräfte, die in allen Lebensbereichen gebraucht werden. Feinmotorik - Tüfteln ist mit Handwerken eng verwandt. Dabei lernt man, seine Hände geschickt einzusetzen, um das, was im Kopf ist, in die Realität zu übersetzen.
- **Lernlust** - jedes Kind hat eine natürliche Lust, Neues zu lernen und zu entdecken. Durch das Tüfteln wird dies explizit gefördert und trainiert. Die Reflexion hilft dabei, das Gelernte noch stärker in den Mittelpunkt zu stellen.
- **Lösungsstrategien und Durchhaltevermögen** - bestimmt klappt euer erstes Projekt nicht auf Anhieb. Das ist gut, denn das Scheitern bietet eine Lernmöglichkeit. Wieso funktioniert es nicht? Wie könnten wir das Problem lösen und wer kann uns dabei helfen?
- **Kooperation** - nur im Team kann man knifflige Aufgaben lösen. Euer Kind kann durchs Tüfteln lernen, wie wir gut miteinander arbeiten

und Erfolge gemeinsam feiern. Ebenso könnt ihr lernen, dass auch die Kleinsten schon mit wertvollen Ideen zu einer Lösung beitragen können.

- **Kommunikation** - sich über das Projekt auszutauschen und seine Ideen zu artikulieren hilft dabei, auf neue Lösungen zu kommen und die Idee bestmöglich umzusetzen. Dafür muss man lernen, genau zu beschreiben, was man im Kopf hat.

Hier ist es: Unser Geheimrezept

In unseren Workshops gibt es kaum Anweisungen oder Regeln, denen die Kinder folgen sollen. Vielmehr werden sie ermutigt, eigene Ideen, Ziele und Strategien zu entwickeln und somit Problemlösekompetenz zu erwerben und Wege zu entdecken, um eigenständig zu arbeiten und zu lernen.

Die erste wichtigste Tüftel-Grundregel, die wir für uns in der Zusammenarbeit mit den Kindern gelernt haben, ist, uns selbst zurückzunehmen.

In unseren Workshops bereiten wir einen Raum, in dem alles Mögliche passieren kann. Dafür bieten wir Inspiration und Zugang zu unterschiedlichen Werkzeugen, und zwar digitalen, aber auch ganz normalen wie Hammer und Säge. Auf den Tischen sind Stoffe, bunte Bausteine, Tablets, Papier, Knete und vieles mehr vorbereitet. Die Kinder können durch den Raum wandern und überall gibt es was zu entdecken. Wir machen viele Projektvorschläge, auch mit Anleitungen, denen die Kinder folgen können. Es gibt aber keine Regel, dass erst mal alles kennengelernt werden muss.

Einige Kinder sind wie Schmetterlinge, die von Tisch zu Tisch flattern und überall die Inspirationsprojekte umsetzen. Andere wiederum sind eher wie Maulwürfe, sie budeln sich an einem Tisch oder mit einem Werkzeug in ihr Projekt rein, um es eingehend zu erforschen und auszuprobieren.

Es bedarf dann einer gewissen Offenheit unsererseits, die Arme hinter dem Rücken zu verschränken und die Kinder erst mal machen zu lassen. Oft entwickeln sie Projektideen, die die verschiedenen Materialien miteinander verbinden.

Lena hat bei einem Workshop die Papier-Station mit der Stromkreis-Station verbunden und eine geheime Schatzkiste gebaut, die Alarm schlägt, sobald die Schatzkiste (Projekt 4) geöffnet wird.

Louis hat sich in die Makey-Makey-Station vertieft und die Tanzmatte (Projekt 58) mit seinen Freunden gebaut. Die Bande hat das Lied schon zehnmal durchgespielt, bis alle ins Schwitzen gekommen sind.

Nun sind wir Erwachsenen gefordert, wir zeigen Möglichkeiten auf und geben genug Freiraum, um eigene Ideen umzusetzen. Denn die Kinder kommen blitzschnell darauf, wie man etwas völlig Neues entstehen lassen kann. Was ursprünglich eine Tanzmatte war, kann zu einer klingenden Treppe werden. Da es keinen Bauplan gibt, gibt es auch kein Richtig oder Falsch. Die Kinder geben die Richtung vor. Die Erwachsenen begleiten und unterstützen - und werden über die Ergebnisse staunen.

Die zweite wichtigste Tüftel-Grundregel: Geht nicht gibt's nicht! Wenn ein Kind nicht weiterweiß, braucht es keinen Erwachsenen, der die Lösung parat hat, sondern eine Person, die aktiv zuhört und sich das Problem vom Kind erklären lässt.

Oft kommt das Kind beim Erzählen bereits auf einen Lösungsansatz. Falls nicht, kann man es durch geschicktes Fragen auch auf verschiedene Aspekte hinweisen und die Gedankengänge lenken oder aber auch Hinweise zur Selbsthilfe geben: „Frag doch mal Jannis, er scheint das schon recht gut zu können", oder: „Lass uns das mal gemeinsam im Internet herausfinden." Solche Anregungen sind wesentlich nachhaltiger, als wenn wir uns als die Torwächter des Wissens etablieren. So verinnerlicht das Kind die Erarbeitung von Lösungswegen für die nächsten großen Herausforderungen.

Wichtig ist, dass das Kind Teil des Prozesses ist, um verschiedene Strategien der Wissensaneignung zu erwerben, die essenziell sind für ein lebenslanges Lernen. Wenn dann eine Lösung gefunden ist und man etwas geschaffen hat, mit Kopf, Herz und Hand, kann man darauf mächtig stolz sein. Genau das sind die Momente, die „intrinsisches Lernen" definieren. Schöner und effizienter kann Lernen nicht sein – selbst erarbeitet, direkt umgesetzt und getestet.

Begleiten statt Belehren

Eigentlich ist es also ganz einfach, den natürlichen Tüftel-Instinkt von Kindern zu fördern: Es geht darum, eine gute Mischung aus Inspirationen und Anregungen zu schaffen und gleichzeitig aufmerksame Zurückhaltung zu üben. Die Projektbeispiele in Teil 2 zeigen dazu Möglichkeiten auf und stellen Technik und Werkzeuge vor. Sobald die Kinder aber ins Machen kommen, sollte man ihnen genug Freiraum lassen, sie einfach machen zu lassen und ihren Ideen nachzugehen. Aufmerksame Zurückhaltung bedeutet dabei nicht, dass wir uns in den Sessel legen und ein Buch lesen, während die Kinder tüfteln. Wir drängen uns nicht auf, sind aber jederzeit da, um zu unterstützen, wenn die Kinder es brauchen.

Eure Aufgabe ist es, die kreative und sichere Umgebung zu schaffen und anregende Impulse zu geben, damit eure Kinder selbstbestimmt lernen können. Eltern müssen, gerade zu Beginn der Tüftel-Reise, helfen, Frustmomente zu überwinden und den Frust als Teil des Prozesses verstehen zu lernen. Wir können vorleben, dass es nicht das Ende des Projektes bedeutet, wenn die LED nicht sofort leuchtet, sondern dass man weiter dranbleiben kann, um am Ende erfolgreich zu sein. Auch der Projektabschluss ist nicht immer das Ziel, sondern dass man auch den Weg dorthin schätzen lernt und vielleicht auf ganz neue Ideen und Projekte kommt. Es macht auch Freude, wenn wir reflektieren und erkennen, was wir selbst alles gelernt haben in unserer Tüftel-Zeit.

Im 19. Jahrhundert prägte der Pädagoge Friedrich Fröbel das Bild des Kinder*gartens* für die frühkindliche Erziehung: Ebenso wie Gärtner um die optimalen Bedingungen für das Gedeihen ihrer Pflanzen wissen und sich darum kümmern, besteht unsere Rolle darin, für die besten Bedingungen zu sorgen, damit unsere Kinder zu verantwortungsbewussten Gestaltenden heranwachsen und ihre schöpferischen Kräfte entfalten können.

Checkliste: Eure Rolle als Lernbegleitung

Hier haben wir einige Tipps für euch zusammengefasst. Mittels der Liste könnt ihr euch selbst einschätzen und überlegen, wobei ihr euch verbessern könnt.

Inspirationen geben

Nutzt eure Umgebung aktiv als Inspiration. In allem kann eine Idee stecken, mit der ihr ein Projekt umsetzen könnt. Zum Beispiel beim Waldspaziergang habt ihr tolle Tannenzapfen gesammelt? Vielleicht werden sie zu einer Taschenlampe? Oder euer Kind spielt auf den Töpfen Schlagzeug? Auch hier könnt ihr diese Lust am Machen auf tolle Tüftel-Projekte übertragen. Nutzt diese wertvolle Beobachtung der Aktionen eurer Kinder als Startpunkt für etwas Neues. Scheinbar steckt hier ein Interesse eures Kindes. Greift dieses aktiv auf und unterstützt euer Kind, dieses Interesse als Inspiration zu nutzen. Die ganze Welt als Möglichkeit zu sehen ist im hektischen Alltag wahrlich nicht immer einfach. Aber man kann dieses wache Auge trainieren. Zum Beispiel, indem man Fragen stellt, um die Umwelt vielleicht ganz neu wahrzunehmen. Folgende Fragen könnten euch dabei helfen:

- Wofür könnte man diesen Gegenstand noch verwenden?
- Wie findet ihr dieses Material? Wie fühlt sich dieses Material an?
- Warum funktioniert das so?
- Warum funktioniert das so nicht?
- Was könnte man damit bauen?
- Welche Dinge habe ich bereits gebaut, und lässt sich da etwas miteinander kombinieren?
- Was habt ihr denn da?
- Was war euer tollstes Projekt?
- Was genau war's, das an meinem tollsten Projekt so toll war?

Diese ersten Inspirationen können bei der Auswahl der ersten Projekte interessant sein. Wir haben weiter hinten im Buch 7 Tüftel-Typen aufgelistet. Vielleicht könnt ihr ja beobachten, ob ihr und eure Kinder Inspiration eher aus der Natur, dem Sport, der Musik oder etwas anderem schöpfen. Dann solltet ihr mit einfachen Projekten beginnen, die dem jeweiligen Tüftel-Typ entsprechen. Uns allen fällt es schließlich leichter, mit Lieblingsthemen zu beginnen, in denen wir uns gut auskennen.

Wir sammeln Ideen. Aus allem Möglichen können wir uns die tollsten neuen Funktionen ausdenken.	☐—☐—☐—☐	Uns fehlt es oft an Zeit und Muße, unsere Welt mit anderen Augen zu sehen.

Vorbereitung ist das halbe Leben (aber eben auch nur das halbe)
Das Tüfteln will gut vorbereitet sein, es lohnt sich, vorab einige Gedanken darauf zu verwenden: Liegen alle Werkzeuge zugänglich und sicher bereit? Können Kinderhände alles gut erreichen und alle Materialien gut überblickt werden? Ist der Ort einladend und sicher? Sind auch die Möbel sicher, sodass ihr entspannt zuschauen könnt, wenn mal was danebengeht?

Ich habe einen guten, sicheren Ort und viele Materialien, sodass wir jederzeit loslegen können, wenn uns die Bastellust packt.	☐—☐—☐—☐	Wenn ich dran denke, was für ein Chaos entsteht, bekomme ich schon Schweißausbrüche.

#einfachmachen-Mentalität

Dies steht ein wenig im Gegensatz zum Punkt darüber, aber die Balance macht den Zauber. Nicht alles bis ins letzte Detail planen, sondern schauen, was funktioniert – Learning by Doing ist die Devise!

Ich lege oft einfach los mit dem, was so da ist, mal sehen, was es wird.	☐—☐—☐—☐	Ich bastel lieber mit den Kindern nach Vorlage, da weiß ich auch, was am Ende dabei rauskommt.

Individuelle Impulse fördern

Ladet die Kinder ein, gemeinsam mit euch auf eine spannende Tüftel-Reise zu gehen. Sie selbst können den Ton angeben und ihr geht einfach bei den Gedanken und Ideen der Kinder mit. Neue Ideen fördern und gemeinsam auprobieren macht am meisten Spaß. Unsere Tüftel-Typen (s. S. 88) helfen euch, eine Idee zu bekommen, in welche Richtung ihr starten könnt.

Wir basteln alle vor uns hin und alle entscheiden selbst, in was man sich vertieft.	☐—☐—☐—☐	Mir fällt es nicht immer leicht, die quatschigen Ideen der Kinder ernst zu nehmen und sie dem nachgehen zu lassen.

Fehler feiern

Zuschauen, wie Fehler gemacht werden, ist nicht immer leicht. Versucht es dennoch. Seid aktive Beobachter und ansprechbar für die Kinder. Ihr könnt ihnen helfen, sich selbst zu helfen, anstatt die Lösung zu präsentieren. Gewöhnt euch an, einen Fehler nicht negativ zu kommentieren, sondern ihn durch wohlwollende Worte, wie „interessant“ oder „spannend“, in ein freundliches und einladendes Licht zu rücken.

Ich bin ein Ruhepol, auch wenn das Wasserglas beim Tuschen umkippt oder die fast fertige Weihnachtskarte aus Versehen durchgeschnitten wird.

☐—☐—☐—☐

Ich habe ein Adlerauge über die gesamte Situation und unterstütze lieber ein wenig mehr, damit wir am Ende auch alle die Weihnachtskarte fertig haben.

Auf Augenhöhe

Wir sind alle Lernende und gemeinsam sind wir noch schlauer. Gebt offen und gerne zu, wenn ihr etwas nicht versteht oder nicht wisst. Sucht gemeinsam mit den Kindern nach Lösungen oder Erklärungen.

Ich liebe es, wenn mir die Kinder erzählen und zeigen, wie was funktioniert.

☐—☐—☐—☐

Ich habe die Lernkurve meiner Kinder im Auge und achte darauf, dass sie alles können, was sie brauchen.

Der richtige Moment

Schafft euch im Vorfeld genug Zeit, sodass ihr entspannt sein könnt. Nicht eingreifen, sondern ausprobieren, nachdenken und reflektieren brauchen viel Zeit. Ein Samstag kann zum Tüftel-Tag werden oder ein Kindergeburtstag wird zur Tüftel-Action.

Ich versuche gezielt Zeiten einzuplanen, in denen wir in Ruhe das machen können, was uns dann gerade einfällt.	☐—☐—☐—☐	Unser Alltag ist oft hektisch und durchgetaktet, da kann kaum mal was länger dauern als gedacht.

Aktive Zurückhaltung

Eure Kinder brauchen Raum, um selbst aktiv sein zu können. Nehmt euch zurück in der Anleitung, in der Projektsteuerung und vor allem in der Bewertung. Lasst die Kinder machen, aber seid da, wenn ihr gebraucht werdet.

Mein Kind fasziniert mich immer wieder mit den großartigen Ideen, die entstehen, wenn ich es einfach machen lasse und „nur“ anregende Fragen stelle.	☐—☐—☐—☐	Uns gibt es mehr Sicherheit, wenn wir einer Anleitung folgen, dann entsteht auch nicht der Moment des „Nicht-weiter-Wissens“.

Lob

Übrigens ist dabei das Loben des Kindes auch ein ganz interessanter Aspekt. Vielleicht tendiert auch ihr dazu, ein Ergebnis als „toll“ oder „gut gemacht“ zu beurteilen. Besser ist es, mehr auf den Prozess einzugehen: „Ich fand toll, wie geduldig du beim Nähen warst“, oder: „Ich habe gesehen, wie konzentriert du das leitende Klebeband angebracht hast.“ Offene Fragen wie „Was hat dir am meisten Spaß gemacht?“, „Was möchtest du noch weitermachen?“ oder „Was bauen wir das nächste Mal?“ helfen euch dabei, herauszufinden, wo euer Kind gerade steht.

Toll, wir haben jetzt schon eine Skizze von einer Papier-Socken-Auszieh-Maschine und einen Kochlöffel-Blinke-Zauberstab, der nur noch nicht so ganz blinken mag.

Wenn wir gemeinsam Schritt für Schritt der Bastelanleitung folgen, haben wir am Ende alle ein gleich schönes Ergebnis.

Kooperation

Im Austausch mit anderen werden Ideen oft reicher und am Ende auch besser. Es ist toll, wenn Kinder dies im Projekt erleben. Motiviert die Kinder, sich auch gegenseitig zu helfen, wenn die eine etwas schon besser kann als der andere. Denkt daran, dass ihr als Vorbild vorleben könnt, wie man wertschätzend mit den Ideen anderer umgeht. Auch eine 5-Jährige kann wertvolle Vorschläge vorbringen, die es wert sind, getestet zu werden.

Ich denke oft laut nach und frage dann eine andere Person, ob sie mir helfen kann.	☐—☐—☐—☐	Ich bin immer schnell im Flow und will meine Idee durchsetzen, weil sie meist die beste ist.

Reflexion

Im ganzen Eifer wird oft vergessen, wie wichtig es ist, sich über das Geschaffene auszutauschen. Die Reflexion ist aber tatsächlich der Moment, in dem ihr gemeinsam mit den Kindern Revue passieren lassen könnt, was ihr gemacht habt. Warum hat was wie funktioniert? Was hat nicht gut funktioniert? Und vor allem: Was habt ihr alles gelernt?. So wird Erlebtes zu Wissen gefestigt, und ihr stellt fest, welche Projekte euch besonders gut liegen. Ein toller Moment ist dafür zum Beispiel abends im Bett. Stellt den Kindern am besten konkrete Fragen, zum Beispiel:

- ☐ Was war besonders schwierig beim Tüfteln heute?
- ☐ Was hat dich überrascht?
- ☐ Was hat dich richtig geärgert?
- ☐ Was hast du Neues gelernt?
- ☐ Was würdest du anders machen?
- ☐ Was hat dir besonders viel Spaß gemacht?

Und natürlich dürfen die Eltern diese Fragen ebenso beantworten und die Antworten mit den Kindern besprechen.

Wir haben ein Ritual, dass wir so oft wie möglich den Tag reflektieren; bei dieser Gelegenheit sprechen wir auch über das Tüfteln.	☐—☐—☐—☐	Die ruhigen Momente zum Nachspüren und Reflektieren gehen im hektischen Alltag oft unter.

Bestimmt habt ihr schon gemerkt, dass ihr darauf hinarbeiten könnt, eure Kreuze mehr nach links zu schieben, um den Tüftel-Werten näher zu kommen.

Die 4-Wochen-Challenge

Vielleicht habt ihr Lust auf eine 4-Wochen-Challenge, bei der ihr mehr Zeit für Reflexion in euren Alltag integriert? Oder in den nächsten 4 Wochen nehmt ihr euch regelmäßig Tüftel-Zeiten? Ihr werdet sehen, dass ihr gemeinsam in nur einem Monat bereits wertvolle Erfahrungen sammeln und neue Gewohnheiten etablieren könnt.

Welcher Tüftel-Typ seid ihr?

Menschen sind verschieden, manche basteln gerne, andere nicht, manche hören gerne zu und andere bewegen sich lieber. Diese verschiedenen Lern-Typen haben wir in unseren Tüftel-Typen berücksichtigt. Unterschiedliche Typen brauchen unterschiedliche Impulse. Bei einigen Menschen wird der Lerneffekt durch das Hören enorm verstärkt, bei anderen ist visuelle Wahrnehmung besonders wichtig. Vielleicht seid ihr jemand, der die Dinge am liebsten mit den Händen erfährt und begreift, um genau zu verstehen, was vor sich geht? Diese Unterschiede gibt es auch beim Tüfteln.

Es gibt viele verschiedene Themen, die unsere Herzen höherschlagen lassen und bei denen wir uns am wohlsten fühlen. Manche können sofort loslegen, wenn was klingt und Geräusche macht. Andere sind super sportlich und wollen am liebsten immerzu in Bewegung sein. Vielleicht ist es aber auch so, dass eure Kinder euch täglich mit einer Million Fragen löchern. So individuell, wie eure Kinder sind, so individuell sind auch ihre Interessen. Wir haben im Folgenden aufgrund unserer Erfahrung 7 Tüftel-Typen definiert. Sie sollen euch helfen, mit Projekten zu starten, die einen möglichst einfachen Zugang für euch bieten.

Das genau ist der wichtige Aspekt beim Tüfteln - bestehende Neigungen und Interessen aufgreifen, aber auch mal den Blick in unbekanntes Terrain wagen, Themen miteinander verbinden und Neues entdecken: #einfachmachen!

Bauen und Werkeln

Schneiden, Basteln, Kleben ... ihr seid richtig fingerfertige Tüftlerinnen und Bastler? Dann seid ihr bei diesem Buch sowieso genau richtig. Denn viele unserer Projektbeispiele funktionieren eben genau über die Freude am Arbeiten mit den Händen. Das Wort Hand-Werk sagt es schon, dass wir mit den Händen ein Werk schaffen. Dabei ist die Verbindung zwischen dem, was die Hände tun, und dem, was im Kopf passiert, wichtig. Wie bereits beschrieben, zünden unsere Hirnsynapsen um ein Vielfaches besser, wenn wir neues Wissen nicht nur verstandesgemäß erlernen, sondern auch mit den Händen erschließen.

Bestimmt kennt ihr auch die Situation, dass man ein Kind zum Beispiel bittet, nicht an dem Faden zu ziehen, weil sonst der Knopf abfällt. Natürlich musste es unbedingt dennoch an dem Faden ziehen - der Knopf ist ab, eine wichtige Erfahrung gesammelt. Kinder können oft gar nicht anders, als zu experimentieren und auszuprobieren, ob der Knopf wirklich vom Faden gehalten wird.

Manchmal ist das für uns Eltern ärgerlich oder anstrengend, aber eigentlich können wir uns freuen über so viel Forschergeist. Dieser Impuls - auszuprobieren und selbst zu machen - ist etwas, das wir fördern sollten.

Vielleicht ist ja der Mal-Roboter (Projekt 24) etwas für eure Daniela Düsentrieb oder die leuchtenden Knetfiguren (Projekt 2) für die Kinderzimmer-Höhle etwas für euren kleinen Tüftler.

Laufen und Springen

Stillsitzen passiert bei euch eher selten? Es wird getobt, gehüpft, gerannt und gelacht? Richtig so! Es ist toll, die Umwelt und auch sich selbst körperlich zu erfahren und zu erproben. Bei uns steht ja sowieso das Lernen durch Erfahren an oberster Stelle. Also mit Kopf, Herz und Hand gleichzeitig aktiv zu sein. Denn nur in einem gesunden Körper steckt auch ein gesunder Geist - wie schon der römische Dichter Juvenal wusste.

Vielleicht hättet ihr das nicht gedacht, aber Sport und Bewegung sind wunderbare Anknüpfungspunkte zur digitalen Welt. Überlegt mal, wie enorm sich Sport durch die Digitalisierung verändert hat. Beim Fußball kann man heute dank Videoanalyse genau nachprüfen, ob jemand im Abseits war oder nicht. Laufwege der Spielenden werden über Computerchips in den Schuhen nachgezeichnet und optimiert. Eine Uhr am Handgelenk weiß, wie viele Schritte wir getan haben. Das ist spannend, aber warum funktioniert das eigentlich alles so und was braucht es dafür? Die Antwort lautet natürlich Software, also Programmierung und Sensoren.

In der Projektsammlung im hinteren Teil findet ihr viele Anregungen, wie ihr gemeinsam mit euren Kindern in Bewegung bleibt und gleichzeitig was über Programmierung lernt.

Lasst euch zum Beispiel darauf ein, dass ihr ein „gehirnloser Roboter“ (Projekt 38) seid und eure Kinder euch programmieren dürfen. Ein Heidenspaß, wenn die Kinder Mama und Papa durch ein Labyrinth coden müssen. Oder spielt zusammen das analoge Stromkreisspiel (Projekt 7).

Screen und Maus

Kinder interessieren sich für die Dinge, die wir Erwachsenen auch spannend finden. Wir starren ständig auf unser Handy. Mama und Papa sitzen manchmal stundenlang vor dem Computer, ohne es langweilig zu finden? Was genau passiert da? Warum ist das so toll? Es ist mehr als verständlich, dass Kinder sich anschauen wollen, was uns in den Bann zieht.

Es ist wichtig, dass Eltern dieses Interesse aufgreifen und mit den Kindern gemeinsam die digitale Welt erkunden und kennenlernen. Denn natürlich gibt es auch Risiken bei der Nutzung von digitalen Geräten. Wir wollen Geräte als kreatives Werkzeug verstehen und nutzen. Wenn ein Kind das Tablet der Mutter nur mit dem Anschauen von Videos verbindet, wird es kaum auf die Idee kommen, dass man damit auch selbst kreativ werden kann. Es könnte zum Beispiel die wunderbaren Stop-Motion-Geschichten selbst drehen (Projekt 44) und dabei erfahren, dass es kreativ mit digitalen Geräten umgehen kann. Dann wird Screen-Time zur Tüftel-Time. Das ist eine ganz andere Ebene, als einfach nur am Gerät zu „daddeln“. Das ist dann Inspiration finden, kreativ arbeiten, sich gemeinsam Wissen aneignen, die eigenen Projekte teilen und vieles mehr. Und auch hier gilt es, nicht nur zu klicken und zu wischen, sondern auch mit den Händen aktiv zu werden. Denn Tüfteln bedeutet, beide Welten zu verbinden, die digitale und die anfassbare.

Deshalb findet ihr auch für diesen Tüftel-Typ viele Beispiele wie das sprechende Poster (Projekt 60) oder eine Anleitung für einen selbst gebastelten Gamecontroller (Projekt 59).

Kritzeln und Klecksen

Kreatives Arbeiten wird oft mit Stiften, Farben und Pinseln verbunden. Ist das bei euch auch so? Zeichnet und tuscht ihr gerne? Kein Papier kommt in den Müll, ohne vorher als Leinwand herhalten zu müssen? Viele Kinder finden bereits im Kindergartenalter den Zugang zur Kreativität über das Zeichnen und Malen. Die Feinmotorik wird geschult und auch ein gutes Auge für Proportionen wird trainiert. Das Tolle am Zeichnen ist, dass man sich die verrücktesten Dinge ausdenken kann. Sobald sie zu Papier gebracht sind, kann man seine Erfindungen zeigen und erklären. Diese wunderbare Fertigkeit ist auch im Erwachsenenalter sehr nützlich, wenn man im Brainstorming kurz mal aufzeichnen will, was man meint. Sind Kinder daran gewöhnt, auf dem Weg über das Malen ihre Ideen in die Realität zu übersetzen, kann diese Übung auch leicht auf andere kreative Fertigkeiten und das Tüfteln übertragen werden. Außerdem kann das Arbeiten mit Farben auch ein sehr emotionaler Zugang zum Tüfteln sein. Farben mithilfe eines Mikrocontrollers einen Klang zu geben stimuliert die Sinne auf ganz andere Art.

Wie klingt bei euch zum Beispiel Blau oder Gelb? Dies könnt ihr in dem Projekt „Leuchtendes Kinderzimmerschild“ (Projekt 1) oder „Rudolph mit der roten Nase“ (Projekt 17) ganz leicht mal ausprobieren.

Trommeln und Trompeten

Wusstet ihr, dass das Theremin, eines der ersten elektronischen Musikinstrumente, bereits 1920 erfunden wurde? Es erzeugt ein elektrisches Feld um sich herum und lässt, indem ihr die Hände durch das Feld bewegt, also berührungslos, verrückte gespenstische Töne erklingen. So lange sind Tüfteln und Musizieren also schon miteinander verbunden.

Wird bei euch zu Hause auch gerne getrommelt, geklimpert und musiziert? Vielleicht ist dann das „Obst-Piano“ (Projekt 54) genau das Richtige für euch. Hier wird durch leitfähige Gegenstände - ja genau, die Banane ist hier der leitfähige Gegenstand - ein Klavier mit ganz neuen Tasten ausgestattet. Alles, was leitfähig ist, kann zu einer Klaviertaste werden. Wir haben schon sehr lustige Konzerte mit Bananen, Blumensträußen, Wackelpudding und auch Geschwistern erlebt. Ganz genau richtig gelesen, auch Geschwister (also Menschen im Allgemeinen) sind leitfähig.

Fragen und Antworten

„Wer, wie, was - wieso, weshalb, warum? Wer nicht fragt, bleibt dumm." Die Titelmusik der „Sesamstraße" klingt vielleicht auch gerade in euren Ohren. Kinder haben oft tausend Fragen am Tag. Hin und wieder bringen uns die Kinder an die Grenzen unseres Wissens. Toll, jetzt ist ein Moment gekommen, um gemeinsam zu lernen! Findet Antworten heraus, indem ihr zusammen überlegt, jemanden fragt oder das Internet durchforstet.

Schraubt doch mal gemeinsam zum Beispiel einen Fön oder einen Toaster auf. Vielleicht habt ihr sogar einen alten Rechner, der zerlegt werden darf. Was ist in diesen Geräten drin, damit sie funktionieren?

Ein erstes Projekt für euch könnte „DIY-Stromtest - Was leitet eigentlich?" (Projekt 3) sein, mit dem die neugierigen Tüftler und Entdeckerinnen durch die Wohnung laufen und alles austesten, was ihnen in die Finger kommt: Ihr werdet erstaunt sein, welche leitfähigen Gegenstände eure Kinder alle entdecken und wie viel Spaß sie dabei haben werden!

Natur und Umwelt

Die Umwelt bewusst zu erleben und eine enge Verbindung zu ihr aufzubauen ist ein wichtiger Entwicklungsschritt für Kinder. Schließlich lernen wir in der Natur viele Phänomene und Lebensregeln kennen. Es gilt, Ökosysteme und deren Zusammenspiel zu entdecken, physikalische Gegebenheiten zu erforschen und den Einfluss des Menschen auf unsere Umwelt zu ergründen. Vielen Kindern ist Natur- und Umweltschutz ein besonders großes Anliegen. Auch wir in der Tüftel-Familie stellen das Thema Nachhaltigkeit immer wieder in den Mittelpunkt unserer Workshops. Es ist toll zu sehen, wie kreativ und lösungsorientiert die Kinder sich mit den großen Problemen unserer

Zivilisation beschäftigen. Vielleicht habt ihr ja auch einen kleinen Weltretter oder eine engagierte Umweltschützerin zu Hause?

Dann beginnt am besten mit den Projekten, die die Nähe zur Natur und Umwelt aufgreifen. Ob ihr Kürbisse zum Leuchten bringt (Projekt 11) oder vielleicht der Frage nachgeht „Wie lange bleibt der Müll im Meer?“ (Projekt 60) bleibt ganz euch überlassen.[10]

Oft hilft es, mit Projekten zu starten, die einem leicht von der Hand gehen. Kleine und schnelle Erfolge wecken die Lust auf mehr und können uns dann, wenn es schwieriger wird, unterstützen, durch die Frustration hindurchzukommen.

In folgender Grafik haben wir zusammengefasst, welche Tüftel-Typen es gibt. Tragt euch selbst und die Kinder mit unterschiedlichen Farben in das Spinnendiagramm ein. Dann könnt ihr sehen, was das beste Familienprojekt für euren Start sein kann.

Die Checkliste zu den Tüftel-Typen

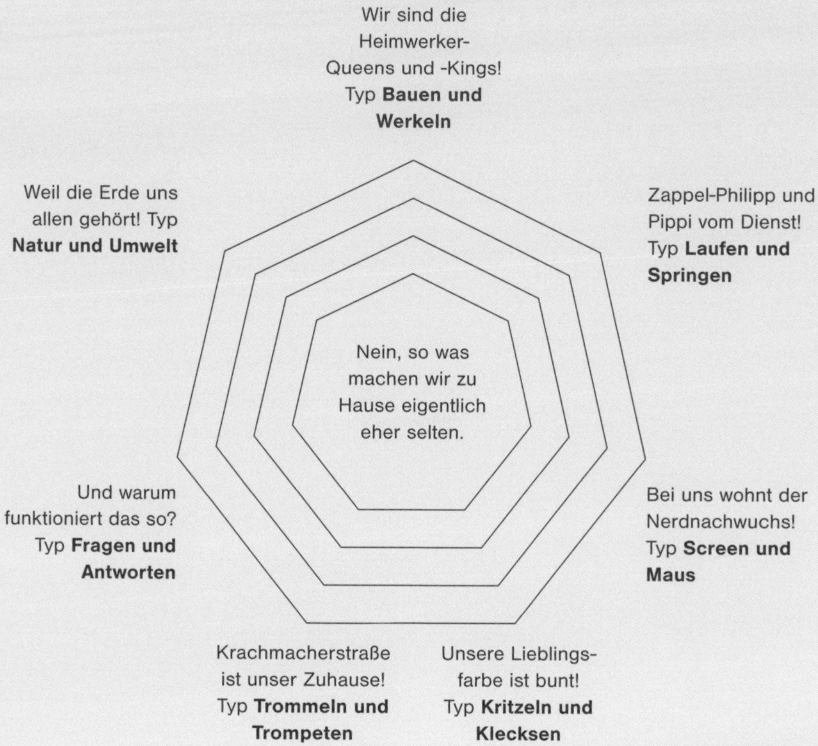

Welcher Tüftel-Typ bin ich? ______________________________

Welcher Tüftel-Typ ist mein Kind? ______________________________

Na, wie habt ihr euch und eure Kinder eingeordnet? Im besten Fall gibt es eine Schnittmenge, dann könnt ihr gleich mal nach hinten zu den Projekten blättern, um zu sehen, womit ihr starten könntet. Wir haben die Projekte den jeweiligen Tüftel-Typen zugeordnet.

Euer Handwerkszeug und wie ihr loslegt

Die Tüftel-Schatzkiste – auch Materialkiste genannt

Die Welt des Tüftelns ist eine Welt der Dinge. Was will ich bauen? Woraus will ich es bauen? Wie soll es sich anfühlen? Wie soll es funktionieren? Wie soll es aussehen? Wie soll es riechen? Unsere gesamte Umwelt ist aus Material geschaffen. Diese Baustoffe begegnen uns tagtäglich in unterschiedlichster Form. Und ganz nach dem Montessori-Prinzip sind wir als Menschen daran gewöhnt, uns die Welt über das Begreifen zu erschließen.

Die Tüftel-Typen geben Hinweise, welche Materialien für euch und eure Kinder womöglich den besten Einstieg ins Tüfteln geben. Was lege ich denn nun auf den Tisch, wenn ich weiß, dass ich Typ Natur und Umwelt bin? Wenn eure Tochter zum Beispiel dem Typ Kritzeln und Klecksen zuzuordnen ist, dann sollte Papier und Farbe natürlich ein wesentlicher erster Bestandteil eurer Materialkiste sein.

Vermutlich habt ihr für eure Kinder sowieso schon jede Menge Material und Werkzeuge zu Hause, die auch in den dazugehörigen Tüftel-Projekten Anwendung finden. Nun ergänzt ihr den Vorrat noch um ein paar LEDs und einen Mikrocontroller und schon geht's los. Wie das genau geht, erfahrt ihr in diesem Kapitel Schritt für Schritt.

Wenn man nämlich in den Tüftel-Flow kommt, sollte man so einiges an Material griffbereit haben, um das Momentum nutzen und konzentriert weitermachen zu können.

Ihr fragt euch bestimmt, was genau ihr denn nun braucht, um mit dem Tüfteln zu Hause loszulegen. Wir haben in unserer Ideenwerkstatt bei der Tüftel-Familie ein riesengroßes Materialregal. Hier ist alles Mögliche zu finden: von Moosgummi über Federn, Tischtennisbälle, Scheren, Zangen, Teppichmesser bis natürlich hin zu Mikrocontrollern und Robotik-Sets. Wir kombinieren die Welt der physischen Materialien mit der der digitalen Werkzeuge, um tolle neue Projekte realisieren zu können. Wir sehen die Werkzeuge, egal, ob digital oder analog, als gleichwertig an. Sie müssen richtig eingesetzt werden, dann können sie uns helfen, ein Problem zu lösen.

So ein Riesenregal klingt super, aber ihr habt nur eine kleine 3-Zimmer-Wohnung? Deshalb müsst ihr nicht auf den Tüftel-Spaß verzichten - ihr braucht nicht euer gesamtes Wohnzimmer. Durch unsere Workshops der letzten Jahre haben wir einiges an Material und auch genauso viel an Erfahrung gesammelt. Im Folgenden zeigen wir euch auch Tipps und Tricks, wie ihr am besten mit Material umgeht und dieses in eurem Zuhause verstaut. Keine Angst, es gibt von der kleinen Minimalausstattung zum Kennenlernen bis hin zum professionellen Tüftel-Material-Labor alle Abstufungen.

Von Werkzeugen und Baumaterial

Grundsätzlich unterscheiden wir das Material in drei Kategorien:

1. Die erste Kategorie sind eure **Werkzeuge**. Sie dienen im Gegensatz zum Material (vgl. 2. und 3.) dazu, zu verbinden oder zu bearbeiten. Das geht los bei einer Heißklebepistole, weiter über Stifte und Schere bis hin zu Mikrocontrollern.

2. Als Nächstes kommt **Baumaterial**. Hierzu gehört alles, was ihr nutzt, um euren Projekten Form und Farbe zu geben. Seien es Pappe, Styropor, Holz, Wackelaugen oder Federn. Hierbei kann man auch kreativ werden in Form von Recycling und Upcycling. Ganz nach dem Motto: Das ist kein Müll, sondern Baumaterial!

Wir haben für unsere Workshops auch immer eine große Kiste, in der wir sogenannten schönen Müll sammeln. Das sind Baustoffe, die wir gut gebrauchen können, um sie in unseren Projekten zu verbauen. Standardmäßig finden sich darin beispielsweise:

- Eierkartons, Klopapierrollen
- (Kron-)Korken
- Plastikschalen von Obst und Gemüse
- Verpackungsmaterial wie Luftpolsterfolie
- Holzkisten, zum Beispiel von Mandarinen
- leere, ausgespülte Waschmittelflaschen.

Schaut euch auf eurem nächsten Spaziergang in der Natur um, ob ihr dort Baumaterial findet. Wir sammeln gerne beim Spazierengehen und bauen aus den Fundstücken die kuriosesten neuen Konstruktionen. Was wir gerne für unser **Sammelsurium** aufheben:

- Kastanien
- Zapfen
- kleine Stöcke
- interessante Steine

Dies verändert auch bei Kindern (und euch selbst) die Wahrnehmung eurer materiellen Umgebung. Zum einen erkennen wir, wie viel Müll wir erzeugen, aber eben auch, dass man von so vielen Baustoffen umgeben ist. All das könnt ihr verwenden und für Projekte zweckentfremden.

3. Die dritte Kategorie bilden **elektronische Bauteile**. Darunter sind LEDs, Summer, Batterien, Kabel und so weiter zu finden. Keine Angst, wenn ihr jetzt schwitzige Finger bekommt, weil ihr davon keine Ahnung habt. Wir erklären weiter unten noch genau, was ihr wofür benötigt und woher ihr was bekommt.

Drei Kategorien, das ist überschaubar, aber was genau solltet ihr jetzt in eurem Tüftel-Schatz haben, damit ihr starten könnt? Wir haben hier eine Ausstattungsliste aufgeschrieben, die ihr euren räumlichen Gegebenheiten und finanziellen Mitteln entsprechend umsetzen könnt.

Werkzeuge
(diese Dinge braucht ihr immer wieder und solltet sie deshalb gut sortiert und leicht zugänglich verstauen):

- ☐ Schere
- ☐ Stifte
- ☐ Bastelkleber
- ☐ Schneideunterlage
- ☐ Wachstischdecke
- ☐ Pinsel
- ☐ Seitenschneider
- ☐ Entmantelerzange
- ☐ Heißklebepistole
- ☐ Teppichmesser

Digitale Werkzeuge
(ihr müsst nicht alles besitzen, aber schaut doch einfach im Projektteil, worauf ihr Lust habt und welche Werkzeuge ihr einsetzen wollt):

- ☐ Tablet
- ☐ Laptop
- ☐ Handy
- ☐ Drucker
- ☐ Multimeter
- ☐ Makey-Makey-Mikrocontroller
- ☐ Co-Spaces Softwarelizenz
- ☐ Linsen für eine VR-Pappbrille

Baumaterial
(auch Verbrauchsmaterial, davon müsst ihr nicht immer alles vorrätig haben; Dinge können auch durch andere ersetzt werden):

- ☐ verschiedene Papiere/Pappen
- ☐ Alufolie
- ☐ Klebeband (dünnes Klebeband und breiteres Malerkrepp)
- ☐ leitendes Material aus Metall, wie Kronkorken, Topfkratzer etc.
- ☐ bunte Bausteine
- ☐ Knete (leitende und isolierende)
- ☐ Holzmundspatel
- ☐ (Acryl-)Farben
- ☐ Perlen
- ☐ Wackelaugen
- ☐ Federn
- ☐ Moosgummi
- ☐ Schnur/Faden
- ☐ Klettverschluss
- ☐ Draht in verschiedenen Stärken
- ☐ Büroklammern
- ☐ Maulklemmen

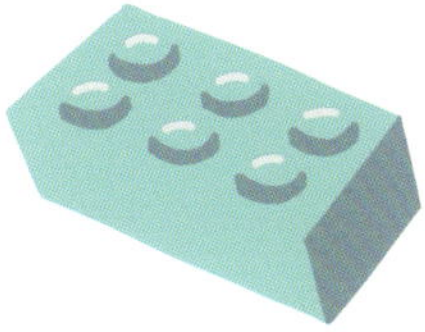

Schöner Müll

- ☐ Eierkartons
- ☐ Styroporreste
- ☐ Verpackungsmaterial (ausgewaschene Shampooflaschen und Tetrapaks)
- ☐ Korken oder Kronkorken

Sammelsurium
- ☐ Zapfen
- ☐ Kastanien
- ☐ interessante Steine, Rindenstücke, kleine Äste und Zweige

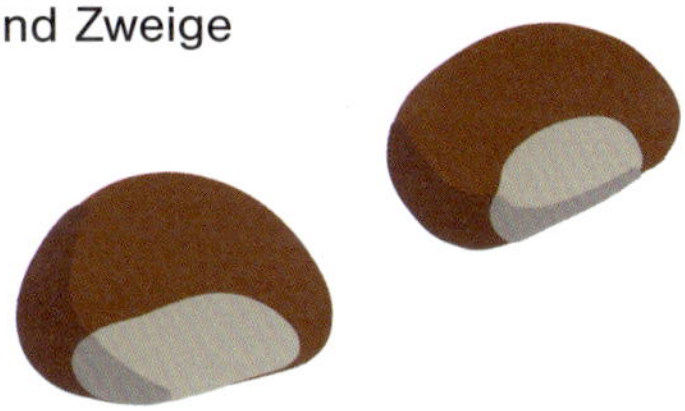

Elektronische Bauteile
- ☐ LEDs in verschiedenen Farben-Knopfbatterien mit 3 Volt
- ☐ 9-Volt-Batterieblock inklusive Batterieclips
- ☐ elektronischer Summer
- ☐ Velostat (leitfähige Folie)
- ☐ leitendes Klebeband
- ☐ DC-Motor, 3–5 Volt
- ☐ Vibrationsmotor
- ☐ Summer, 3-Volt-DC
- ☐ Litze
- ☐ Schalter

Mit den auf Seiten 98–99 genannten Materialien könnt ihr alle Projekte in diesem Buch umsetzen. Keine Sorge, ihr müsst nicht direkt mit dem vollständigen Materialkasten anfangen. Bestimmt habt ihr Stifte, Scheren und Papier zu Hause. Vielleicht noch ein wenig Dekomaterial? Perfekt! Damit könnt ihr zum Beispiel sofort den „analogen Roboter programmieren“ (Projekt 36).

Info Wir sind bereit loszulegen, doch woher bekomme ich all die schönen Dinge?

Vermutlich habt ihr noch nie LEDs oder Velostat gekauft. Die meisten elektronischen Bauteile bekommt man in Elektrofachgeschäften. Falls das nicht geht, empfehlen wir zum Beispiel robotshop, Bürklin, Conrad, Reichelt oder Pollin. Die Produktpaletten hier sind riesig. Anfangs waren wir oft überfordert zu entscheiden, welchen der vielen Motoren oder welche der LEDs wir wollten.

Auf https://tueftelakademie.de/gemeinsamtuefteln haben wir einige Links zur Bauteilbeschaffung gesammelt, so könnt ihr schnell und sicher finden, was ihr zum Tüfteln braucht.

Einzelteile sind pro Stück deutlich teurer, als wenn ihr sie in großen Mengen kauft. Startet anfangs aber mit wenigen Teilen und findet heraus, was euch gefällt.

Bauteil-Recycling ist möglich und sinnvoll: Ihr könnt auch alle Bauteile aus alten Projekten wieder ausbauen und neu verkabeln.

Lasst euch durch die Herstellerkataloge inspirieren. Wir entdecken so immer wieder tolle Dinge für neue Projekte.

Im Folgenden erklären wir noch einige Details zu jedem Produkt, damit ihr beginnen könnt, eure Tüftel-Materialkiste aufzubauen.

LEDs

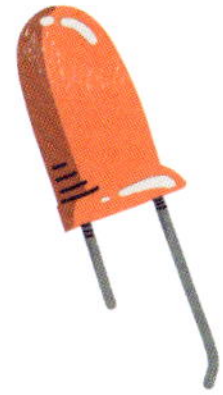

Am wichtigsten sind wohl die LEDs. Wenn ihr online nach LEDs sucht, dann könnt ihr entweder einzeln oder im Set bestellen. LEDs sind im Centbereich erhältlich. Die Kopfgröße ist bei den Standard LEDs ca. 3 oder 5 mm, sie haben die typischen bedrahteten „Beinchen“. Für euch reichen am Anfang 10 bis 50 LEDs leicht aus, da man sie ja auch immer wieder verwenden kann.

Summer

Diesen kleinen Krachmacher findet ihr unter dem Namen „elektronischer Summer“. Er soll mit 2 bis 4 Volt funktionieren und ist etwa so groß wie zwei Würfelzucker nebeneinander. Auch die bekannten zwei Kabel sind standardmäßig dran. Dieses Bauteil kostet zwischen 1 und 2 Euro.

Motoren

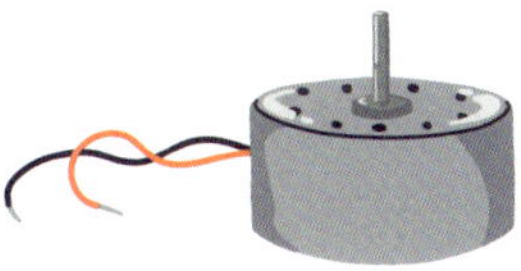

Die Welt der Motoren ist wie ein Fass ohne Boden, hier gibt es wirklich unzählige verschiedene. Ihr findet den hier abgebildeten und den von uns am häufigsten verwendeten unter dem Namen „DC-Motor 3 V“. Er läuft also am besten mit 3 Volt, nutzt ihr eine Stromquelle mit weniger Spannung, läuft er langsamer - oder gar nicht. Nutzt ihr eine stärkere Stromquelle, läuft er schneller - oder geht kaputt.

Batterien

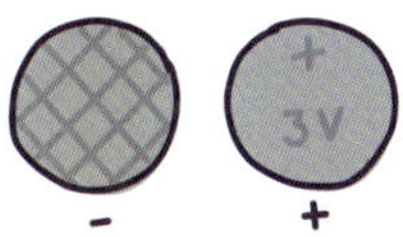

Um eure Projekte mit Strom zu versorgen, gibt es verschiedene Stromquellen. Oft reichen die typischen 3-Volt-Knopfzellen. Hier gibt es viele verschiedene Größen, die bei uns meistverwendete ist die CR 2025.

Aber auch mit haushaltstypischen AA-Batterien kann man super arbeiten. Dabei hat eine Batterie 1,5 Volt. In einen Batteriehalter passen zwei oder mehr Batterien und somit summiert sich die Voltzahl auf 3 oder 4,5 Volt. Diese Batteriehalter gibt es auch mit An- und Ausschalter.

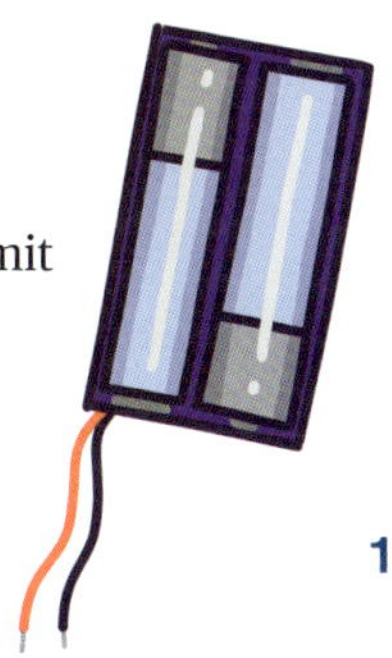

Als dritte Energiequelle in unserem Standardrepertoire findet sich die 9-Volt-Batterie. Sie hat die typischen großen runden Anschlüsse an der Oberseite. Mit einem dazu passenden Batterieclip können die Anschlüsse ganz einfach mit Kabeln verlängert werden, perfekt für das Experiment mit leitender Knete.

Kabel

Ebenso gibt es wahnsinnig viele verschiedene Kabel. Das Gute daran ist, dass sie meist auch in allen Kombinationen funktionieren, weil sie keine besonderen Spezifikationen aufweisen müssen. Wir arbeiten ja immer mit wenig Stromspannung. Falls ihr also noch alte Kabel habt, könnt ihr diese nutzen. Wenn ihr Kabel kaufen möchtet, greift zunächst zu Krokodilklemmen (Krokoclips). Die sind für viele Projekte und gerade für Kinderhände genau das Richtige. Es sind die Kabel mit Klemmen an beiden Enden, die ein wenig an Krokodilmäuler errinnern. 10er-Packs bekommt ihr für 2 bis 5 Euro.

Ansonsten reicht auch Litze. Dies ist nichts anderes als dünnes Kabel, mit meist 1,5 mm Durchmesser. Sie wird als Meterware verkauft, zu Beginn reichen vermutlich 1 bis 2 Meter. Die Enden werden mithilfe der Entmantelerzange abisoliert und dann können sie zum Beispiel direkt in leitende Knete gesteckt werden.

Leitendes Klebeband

Ein unkonventioneller, aber umso spannenderer Weg, Strom zu leiten, ist das leitende Klebeband. Hier gibt es große Unterschiede, vor allem im Preis. Leitendes Klebeband wird als Kupferklebeband verkauft, das ihr in verschiedenen Breiten und Längen findet. Für die meisten Projekte eignet sich eine Breite von 5 bis 8 mm am besten. Das Klebeband ist je nach Qualität manchmal auch auf der Klebeseite, also der Unterseite, leitfähig. Davon gehen wir aber eigentlich nie aus, weil beim Bestellen nicht ersichtlich ist, ob der aufgetragene Kleber isolierend wirkt. Dafür erklären wir euch spezielle Klebetechniken, damit das Band auch wirklich den Strom leitet (etwa um die Ecke falten). Tipp: Leitendes Klebeband bekommt ihr oft günstiger im Baumarkt, und zwar im Gartenbereich als Schneckenband. Kostenpunkt: 5 bis 10 Euro.

Multimeter

Das Multimeter ist ein Messgerät, mit dem ihr die Spannung und die Stromstärke in euren Projekten überprüfen könnt. Achtet darauf, wie ihr es anschließt und einstellt.

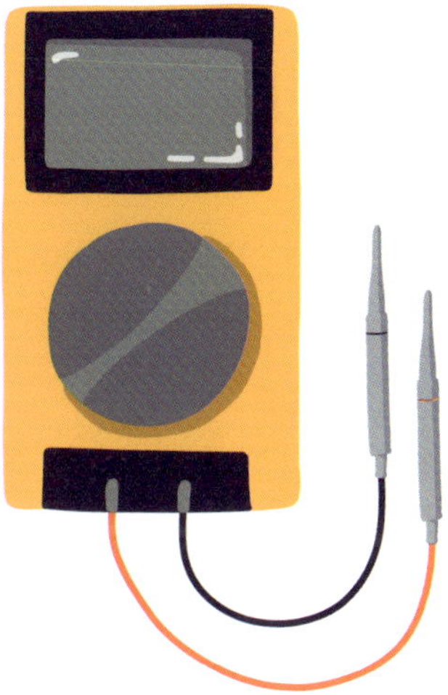

1. Messen von Spannung: Das Messen der Spannung erfolgt über die Anschlüsse, an denen die Spannung anliegt (beispielsweise 3 Volt).
2. Das Messen der Stromstärke erfolgt, indem ihr mit dem Multimeter einen unterbrochenen Stromkreis überbrückt. So könnt ihr ablesen, wie stark der Strom ist (beispielsweise 20 mA [Milliampere]).
3. Außerdem eignen sich Multimeter dazu, den Widerstand von Bauteilen zu messen. Dafür wählt ihr die Anschlüsse wie beim Anlegen der Spannung und messt direkt am Bauteil (beispielsweise 220 Ω [Ohm]).

Wenn ihr mit dem Multimeter arbeitet, werdet ihr sehen, dass die Werte immer wieder schwanken. Das ist ganz normal.

Die Starter-Projekte (s. S. 130 ff) halten ausführlichere Informationen zu den Funktionsweisen der Bauteile für euch bereit. Folgt dem Link zur TüftelAkademie-Website, https://tueftelakademie.de/gemeinsamtuefteln, dort findet ihr unsere Linkliste.

Tipp Viele Materialien kann man auch durch geschicktes Tüfteln entweder umbauen oder selbst machen. Gute Beispiele dafür sind:

- **Litze:** Diese müsst ihr nicht unbedingt kaufen. Unzählige Kabel werden zu Hause nicht mehr gebraucht und können dann umfunktioniert werden. Viele Ladegeräte haben z.B. dünne, sehr flexible Kabel, die sich auch als Litze gut eignen. Oder ihr könnt Kabel nutzen, die mehrere Litzen innen zusammengedreht haben.

⚠ Wenn ihr mit einem Teppichmesser (vorsichtig!) die äußere Hülle aufschneidet, könnt ihr einzelne Litzen herauslösen.

- **Vibrationsmotor:** Ein Vibrationsmotor kostet nicht so viel Geld. Doch kann man auch durch das Ankleben einer sogenannten Unwucht an einen DC-Motor einen Vibrationsmotor erstellen. Wie das genau geht, erfahrt ihr im Absatz über Motoren (s. S. 126)

- **Schalter:** Es gibt tausend Möglichkeiten, wie ihr selbst Schalter bauen könnt. Denn ein Schalter macht ja nichts anderes, als einen Stromkreis zu unterbrechen und dann wieder durch eine manuelle Handlung den Stromkreis zu schließen. Wir nutzen dafür oft zwei Stücke Alufolie oder leitende Knetmasse, die am Ende der offenen Kabel angebracht sind. Durch das Zusammenfügen der beiden leitenden Materialien (Alufolie oder leitende Knetmasse) wird dann der Stromkreis wieder geschlossen (s. Projekt 22 „Türklingel für das leuchtende Haus“ und Projekt 18 „Das leuchtende Haus“).

Bestimmt fallen euch nach einigen Projekten auch selbst Möglichkeiten ein, wie man improvisieren kann. Und schon seid ihr ganz tief drin in der Tüftel-Welt, denn diese kreative Problemlösung ist genau das, was wir unter Kompetenzerwerb verstehen. Viel Spaß!

Ordnung halten, um das kreative Chaos zu befördern

Nach und nach werdet ihr vermutlich mehr Material ansammeln. Um dabei Platz optimal auszunutzen und Ordnung zu halten, könnt ihr zum Beispiel mit Materialkisten arbeiten, in denen alles gut verstaut werden kann. Das Tüfteln lebt ja nun einmal von einer Fülle an Material, und das Unterbringen muss auch ohne den Luxus einer eigenen Werkstatt funktionieren. Für uns haben am Anfang beschriftete Schuhkartons gute Dienste geleistet. Darin kann man alles wunderbar sortieren und auch wieder mit Deckel drauf im Schrank ganz einfach verstauen. Für die unterschiedlichen Materialien gibt es je einen Schuhkarton: hier die Kronkorken und anderes aus Metall, dort die Kastanien und die Zapfen …

Auch Sortimentkisten mit ihren vielen kleinen Unterteilungen sind gut geeignet, um kleinteiliges Material griffbereit, sichtbar und aufgeräumt zu ordnen. Hier finden sich all unsere elektronischen Bauteile wieder: LEDs, Buzzer, Batterien, Widerstände, Litze und so weiter. Aber auch Perlen, kleine Steine, Wackelaugen lassen sich wunderbar in den kleinen Fächern verstauen.

Wo wird getüftelt?

Der Raum hat enormen Einfluss auf den kreativen Prozess. Leider können wir nicht alle tagtäglich in großräumigen Werkstätten unserer Tüftel-Lust nachgehen. Vielleicht habt ihr einen Hobby- oder Bastelraum, ein Büro oder ein Spielzimmer? Falls nein, macht das gar nichts. Denn vieles braucht gar nicht viel Platz und auch keine besondere Ausstattung. Hell sollte euer Raum sein. Organisiert euch ein paar Lampen zusätzlich, die euer Tüfteln an dunkeln Tagen gut ausleuchten können. Denkt daran, dass ihr viele Steckdosen braucht, und achtet immer darauf, dass es sicher ist und sich niemand verletzen kann. Wenn ihr euch mit einer guten Unterlage ausstattet, wie einer Wachstischdecke oder einer großen Schneideunterlage, könnt ihr am Küchentisch anfangen. Für uns war der Küchentisch immer der zentrale Ort, an dem getüftelt, erzählt und auch reflektiert wurde. Hier kommen wir gerne zusammen, und die Kinder sitzen meist auf Stühlen, die die richtige Höhe für sie haben, sodass sie alles leicht erreichen können. Schafft um den Tisch herum etwas Platz, sodass alle auch mal aufstehen und rumlaufen können.

Tüftel-Formate (Wann? Wer? Wie? Wo?)

Wir haben bereits darauf hingewiesen, dass nicht nur das Was eine große Rolle bei unseren Workshops spielt, sondern eben auch das Wie. Eine motivierendes Umfeld und Materialvielfalt können den Tüftel-Prozess enorm beflügeln. Auf das Thema Tüftel-Zeit sind wir im Abschnitt „Unser Geheimrezept" bereits eingegangen. Nun möchten wir die räumlichen Parameter besprechen. Ob Küchentisch oder Bastelraum, eine einladende Atmosphäre kann überall entstehen, in der sich die Kinder wohlfühlen und viel Neues entdecken können. Deshalb ist es gut, viel Inspirationsmaterial sichtbar auf den Tisch zu legen. Nebst den bekannten Materialien wie Papier, Schere, Stifte, bunte Federn etc. werden hier auch unbekannte Tüftel-Materialien, wie LEDs, Sensoren oder leitendes Klebeband, zum Ausprobieren und Entdecken angeboten. Die Kombination aus Bekanntem und Neuem fördert besonders die Lust, kreativ zu werden.

Tüftel-Zeit bedeutet aber nicht, ganz allein mit den Materialien vor sich hin zu spielen, sondern sie kann durch einen konkreten Vorschlag von euch eingeleitet werden. Dabei könnt ihr ein Projekt herauspicken und es gemeinsam mit den Kindern umsetzen. Wenn dann noch Zeit bleibt, dass die Kinder selbst und eigengesteuert weiterexperimentieren und -tüfteln können, werdet ihr sehen, auf welche tollen Ideen sie noch so kommen.

Wir haben verschiedene Formate für verschiedene Anlässe ausprobiert. Einige davon stellen wir mit Tipps versehen vor. So könnt ihr bei euch zu Hause am Küchentisch, vielleicht sogar in einer größeren Runde, das erste Tüftel-Projekt umsetzen.

1. Familie Tüftel macht die ersten Schritte

Zeitaufwand: 1-3 Stunden, 1-3 Personen, ★☆☆☆

Überlegt euch, wann und wo ihr am besten loslegt. Vielleicht habt ihr Sonntagnachmittag noch nichts vor? Ein bis zwei Stunden Zeit reichen. Ein freigeräumter Esstisch eignet sich toll, um mit ein bis drei Kindern zu tüfteln. Sucht das nötige Material zusammen und verteilt es gut sichtbar und dennoch geordnet auf dem Tisch. Werkzeuge sollten für alle gleichermaßen nutz- und teilbar sein, Baumaterial liegt in kleinen Schachteln oder Häufchen auf dem Tisch. Das kreative Chaos kommt im Prozess von allein.

Wenn ihr zunächst ohne elektronische Bauteile loslegen möchtet, ist das auch toll. Beobachtet eure Kinder, nach welchen Materialien sie intuitiv greifen. Vermutlich ist das schon ein Hinweis darauf, welches Projekt ihr euch als Nächstes vornehmen möchtet. Seid selbst auch aktiv und tüftelt, was euch in den Sinn kommt, ihr seid schließlich auch Vorbild. Gemeinsam könnt ihr dann auch gegebenenfalls erkunden, welche elektronischen Bauteile noch zu finden sind. Eine LED? Wie bekommt man die wohl zum Leuchten? Und was können wir damit zum Leuchten bringen? Schon seid ihr tief abgetaucht in die Welt des Tüftelns.

Nach den ersten Schritten könnt ihr mit den Kindern zusammen einen Blick in den Projektteil werfen. Was kommt als Nächstes? Vielleicht ist es das „Handybett mit Wecker“ (Projekt 21)? So könnt ihr als Familie eine intensive Zeit miteinander verbringen, und ihr seid auch noch tolle Vorbilder, was die Nutzung von Medien angeht.

2. Tüftel-Geburtstag

Zeitaufwand: 1-2 Stunden, 4-8 Personen, ★★☆☆

Wenn ihr schon einige Tüftel-Erfahrungen gesammelt habt, ist ein Kindergeburtstag eine schöne Möglichkeit, weitere Kinder zum Tüfteln einzuladen. Ein kleines Projekt, das für die Feinmotorik aller teilnehmenden Kinder geeignet ist, könnt ihr euch aus den Projektvorschlägen aussuchen.

Da bei einer Geburtstagsfeier oft viel Aufregung und Emotionen im Raum sind, ist es gut, hier ein wenig strukturierter und vorbereiteter zu arbeiten.

Nutzt zum Beispiel kleine Schüsselchen, in denen ihr alle besonderen Materialien, wie LEDs, Batterien oder Vorlagen, vorsortiert. Jedes Kind bekommt dann die Dinge, die es braucht, an seinen Platz gestellt. Klebstoff, Scheren, Stifte, Baumaterial, Dekoration etc. sind für alle in der Tischmitte gut zu erreichen. Eine Wachstischdecke schützt euren Esstisch, und los geht's.

Da die Erwartungshaltung bei Kindergeburtstagen oft ist, dass die Gäste „bespaßt" werden, bereitet euch darauf vor, dass einige Kinder vielleicht erst mal ein wenig brauchen, um einen Zugang zu bekommen. Dies könnt ihr ganz einfach abfangen, indem ihr das Projekt, das ihr geplant habt, schon als Anschauungsexemplar vorab zusammengebaut habt. Dies könnt ihr dann herumzeigen.

> Hier besteht die Gefahr, in die Rolle des Vortüftlers oder der Alleswisserin zu geraten. Motiviert stattdessen die Kinder, selbst zu entdecken und sich – wenn nötig – gegenseitig zu helfen. Für Fragen seid ihr da, machen müssen die Kids selbst. Motivieren könnt ihr die kleinen Gäste mit folgenden Fragen: „Was denkst du, wie könnte das funktionieren?", „Schau dir mal das Beispiel an, wie ist es da gelöst?", „Frag doch mal Anna, wie sie es geschafft hat."

Dabei besteht natürlich das Ziel nicht darin, dass die Kinder am Ende eine Kopie eures Anschauungsmodells produziert haben, sondern dass sie Lust entwickelt haben, etwas selbst zu machen. Lasst den Kindern genügend Zeit, sodass sie eigenständig tüfteln können.

Um bei den vielen Kindern noch entspannt zu bleiben und auch die Selbstständigkeit der Kinder zu stärken, ist es sinnvoll, sich Unterstützung dazuzuholen. Vielleicht kann ein weiterer Vater oder eine weitere Mutter mit dabei sein?

Die Kinder gehen dann nicht nur mit zum Beispiel einem leuchtenden Tannenzapfen oder Luftballon nach Hause, sondern garantiert auch mit leuchtenden Augen. Das Schöne dabei ist, dass ihr auch Kindern eine Lernerfahrung ermöglicht, denen das Tüfteln fernliegt.

3. Tüftel-Thon

Zeitaufwand: 4–5 Stunden, 10–30 Personen, ★★★☆

Falls ihr schon eure ersten Tüftel-Nachmittage mit Bravour gemeistert habt, könnt ihr euch an einen Tüftel-Thon trauen. (Unser erster Tüftel-Thon fand in Franzis altem Agenturbüro mit 30 Kindern statt.) Ihr könnt einen Tüftel-Thon zum Beispiel im Rahmen eines Projekttages in der Schule eurer Kinder anbieten, ihn in einer Bibliothek, einem Jugendzentrum oder auch beim Sommerfest eurer Firma stattfinden lassen.

Der Raum: Für einen Tüftel-Thon ist der Raum sehr entscheidend. Es muss keine Werkstatt sein, was natürlich schön wäre, doch vielmehr geht es darum, dass der Raum über genügend Platz, Tische und Stühle sowie Strom verfügt. Er sollte sicher sein für die Kinder, also keine Gefahrenquellen, wie herumliegende Stromkabel oder Ähnliches, aufweisen.

Das Konzept: Wenn ihr einen Raum gefunden habt, dann beginnt damit, euch zu überlegen, welche Art Tüftel-Thon ihr durchführen möchtet. Welche „Projektstationen“ wollt ihr anbieten? Wie viel personelle Unterstützung braucht ihr? Hier sind Beispiele: Marlen formt aus leitender und isolierender Knete glühende und summende Monster, Franz bastelt und programmiert an einer Makey-Makey-Station eine Tanzmatte, und Susanne lötet Nachtlichter mit den Kids. Zudem steht Bastelmaterial, wie schöner Müll, Klebestifte, buntes Papier, sowie Dekomaterial, wie Federn und Wackelaugen, zur Verfügung. Auch irgendein Themenfeld hilft euch bei der Auswahl der Stationen. Superhelden? Feiertage wie Ostern? Märchen oder Sport?

Beim Aufbau der Tische ist darauf zu achten, dass sich die Kinder frei im Raum bewegen und an allen Stationen mitmachen können. Einige werden an einer Station verharren und sich intensiv in das Angebot einarbeiten, andere schnuppern überall mal hinein und bauen hie und da ein Projekt auf.

Unterstützung dazuholen: Bei der Vorbereitung sind nicht nur Material und Raum wichtig, sondern am wichtigsten ist es, sich Unterstützung dazuzuholen, jemand anders, der für ein Projekt die Patenschaft übernimmt. Diese Person ist also inhaltlich und auch für das benötigte Material der „Station" verantwortlich.

Dabei solltet ihr diese Person sorgfältig auswählen. Sie sollte selbst Lust auf das Thema haben und Spaß am Machen vermitteln. Es müssen übrigens nicht immer Erwachsene sein, sondern auch die älteren Geschwister können diese Aufgabe prima übernehmen. Je jünger die teilnehmenden Kinder sind, umso mehr anleitende Personen sollten anwesend sein. Wir rechnen mit einem Betreuungsschlüssel von 1 : 5 bei 5- bis 8-Jährigen, das heißt, eine betreuende Person ist für die Anleitung von 5 Kindern zuständig.

Nehmt euch im Vorfeld unbedingt die Zeit, euch mit den Erwachsenen vorab zu treffen und euch eingehend über die Art der Vermittlung auszutauschen, etwa Fehler als einen Lernfortschritt anzuerkennen oder Ideen der Kinder bestmöglich zu unterstützen (s. „Checkliste: deine Rolle als Lernbegleitung", S. 78).

Zeitliche Planung des Tüftel-Thons: Zunächst ist es toll, wenn alle Kinder gleichzeitig willkommen geheißen werden. In diesem Moment kann man auch auf einige Grundregeln hinweisen, wie zum Beispiel auf den respektvollen Umgang mit Material und die vorsichtige Handhabung von Heißkleber usw. Auch die Stationen können einmal kurz von den betreuenden Personen vorgestellt werden. Als gemeinsamer Anfang eignet sich übrigens das Projekt 38 „Roboter-Labyrinth" wunderbar. Danach geht es direkt los mit dem Arbeiten an den Stationen.

Nach ca. 2 Stunden gibt es eine Pause mit Snacks und Bewegung. Hier lässt sich das Projekt 58 „Tanzmatte" einbauen. Danach haben die Kinder die Möglichkeit, entweder weiter an den vorgegebenen Projekten zu tüfteln oder selbst Ideen einzubringen. Wir haben nach 4 oder 5 Stunden die kuriosesten Projekte präsentiert bekommen. Aus Bügelperlen wurden mithilfe von Litze und LEDs Superhelden-Embleme, oder es wurden Schuhe vorgestellt, die beim Auftreten leuchteten (selbst umgesetzt, nicht gekauft).

Einladen: Wir machen auf unseren Tüftel-Thon über Social Media aufmerksam. Aber auch Poster in der Schule, im Sportverein oder in eurer Firma können gut funktionieren. Unsere Teilnehmenden melden sich vorher per E-Mail über die Eltern bei uns an. Übrigens ist es normal, eine Teilnahmegebühr zu erheben, die die Materialkosten auf jeden Fall decken sollte.

Die Eltern bringen die Kinder, machen aber nicht mit. Dafür ist es immer gut, genügend Kaffee und vielleicht auch Kuchen parat zu haben. So stellen wir sicher, dass wirklich die Kinder Tüftel-Zeit haben und nicht zusehen, wie die Eltern tolle Projekte umsetzen.

Am Ende ist es immer besonders schön, wenn es eine kleine Präsentation gibt, bei der jedes Projekt vorgestellt wird. Wenn ihr dann noch eine kleine Teilnahmebestätigung für die Kids vorbereitet, die ihre Leistungen würdigt, ist es ein perfekter Tüftel-Tag.

Teil 2

Einfach lostüfteln

Auf den folgenden Seiten haben wir uns für euch *Das kleine 1 x 1 der Elektronik* und 66 Projekte ausgedacht: #einfachmachen!

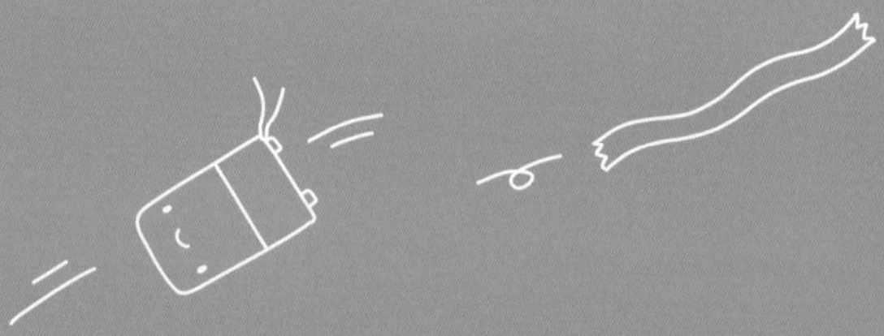

#einfachmachen
Wie funktioniert dieser Teil?

Dieser zweite Teil des Buchs präsentiert Projektideen, die ihr sofort umsetzen könnt. Egal, ob ihr noch wenig Materialien habt oder schon in Shoppinglaune wart. Dieser Teil besteht aus zwei Bereichen: Screen-off- und Screen-on-Projekte. Ihr könnt also je nach Lust und Laune mit euren Kindern erst mal ohne Computer tüfteln oder gleich mit Software am Rechner oder Tablet loslegen. Die Projekte sind mit den einzelnen Tüftel-Typen gekennzeichnet, sodass ihr euch gut zurechtfinden könnt und treffsicher Projekte findet, die euren Interessen entsprechen.

In der Beschreibung jedes Projektes seht ihr eine Einschätzung, wie viel Zeit ihr benötigt, welches Material dafür gebraucht wird und wie viele Personen mitmachen können. Blättert unsere Vorschläge einfach durch und schaut, was euch anspricht.

★★★☆

Über das Icon Erfahrungs-Level erhaltet ihr einen Überblick, welche Voraussetzungen ihr mitbringen solltet. Ihr findet in dem Buch alle Infos, um das notwendige Wissen und die Kompetenzen aufzubauen.

Sowohl der Screen-off- als auch der Screen-on-Teil haben eine Einführung, die euch als Nachschlagewerk dienen kann. Wie waren noch mal Stromkreise aufgebaut? Wie funktionieren LEDs und Summer? Das erklären wir euch dort. In der Screen-on-Einführung erläutern wir euch zunächst, wie die einzelnen Programme funktionieren und wie ihr euer erstes Miniprojekt gleich damit umsetzen könnt. Nach der Einführung stellen wir die Projekte hintereinander vor. Sucht euch raus, was euch gefällt.

Ganz zum Schluss haben wir Tipps angefügt, wie sich Fehler entdecken und beheben lassen, denn manchmal kommt man einfach nicht selbst darauf, warum es nicht funktioniert.

Das kleine 1x1 der Elektronik

Hier bekommt ihr kurz und knackig eine Basiseinführung in die Verwendung von elektronischen Bauteilen. Vieles wisst ihr vielleicht sogar noch selbst aus dem Physikunterricht oder dem Alltag. Falls ihr aber doch genau nachsehen wollt, hilft euch dieser Teil, euer Wissen aufzufrischen, damit ihr alle Projekte gut umsetzen könnt. Die Illustrationen helfen auch den Kindern zu verstehen, wie die Funktionsweisen der einzelnen Bauteile sind.

Der einfache Stromkreis

Bei allen unseren Projekten spielen Stromkreise eine wesentliche Rolle. Um zu verstehen, wie so ein Stromkreis funktioniert, baut einen auf, dazu braucht ihr nicht viel: Nehmt euch eine Batterie und eine LED und verbindet sie mit zwei Kabeln miteinander - schon ist euer Stromkreis fertig. Die LED sollte jetzt leuchten.

Der einfachste Stromkreis besteht also aus einer Stromquelle (das ist unsere Batterie) und einem Aktor (der LED), die miteinander verbunden sind.

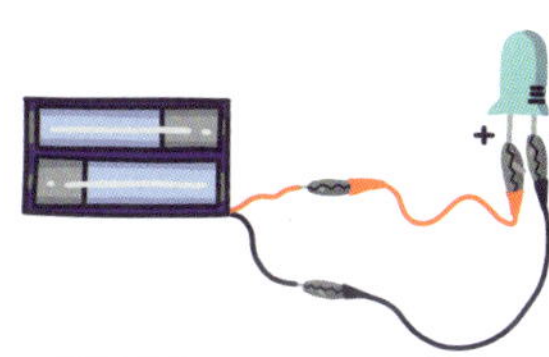

Info Aktor leitet sich von Aktion ab, gemeint ist also ein Bauteil, das etwas macht, wie etwa eine LED, ein Motor oder ein Summer (Buzzer). Aktoren brauchen Strom für eine Aktion. Ihr könnt also sehen, dass in eurem Stromkreis etwas passiert: Der Motor beginnt sich zu drehen, die LED zu leuchten oder der Summer zu summen.

Als Erweiterung könnt ihr in den Stromkreis auch noch weitere Bauteile einbauen, wie etwa einen Schalter oder Taster. Sie reagieren auf die Veränderung von Energie in ihrer Umgebung, weshalb sie auch als Sensoren bezeichnet werden. Wird zum Beispiel eine Taste gedrückt oder ändert sich die Helligkeit in der Umgebung, so wandelt der Taster die Energie aus dem Druck und der Lichtsensor die Helligkeit in elektrischen Widerstand um: Der Stromkreis wird geschlossen.

Stromquelle Batterie

In unseren Projekten ist die Stromquelle stets eine Batterie. Sie gibt den Impuls für den Stromfluss, die sogenannte Spannung. Die Batterie hat einen Plus- und einen Minuspol, also eine positiv und eine negativ geladene Seite. Dadurch wandern geladene Teilchen, sogenannte Elektronen, von einem Pol zum anderen und bilden so einen Kreislauf.

Um Kindern die Funktionsweise in einem Stromkreis zu erklären, könnt ihr die Wasser-Analogie verwenden. Stellt euch vor, die Batterie ist eine Art Wasserspeicher mit eingebauter Pumpe, der Schalter entspricht dem Wasserhahn und der Motor ist ein Wasserrad, wie ihr es von Wassermühlen kennt. Wenn ihr den Wasserhahn aufdreht, dann fließt Wasser aus der Pumpe über das Wasserrad und es beginnt sich zu drehen.

Ähnlich ist es in einem Stromkreislauf. Wird der Taster gedrückt, ist der Stromkreis geschlossen und die Elektronen wandern vom Minus- zum Pluspol der Batterie. Dabei durchlaufen sie den gewickelten Draht innerhalb des Motors und dieser beginnt sich zu drehen. Dabei könnt ihr die Geschwindigkeit, mit der sich das Wasserrad dreht, dadurch regulieren, wie hoch der Wasserdruck ist: Je höher der Wasserdruck, desto höher ist die Fließgeschwindigkeit des Wassers und umso schneller dreht sich das Wasserrad.

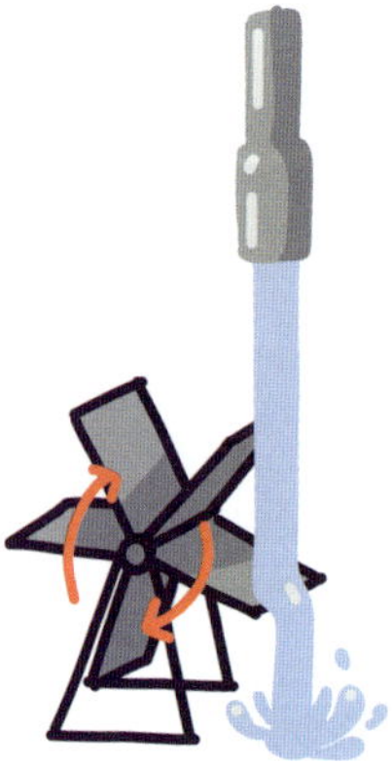

Der Wasserdruck entspricht in dieser Analogie also der Spannung. Je höher die Spannung, umso mehr werden die Elektronen in Schwingung gebracht. Das Äquivalent zur Fließgeschwindigkeit des Wassers ist dabei die Stromstärke.

Spannung wird in Volt (V) gemessen. Die Projekte in unserem Buch brauchen maximal eine Spannung von 9 V. Diese Spannung ist völlig unbedenklich, wenn ihr die Batterien sachgemäß verwendet. Wie gesagt nutzen wir als Spannungsquelle in unseren Projekten nur Batterien, wobei wir 3 verschiedene Batterietypen verwenden: Knopfzellen, Mignonzellen und 9-Volt-Blöcke.

Knopfzelle

Knopfzellen kennt ihr aus vielen Geräten in eurem Haushalt. Sie haben meist eine Spannung von 3 V, und es gibt sie in verschiedenen Maßen. Daher haben sie auch unterschiedliche Bezeichnungen, zum Beispiel CR 2025 oder CR 2032. Die ersten beiden Ziffern stehen für den Durchmesser der Batterie (also 20 mm = 2 cm) und die letzten beiden Ziffern für die Dicke der Batterie, also 2,5 mm oder 3,2 mm. Wenn sie dicker sind, halten sie einfach länger.

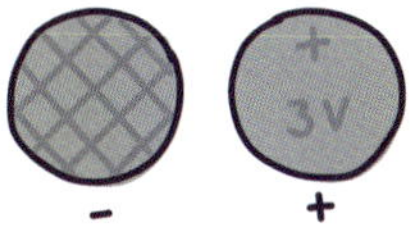

Auf den meisten Knopfzellen ist der Pluspol der Batterie mit einem Pluszeichen gekennzeichnet. Einige Batterien haben zudem unterschiedliche Oberflächen: die Plusseite ist glatt, während die Minusseite ein Muster hat. So könnt ihr die beiden Pole der Knopfzelle auch durch Fühlen unterscheiden.

> **Tipp** Für einige Projekte eignen sich Knopfzellenhalter gut. Damit könnt ihr noch einfacher den Plus- und den Minuspol der Batterie über die Krokodilklemmen (Krokoclips) oder die Litze verbinden.

Mignonzellen (AA) und Mikrozellen (AAA)

Mignonzellen und Mikrozellen sind in unseren Haushalten weit verbreitet. Ihr findet sie oft in kleinen tragbaren elektronischen Geräten wie Fernbedienungen, Taschenrechnern oder Fahrradlampen. Die Bezeichnung Mignon kommt aus dem Französischen und bedeutet „niedlich“; Mikro bedeutet „winzig“. Mignonzellen und Mikrozellen haben eine sehr geringe Spannung von ca. 1,5 V. Sie können aber sehr platzsparend in Serie geschaltet werden, wodurch sich die Spannung erhöht: 2 Mignon- bzw. Mikrozellen entsprechen dabei 3 V und 3 Batteriezellen 4,5 V.

Um Mignon- bzw. Mikrozellen in Reihe zu schalten, nutzen wir einen Batteriehalter, wie es sie sowohl für Mignonzellen als auch für Mikrozellen in verschiedenen Ausfertigungen gibt. Wir empfehlen euch einen Battierhalter mit Platz für 2 oder 3 Batterien sowie einem Schalter, über den ihr eure Projekte einfach an- und ausschalten könnt.

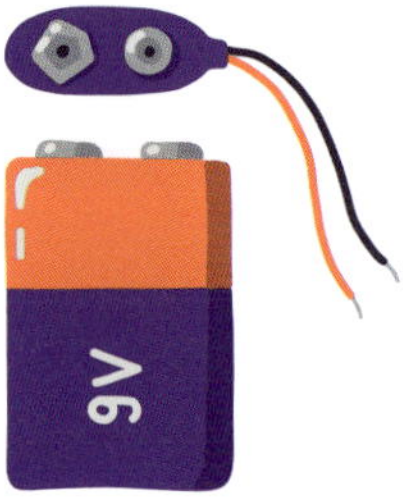

9-Volt-Block

Auch 9-Volt-Blöcke kennt ihr aus dem Haushalt, sie befinden sich in kleinen elektronischen Geräten, Alarmanlagen oder Elektro-Spielzeugen. Wir verwenden sie für die Projekte, in denen eine etwas höhere Spannung benötigt wird. Eine Kappe erleichtert das Arbeiten, mit ihrer Hilfe könnt ihr einen Stromkreis schnell aufbauen: Ihr steckt sie einfach auf den Block, und schon habt ihr einen Plus- und einen Minuspol, die sich leicht mit einer Krokodilklemme oder einem weiteren Stück Litze verbinden lassen, ohne dass ihr löten müsst.

Info Im Sinne der Nachhaltigkeit empfehlen wir euch, wiederaufladbare Batterien zu verwenden, um Müll zu reduzieren.

LEDs - Erleuchtung garantiert!

Wir lieben LEDs! Es gibt sie in vielen verschiedenen Farben und sogar mit Farbverläufen oder blinkend. Dabei sind sie gar nicht teuer: Mit 10 Cent für eine einfache LED seid ihr schon dabei. Das Wort LED ist eine Abkürzung und steht für Light Emitting Diode, was mit Leuchtdiode oder auch einfach ganz kurz mit Diode übersetzt wird.

Dioden lassen den Strom nur in eine Richtung durchfließen. Daher ist es wichtig, dass ihr bei der LED immer auf die Polung achtet, also dass ihr den Pluspol der Diode mit dem Pluspol des Stromkreises verbindet - oder noch einfacher: Das lange Beinchen der LED gehört an den Pluspol der Batterie, das kurze Beinchen

an den Minuspol. Den Minuspol der LED könnt ihr auch an der abgeflachten Kappe der LED erkennen.

Funktioniert die LED?

In vielen unserer Projekte verwenden wir LEDs und Batterien. Um zu prüfen, ob beide Bauteile funktionieren, eignet sich folgender Test: Haltet die LED an die Batterie. Wir zeigen es hier mit der Knopfzelle. Genauso gut könnt ihr es auch mit dem Batteriepack mit 3 V oder 4,5 V testen.

⚠ Bitte nicht mit dem 9-Volt-Block ausprobieren. Hier ist die Spannung zu groß und die LED geht kaputt.

Haltet, wie oben beschrieben, die Beinchen an den entsprechenden Pol der Batterie. Wenn die LED leuchtet, dann funktionieren LED und Batterie und ihr könnt mit eurem Projekt beginnen. Ihr könnt die Beinchen der LED entweder mit Klebeband ankleben (wir empfehlen euch Gewebeband, weil es eine bessere Haftung hat) oder ihr haltet es für den Test einfach kurz in der Hand und drückt die beiden Beinchen mit dem Finger an die Knopfzelle.

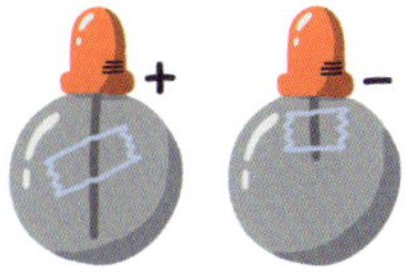

Das lange Beinchen der LED gehört an den Pluspol der Batterie, das kurze an den Minuspol.

Wo steckt der Fehler?

Leuchtet die LED nicht, prüft noch einmal, ob die Beinchen mit den richtigen Polen verbunden sind, indem ihr die LED einfach mal umdreht. Passiert immer noch nichts, wechselt zuerst die LED und schaut, ob es dann klappt. Falls nicht, tauscht die Batterie aus. Indem ihr immer nur ein Bauteil austauscht, könnt ihr via Ausschlussverfahren feststellen, welches der Bauteile defekt ist.

Info Der Einfachheit halber bauen wir die Schaltungen in diesem Buch ohne Widerstand auf. Die meisten Bauteile besitzen einen Innenwiderstand und gehen nicht so schnell kaputt. Wenn ihr sehr lange Freude an euren Projekten haben wollt und die Bauteile

schonen wollt, dann solltet ihr bei LEDs mit einem Vorwiderstand arbeiten. Er sorgt dafür, dass nicht zu viel Strom auf einmal durch die Bauteile fließt, wodurch sie überhitzen und kaputtgehen können. Um herauszufinden, welcher Widerstand der richtige ist, probiert es einfach aus: Bei roten LEDs ist ein Widerstand von 470 Ω gebräuchlich. Leuchtet die LED nur ganz wenig, wählt einen geringeren Widerstand. Es gibt auch gute Online-Widerstandsrechner oder Apps für euer Smartphone, die ihr zu Hilfe ziehen könnt (siehe Anhang).

Drähte und Kabel. Auf die richtige Verbindung kommt's an

Bei vielen Projekten ist es erforderlich, dass der Aktor nicht direkt an der Batterie sitzt oder mehrere Bauteile in einem Stromkreis zu verbinden. Dann braucht ihr leitfähige Materialien, die die einzelnen Elemente mit der Spannungsquelle verbinden. An sich eignet sich dafür alles, was leitfähig ist - also von der Büroklammer über das Alupapier bis hin zu Feuchtigkeit und Wasser. Damit ihr aber viel Freude beim Bauen habt (und die Frustrationsmomente überschaubar bleiben), ist es wichtig, dass eure Verbindungen relativ stabil sind. Bei einem Wackelkontakt oder wenn es zu ungewollten Unterbrechungen kommt, funktioniert euer Stromkreis nicht stabil und ihr verbringt viel Zeit mit der Fehlersuche. (In diesen Momenten werdet ihr das Multimeter richtig schätzen lernen - so findet ihr nämlich schnell heraus, wo der Stromfluss unterbrochen ist.) Um also möglichst stabile Verbindungen in euren Stromkreisen zu haben, stellen wir euch hier vier Möglichkeiten vor, mit denen wir sehr gerne arbeiten.

Litze (Draht)

Litze ist nichts anderes als ein ganz dünnes, verflochtenes Bündel von vielen Einzeldrähten. Eventuell kennt ihr die Kabelverbindungen von der Modelleisenbahn - genau für diese dünnen Verbindungen wird Litze eingesetzt.

Um eine Verbindung mit Litze herzustellen, müsst ihr die Isolierung aus Plastik entfernen. Das nennt man auch entmanteln.

Tipp Für das Entmanteln gibt es ein Extrawerkzeug, den Entmanteler, der es gerade für Kinder vereinfacht, die Ummantelung zu entfernen. Falls ihr keinen Entmanteler zur Hand habt, reicht auch ein Küchenmesser, mit dem ihr die Isolierung entfernt. (Manch geübte Hand schafft es auch allein mit der Kraft der eigenen Fingernägel.)

Hier braucht es etwas Feingefühl, damit ihr den Draht nicht ganz durchtrennt – und passt auf, dass ihr mit dem Messer nicht abrutscht; also: immer mit dem Messer vom Körper weg arbeiten.

Da die Litze meist aus vielen Einzeldrähten besteht, ist es wichtig, dass ihr die Drahtenden miteinander verdrillt. Dafür dreht ihr sie einfach in den Fingern, sodass alle Drahtenden sich umschlingen. Jetzt könnt ihr das verzwirbelte Ende der Litze mit eurem Bauteil verbinden - oder auch ein weiteres Stück Litze anbauen, falls eure Verbindung zu kurz war.

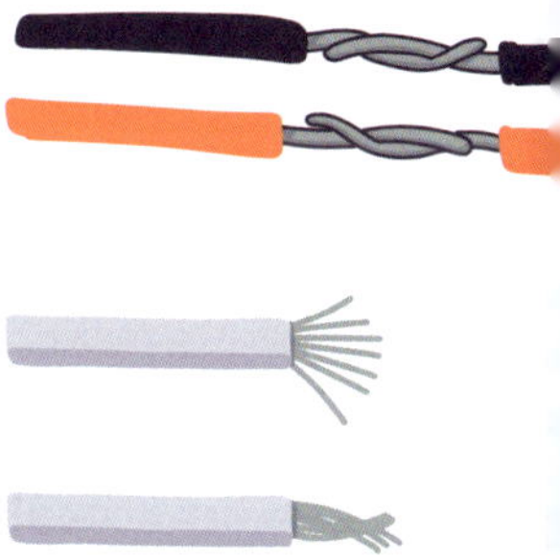

Ein Kabel besteht aus mehreren Litzen.

Litze gibt es in verschiedenen Farben, so könnt ihr die einzelnen Verbindungen anhand der Farben auseinanderhalten. Für einige Projekte in diesem Buch eignet sich Litze mit Anschluss-Stiften. Das sind kleine Verbindungsstücke, die es ermöglichen, Kabel miteinander zu verbinden, ohne sie zu löten oder zusammenzudrillen. Sie haben zwei verschiedene Enden („männlich/weiblich"), sodass ihr sie ineinanderstecken könnt. Diese Litzen heißen auch Steckbrücken oder Jumper Wire. Für die Projekte, die die Rückseite des Makey Makeys verwenden, braucht ihr Litze mit männlichen Anschluss-Stiften an beiden Enden.

Info Anstatt Litze zu kaufen, könnt ihr sie auch mit etwas Geduld und Mühe aus alten Kabeln recyceln. Dafür könnt ihr so ziemlich jedes Kabel verwenden, zum Beispiel alte Lan-, Drucker- oder Ladegerät-Kabel, die ihr nicht mehr benötigt. Diese Kabel sind wesentlich dicker als die Litze, die wir in unseren Projekten verwenden. Ein Kabel besteht aus mehreren Adern, man spricht daher auch von mehradrigen Kabeln. Um an die einzelnen Adern bzw. Litzen zu kommen, müsst ihr die Ummantelung entfernen. Sie ist um einiges dicker als bei der Litze und benötigt daher etwas mehr Geduld. Sobald ihr die Adern von der Ummantelung gelöst habt, könnt ihr die einzelnen Litzen herausziehen und für eure Tüftel-Projekte verwenden.

Krokodilklemmen (Krokoclips)

Krokodilklemmen sind genau wie Litze dafür da, um Verbindungen zwischen den Bauteilen in unserem Stromkreis herzustellen. Dabei haben sie eine Besonderheit, an ihren Enden befinden sich Klemmen, die an das Maul eines Krokodils erinnern - genau deshalb tragen sie den Namen Krokodilklemmen oder Krokoclips. Krokoclips eignen sich vor allem in euren Tüftel-Projekten, wenn ihr einen Aufbau testen wollt oder nur kurz ein Bauteil oder einen Gegenstand mit dem Stromkreis verbinden wollt. Durch die Klemmen könnt ihr sehr schnell Verbindungen aufbauen und auch wieder lösen, was euch sehr flexibel macht.

Genau wie die Litze gibt es auch die Krokoclips in verschiedenen Farben. Dabei dienen die Farben vor allem der Orientierung, damit ihr euch besser merken könnt, was womit verbunden ist. Wir haben für uns folgende Konvention festgelegt:

Rot: für alle Verbindungen, die mit dem Pluspol verbunden sind.
Schwarz: für alle Verbindungen, die mit dem Minuspol verbunden sind.
Weitere Farben: für alle anderen Verbindungen.

Damit lassen sich Schaltkreise leichter verstehen, wenn mehrere Kinder gleichzeitig an verschiedenen Projekten bauen und wir uns in die Konstruktion hineindenken müssen, um sie nachvollziehen zu können.

Info Auch in den Tüftel-Projekten werden wir immer mit folgender farblichen Unterscheidung arbeiten: rot, schwarz und bunt. Aber wie gesagt, wenn ihr gerade nicht die entsprechende Farbe der Krokoclips zur Hand habt, könnt ihr auch andersfarbige verwenden.

Leitendes Klebeband

Die Entdeckung von leitfähigem Klebeband war für uns nahezu wie eine Offenbarung: Verwendbar wie Klebeband und gleichzeitig leitfähig, ist es super geeignet, um Stromkreisprojekte mit Schere und Papier umzusetzen; das Ausgeschnittene kann so mit elektronischen Bauteilen verbunden werden. Da sich leitendes Klebeband wie Draht verhält, kann es Strom zwischen einer Batterie und Bauteilen wie LEDs, Motoren und Tastern übertragen.

Die Verarbeitung funktioniert dabei genau wie die mit normalem Klebeband, weshalb es kinderleicht ist, damit zu tüfteln. Beim Kauf von leitendem bzw. leitfähigem Klebeband ist vor allem darauf zu achten, dass ihr das richtige kauft, und dafür gibt der Preis eine ganz gute Orientierung. Die Rolle sollte je nach Länge zwischen 5 und 8 Euro liegen. Manchmal könnt ihr es auch im Baumarkt unter dem Namen Schneckenband kaufen. Dieses Band besteht aus Kupfer und ist sehr flexibel. Jedoch kann es auch recht schnell reißen, was bei Kindern durchaus zu Frustration führen kann, weil es zur Folge hat, dass sie den Stromkreis mehrmals kleben müssen. Denn anders als bei der Litze, wo ihr einfach die Enden miteinander verbinden könnt, ist das bei leitfähigem Klebeband meist nicht möglich, da es oft nur auf einer Seite leitfähig ist.

Daher müsst ihr beim Verarbeiten darauf achten, dass es nicht reißt. Wenn ihr Projekte habt, bei denen ihr um die Ecke kleben müsst, braucht ihr also etwas Fingerspitzengefühl, um die Ecke zu falten. Das sieht dann beispielsweise so aus:

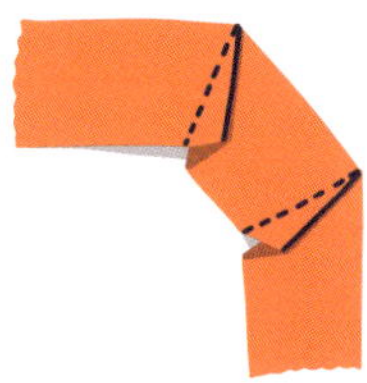

Neben Kupferklebeband gibt es auch leitfähige Klebebänder aus einer Nickel-Kupfer-Legierung. Sie sind meist etwas reißfester, und eine Sorte ist auf beiden Seiten, sowohl auf der Metalloberfläche als auch auf der Klebstoffseite, leitfähig.

Tipp Um festzustellen, auf welcher Seite euer Klebeband leitfähig ist, nutzt ihr einfach das Mulitmeter. Manche leitenden Klebebänder haben auch eine Schutzfolie auf der Metallseite, die ihr erst entfernen müsst, bevor sie leitfähig ist. Wenn also das Multimeter anfangs nichts anzeigt, ruhig mal etwas an der Oberfläche kratzen.

Leitendes Garn

Wir arbeiten gern mit Stoffen und Nähmaschinen. Die Erkenntnis, dass man Stromkreise auch nähen kann, war für uns völlig faszinierend und wir begannen sofort, eigene Buttons zu bauen, mit der Strickliesel Kabel zu erstellen und elektronische Kuscheltierprojekte umzusetzen. Auch wenn leitende Garne eher zu den fortgeschrittenen Bauteilen zählen und ihre Verarbeitung etwas Geduld erfordert und guter Feinmotorik bedarf, wollen wir sie euch nicht vorenthalten. Bei unserer Auswahl an Projekten mit leitfähigen Garnen sind wir fest davon überzeugt, dass ihr von diesem fantastischen Material auch so fasziniert sein werdet wie wir.

Ähnlich wie Litze stellt leitfähiges Garn eine Verbindung her, sodass der Strom von einem Punkt zum anderen fließen kann. Aber im Gegensatz zu Litze ist Garn viel flexibler und lässt sich wie (Baum-)Wolle vernähen, weben, stricken oder sticken. Kurz: Es verhält sich wie Garn.

Info Übrigens lassen sich leitfähige Garne auch mit der Nähmaschine verarbeiten. Wenn ihr größere Projekte plant und nicht alles mit der Hand nähen wollt, könnt ihr das Garn auch in die Nähmaschine einlegen.

Leitfähiges Garn besteht meist aus einem Kunststofffaden, der mit metallischen Elementen durchsetzt ist. Dadurch ist seine Leitfähigkeit geringer als die von Litze. Bei einem Stromkreis mit einem leitenden

Garn anstelle von Litze ist der Materialwiderstand höher und damit der Stromfluss geringer. Folglich dreht sich der Motor etwas langsamer und gegebenenfalls leuchtet eure LED weniger hell. Daher ist es beim Arbeiten mit leitendem Garn unbedingt zu empfehlen, dass ihr den Stromkreis vorab probeweise mithilfe von Krokoclips aufbaut. So könnt ihr überprüfen, ob alles so läuft, wie ihr euch das wünscht. Dabei gilt auch: Je länger die Strecke, desto größer der Widerstand. Ist also die Naht recht lang, solltet ihr eurem Probeaufbau mit der entsprechenden Garnlänge testen, denn vielleicht müsst ihr eine stärkere Spannungsquelle (zum Beispiel einen 9-Volt-Block) wählen.

Die Leitfähigkeit von leitenden Garnen variiert sehr stark je nach dem jeweiligen Garntyp. Daher ist es wichtig, dass ihr vor dem Kauf immer seinen Oberflächenwiderstand, in den Produktinformationen checkt (je höher der Oberflächenwiderstand umso geringer die Leitfähigkeit). Oder ihr nutzt das Multimeter, um die Leitfähigkeit bzw. den Oberflächenwiderstand zu überprüfen.

Manche Garne sind auch recht flexibel, also dehnbar. Dabei ändert sich der Widerstand, wenn ihr das Garn dehnt. Mit dieser Eigenschaft lassen sich recht spannende Projekte umsetzen, in einem Handschuh mit leitendem Garn etwa könnt ihr durch das Biegen der Finger eine Reaktion auslösen.

Motoren: Jetzt kommt Bewegung ins Spiel

Motoren sind wunderbare Bauteile, mit ihnen bringt ihr jede Menge Schwung in eure Projekte! Wir arbeiten mit DC-Motoren, die eine Bewegung erzeugen, weil ein Gleichstrom durch sie hindurchfließt. Indem der Strom durch einen gewickelten Draht innerhalb eines Magnetfeldes im Innern des Motors fließt, entsteht eine Drehbewegung, die Antriebswelle (also die kleine Nase am Motor) dreht sich. Die Abkürzung DC steht dabei für den englischen Ausdruck Direct Current,

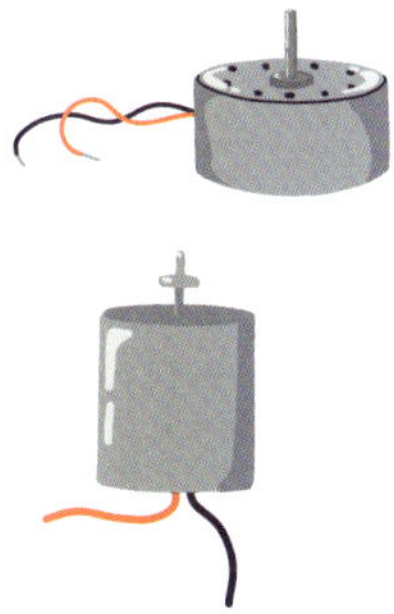

also Gleichstrom. Kostenpunkt je nach Leistung: ab etwa 10 Euro. Mit wie viel Strom ihr euren DC-Motor betreiben könnt, erfahrt ihr aus den technischen Details bzw. dem technischen Datenblatt oder ihr probiert es einfach aus. Die meisten DC-Motoren laufen gut mit einer Spannung zwischen 3 und 5 V. Dreht sich euer Motor bei 3 V nicht, braucht er vielleicht etwas mehr Power. Zu wenig Spannung führt zu einer langsameren Drehung.

⚠ Erhält der Motor zu viel Spannung, geht er kaputt.

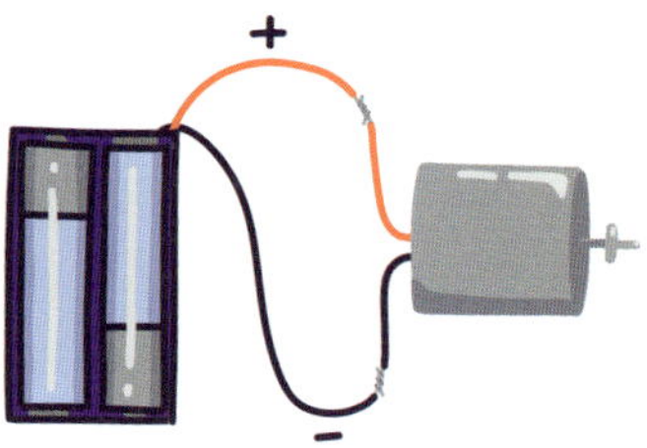

So sieht ein einfacher Stromkreis mit einem Motor aus. Je nachdem, wie ihr die Spannungsquelle an den Motor anschließt, werdet ihr merken, dass sich die Drehrichtung ändert. Probiert es einfach mal aus: Schließt die Batterie an und tauscht den Plus- mit dem Minuspol, dann ändert sich die Drehrichtung.

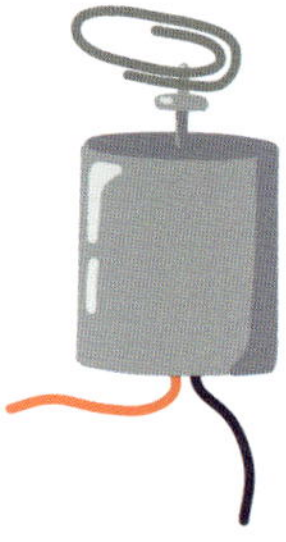

Neben dem Drehmotor gibt es noch weitere Motortypen. In unseren Projekten arbeiten wir auch mit einem Vibrationsmotor. Solche Motoren kennt ihr von der Vibrationsfunktion eures Handys. Technisch gesehen ist ein Vibrationsmotor ein Motor mit einer Unwucht, also einem Gewicht, das an der Motorachse so schnell gedreht wird, dass es den Motor hin- und herschüttelt: Er vibriert. Daher lässt sich ein Vibrationsmotor auch ganz einfach aus einem Drehmotor bauen. Dafür braucht ihr nur ein Gewicht, dass ihr am Motor befestigt. Das kann beispielsweise eine Mutter, Büroklammer oder Maulklemme sein. Alternativ könnt ihr Vibrationsmotoren auch im Elektronikfachhandel kaufen.

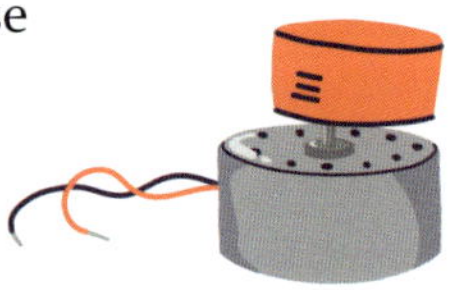

⚠ Passt bei dem Befestigen der Unwucht auf, dass sie wirklich fest angebracht ist, sonst kann es passieren, dass sie sich durch die Rotation löst und durch die Gegend fliegt und schlimmstenfalls jemanden trifft und verletzt. Es ist also wichtig, immer auf eine feste Verbindung zu achten und am besten zunächst mit niedriger Spannung zu beginnen, um den Halt zu testen.

Summer (Buzzer)

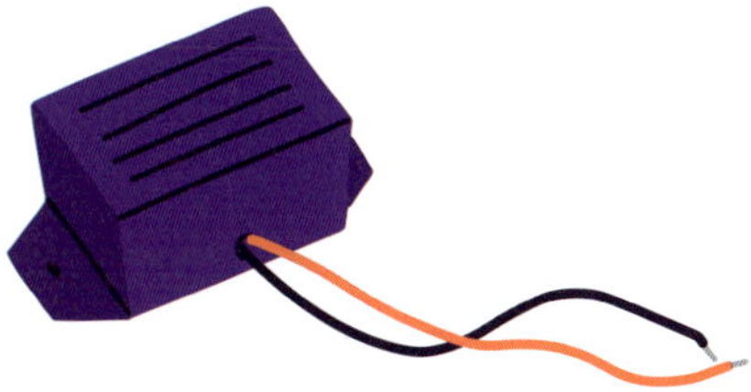

Um Töne zu erzeugen, nutzen wir einen Summer, auch Buzzer genannt. Er gibt ein schnarrendes Geräusch von sich. Genau wie ein Wecker ist er großartig dafür geeignet, um Alarm zu schlagen oder Leute in eurer Umgebung zu nerven.

Verbindet ihr einen Summer mit einer Stromquelle, macht er Geräusche, weil im Inneren zwei Scheiben in Schwingung versetzt werden. Achtet dabei darauf, dass ihr die richtige Spannungsquelle wählt. Einige Summer sind schon ab 3 V einsetzbar, andere benötigen mindestens 9 V, um einen Ton zu produzieren. Daher achtet bei eurem Kauf auf die Volt-Angaben. Verbindet ihr den Summer mit der Stromquelle, müsst ihr hier, ähnlich wie bei der LED, auf die Richtung achten. Daher sind die beiden Litzen am Summer auch unterschiedlich farbig markiert. Verbindet das rote Litzen-Ende des Summers mit dem roten Litzen-Ende der Batterie (Pluspol) und die beiden schwarzen Litzen-Enden von Summer und Batterie (Minuspol). In Elektronikläden gibt es Summer zum Teil schon ab 1 Euro.

Tipp Achtet beim Kauf darauf, dass der Summer mit Gleichstrom betrieben wird und nicht mit Wechselstrom. Die Infos dazu findet ihr meist bei den technischen Details zu den Produkten.

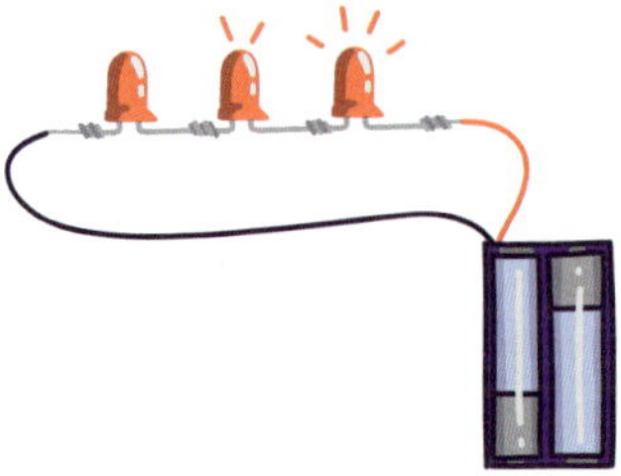

Parallel- und Reihenschaltung

Bevor wir endlich mit den Projekten loslegen, geben wir euch noch eine kleine Auffrischung zum Thema Parallel- und Reihenschaltung. Das ist nützlich, wenn ihre mehrere Bauteile in eurem Projekt miteinander verbinden wollt.

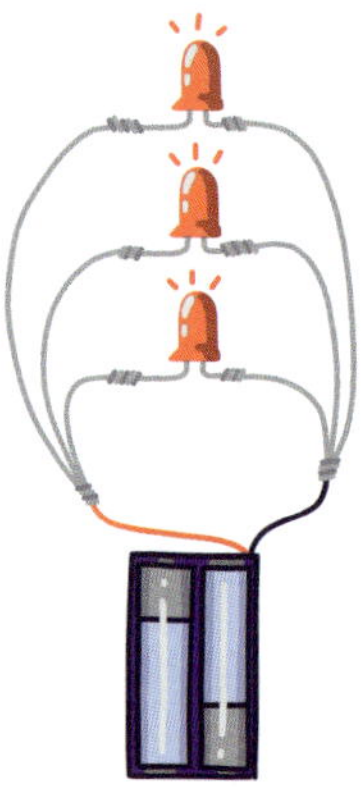

Bei einer Reihenschaltung fließen die Elektronen durch alle Bauteile nacheinander. Damit verringert sich mit jedem Bauteil die Spannung, das heißt, wenn ihr 3 LEDs hintereinanderschaltet, werdet ihr beobachten, dass die erste LED am hellsten leuchtet und die letzte gegebenenfalls nur noch wenig oder gar nicht mehr.

Um das zu verhindern, könnt ihr die LEDs parallel schalten. Dabei wird jede LED jeweils mit dem Pluspol und dem Minuspol der Stromquelle verbunden. Hierbei müsst ihr darauf achten, dass alle Bauteile denselben Widerstand aufweisen. Elektronen sind nämlich schlau und wählen in einer Parallelschaltung immer den Weg des geringsten Widerstands. Weist in einem Stromkreislauf ein Bauteil einen niedrigeren Widerstand auf als ein anderer, suchen die Elektronen sich immer diesen Weg.

So, jetzt habt ihr die wichtigsten Bauteile für unsere Tüftel-Projekte kennengelernt. Mit folgenden 7 Starter-Projekten könnt ihr ihre Funktionsweise gleich ausprobieren. Beginnt mit dem Projekt, das eurem Tüftel-Typ am meisten entspricht, und dann könnt ihr nach und nach auch die anderen ausprobieren. Wir wünschen euch viel Spaß dabei!

Tüftel-Time Screen-off

Im ersten Projekte-Teil findet ihr 32 Projektideen, die ihr ganz ohne Computer oder Tablet umsetzen könnt. Ihr werdet viel über Elektronik, Sensoren und Aktoren lernen, die Basis von Digitalisierung. Von leuchtenden Grußkarten bis zu verrückten Mal-Robotern werdet ihr so einige kreative Tüftel-Zeiten erleben. Nach diesen 7 Starter-Projekten haben wir die Screen-off-Projekte nach den jeweiligen Bauteilen sortiert.

7 Starter-Projekte für die Tüftel-Typen

LED
Zeitaufwand: **15 Minuten**
2–3 Personen ★☆☆☆

1

Leuchtendes Kinderzimmerschild

In diesem Projekt baut ihr euch im Handumdrehen ein leuchtendes Schild für euer Kinderzimmer. Egal, ob ihr allein tüftelt oder eine größere Gruppe seid, das Kinderzimmerschild macht einfach Spaß und bringt nicht nur Kinderaugen zum Leuchten.

Hier kommen kleine Gestalterinnen und Nachwuchsdesigner voll auf ihre Kosten und können mit Farbe und Licht tolle individuelle Kunstwerke kreieren.

Das braucht ihr dafür: Vorlage „Türschild“ zum Ausdrucken (auf https://tueftelakademie.de/gemeinsamtuefteln), 1 LED, 1 3-Volt-Knopfbatterie, (Gewebe-)Klebeband, 1 Nadel, 1 Pappkarton und Stifte, doppelseitige Klebestreifen (zum Befestigen an der Tür).

Und so geht's:

1. Überprüft zuerst, ob eure LED und eure Batterie funktionieren (s. „Funktioniert die LED?", S. 119). Wenn die LED leuchtet, funktioniert alles und es kann weitergehen.
2. Bastelt euch aus dem Pappkarton und den Stiften ein schönes Türschild. Ihr könnt zum Beispiel Vorlagen von Monstern als Schablonen verwenden oder auch eure Anfangsbuchstaben aus farbigem Karton ausschneiden und bemalen. Überlegt euch jetzt auch, wo ihr die LED anbringen wollt.

Rückseite

3. An der Stelle, an der ihr die LED anbringen wollt, pikst ihr mit der Nadel zwei kleine Löcher in den Pappkarton und steckt die Beinchen der LED hindurch. Jetzt dreht ihr euer Türschild um, legt die Knopfbatterie auf das eine LED-Beinchen und biegt das andere Beinchen darüber, sodass die LED zwischen den beiden Beinchen eingeklemmt ist. Jetzt sollte eure LED leuchten. Damit alles zusammenhält, klebt ihr es mit Gewebeband fest.

Tipp Die LED hat eine Richtung, in der der Strom durchfließen kann. Das längere Beinchen der LED müsst ihr mit dem Pluspol der Batterie verbinden.

4. Jetzt befestigt ihr noch das doppelseitige Klebeband auf der Rückseite des Türschildes und bringt es an eurer Zimmertür an. Fertig ist euer leuchtendes Türschild.

Tipp von Nicole Einen besonders schönen Effekt erzielt ihr, wenn ihr spezielle LEDs verwendet, die langsam die Farbe wechseln.

LED
Zeitaufwand: **15 Minuten**
2–3 Personen ★☆☆☆

2

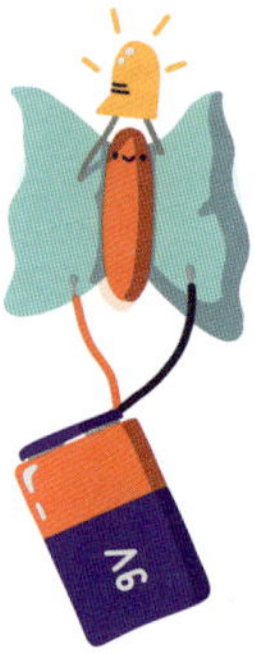

Leuchtende Knetfiguren

Das Bauen und Experimentieren mit leitfähiger und nicht leitender Knete ist für Kinder sehr spannend und durch das Spielen mit Knete gleichzeitig irgendwie vertraut. Es eignet sich wunderbar, um mit grundlegenden elektronischen Schaltungen umzugehen und verschiedene Bauteile auszuprobieren. Durch die Knete können kleine Handwerker und Handwerkerinnen ihren Ideen Form und natürlich auch Licht geben. Leitfähige Knete kann auf Salz- und Wasserbasis selbst hergestellt werden, was die elektrisch geladenen Teilchen fließen lässt, also Strom leitet. Isolierende Knete wird auf Öl- und Zuckerbasis hergestellt, was den Stromfluss verhindert.

Die Rezepte für die Herstellung von leitender und nicht leitender Knete findet ihr online oder auch bei uns: https://tueftelakademie.de/gemeinsamtuefteln.

Wenn ihr die leitfähige Knetmasse nicht selbst herstellen wollt, kauft Knete auf Wasserbasis. Für die isolierende Knete besorgt euch im Spielwarenhandel Material auf Ölbasis. Testet am besten mit dem Multimeter die Leitfähigkeit bzw. den Widerstand eurer Knete.

Das braucht ihr dafür (für 2 Kinder): leitfähige und isolierende Knete, 2 9-Volt-Batterien mit Kappe, LEDs (in verschiedenen Farben), optional: Summer und DC-Motoren.

Leitende Knete

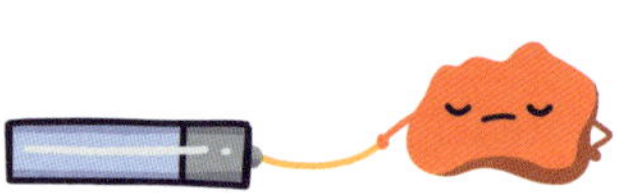

Nicht leitende Knete

Und so geht's:

1. Verteilt leitfähige und isolierende Knete an die Kinder, und los geht's. Wichtig dabei: Setzt immer ein Stück isolierende Knete zwischen zwei Teile leitfähige Knete.

2. Jetzt könnt ihr euch überlegen, welche LEDs ihr in eurer Figur verwenden wollt. Biegt dafür die Beinchen der LED etwas auseinander und steckt jedes in ein Stück der leitfähigen Knete. Wenn ihr mehrere LEDs gleichzeitig einbauen wollt, achtet darauf, dass ihr baugleiche LEDs verwendet und immer die langen Beinchen in dasselbe leitfähige Stück Knete steckt. (Warum das so ist, könnt ihr in „Parallel- und Reihenschaltung“ (s. S. 128) noch einmal nachlesen.)
3. Verbindet jetzt die Batterie mit der Knete: Nehmt dafür den Pluspol (also das rote Kabel von der Batteriekappe) und steckt es in das leitfähige Knetstück, in dem sich die langen Beinchen der LED befinden, und den Minuspol der Batteriekappe (also das schwarze Kabel) in das andere Stück der leitfähigen Knete, in dem das kürzere Beinchen der LED steckt. Jetzt sollte eure LED leuchten.

Tipp Beginnt immer erst mal mit einer LED, und wenn die leuchtet, versucht nach und nach weitere LEDs hinzuzufügen.

⚠ Wichtig ist, dass zwischen den beiden Teilen leitfähiger Knete keine Verbindung besteht bzw. isolierende Knete dazwischen ist, sonst gibt's einen Kurzschluss. Bei 9 V passiert da nicht viel, außer dass der Stromkreis unterbrochen wird und die Knete etwas warm werden kann … Aber trotzdem ist es wichtig, dass ihr ein Auge darauf habt.

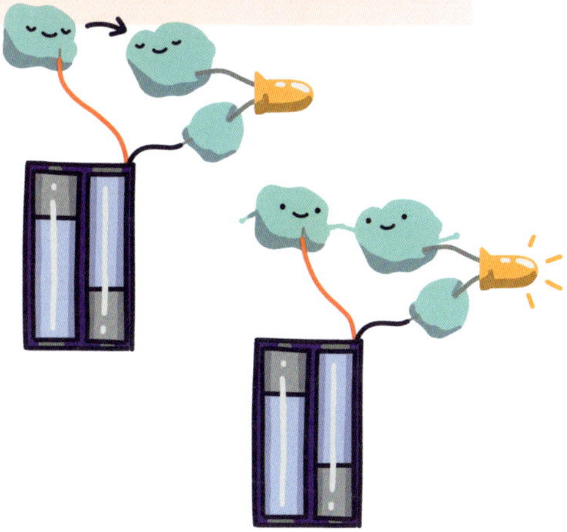

4. Jetzt sind eurer Fantasie keine Grenzen mehr gesetzt: Versucht, verschiedene leuchtende Wesen und Gegenstände zu kreieren. Ihr könnt auch versuchen, einen Motor oder Summer anzuschließen. Aus der Knete könnt ihr auch einen „Schalter“ bauen.

Info In der Technologie-Einführung habt ihr gelernt, dass LEDs ohne Vorwiderstand bei ca. 3–5 V betrieben werden sollten. Jetzt verwenden wir hier einen 9-Volt-Block. Das liegt daran, dass die leitfähige Knete einen großen Eigenwiderstand mitbringt. Probiert aber auch mal aus, ob es gegebenenfalls auch mit einem Batteriepack mit 3 bzw. 4,5 V funktioniert. Das ist immer davon abhängig, wie leitfähig eure Knetmasse ist. Daher kann es auch passieren, dass euer Buzzer oder Motor nicht funktioniert, nämlich dann, wenn sie eine höhere Spannung benötigen.

Tipp von Franzi Gerade bei der Knete ist es eine wundervolle Möglichkeit, sogar ganz junge Familienmitglieder zu integrieren. Kneten können schließlich schon die ganz Kleinen. Die etwas Größeren fügen dann einfach noch die Batterien und LEDs dazu. Ein Spaß für die ganze Familie!

LED
Zeitaufwand: Ab **15 Minuten**
1–2 Personen ★☆☆☆

3

DIY-Stromtest: Was leitet eigentlich?

Mit dem Starter-Projekt „DIY-Stromtest" baut ihr euch eine Vorrichtung, mit der ihr auf einfache Art prüfen könnt, welche Gegenstände Strom leiten und welche nicht. Neugierige Tüftelnasen kommen bei diesem Projekt auf ihre Kosten. Mit einer eigenen kleinen Versuchsstation können sie Materialien auf Leitfähigkeit prüfen. Mal sehen, was die kleinen Forschenden so alles zum Testen finden werden.

Das braucht ihr dafür: 1 Batteriepack für 2 AA-Batterien (mit Batterien, also insgesamt 3–4,5 V), 1 Klemmbrett, Krokoclips, LEDs, verschiedene Testobjekte, Klebeband.

Und so geht's:

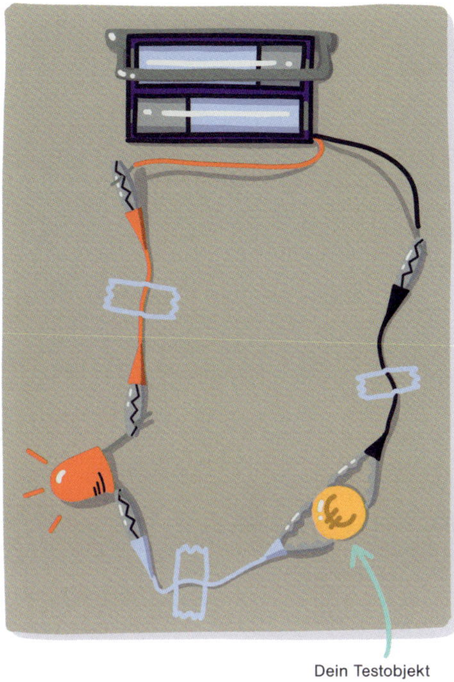

1. Nutzt die Klemme des Bretts, um den Batteriepack zu befestigen. Verbindet nun das rote Kabelende des Batteriepacks mit einer roten Krokodilklemme, auch Krokoclip genannt. An dem zweiten Ende des roten Krokoclips befestigt ihr das lange Beinchen (also den Pluspol) einer LED.
2. Nun verwendet ihr einen zweiten, farbigen Krokoclip (hier blau) und verbindet diesen mit dem kurzen Beinchen der LED. Das zweite Ende lasst ihr erst mal frei.
3. Verbindet nun das schwarze Kabelende des Batteriepacks mit einem schwarzen Krokoclip. Auch hier bleibt das zweite Ende des Krokoclips frei.
4. Sucht jetzt nach Materialien und Gegenständen, die Strom leiten könnten. Befestigt den Gegenstand zwischen den beiden noch freien Enden der Krokoclips, also dem blauen und dem schwarzen Krokoclip.
5. Schaltet den Schalter an eurem Batteriepack an. Wenn jetzt die rote LED leuchtet, ist der Stromkreis geschlossen, das heißt, dass das Material Strom leitet. Wenn das Licht nicht leuchtet, leitet es keinen Strom, der Stromkreis bleibt also unterbrochen.

Tipp von Giulia Wenn die Kabel auf eurem Klemmbrett vielleicht umherschwirren, weil sie zu lang sind, könnt ihr sie etwas einrollen und mit Klebestreifen befestigen. So habt ihr Ordnung auf eurem Brett und blickt besser durch.

Summer
Zeitaufwand: **20–30 Minuten**
1–2 Personen ★☆☆☆

4

Tönende Schatzkiste

In diesem Projekt baut ihr euch eine eigene kleine Schatzkiste, die Alarm schlägt, wenn Unbefugte versuchen sie zu öffnen. Hier können sich Klangjägerinnen und Piraten auf die spannende Schatzsuche machen.

Das braucht ihr dafür: Vorlage „Tönende Schatzkiste" zum Ausdrucken (auf https://tueftelakademie.de/gemeinsamtuefteln) für die Schachtel, 1 Summer, 1 Batteriepack für 2 AA-Batterien inkl. Batterien (mit 3–4,5 V, beachtet dabei die Betriebsspannung des Summers), 1 Musterbeutelklemme, leitendes Klebeband, dickeres Papier oder Karton, Klebestreifen oder Gewebeband, doppelseitiges Klebeband oder Heißklebepistole (zum Befestigen des Summers), scharfes Messer oder kleines Skalpell.

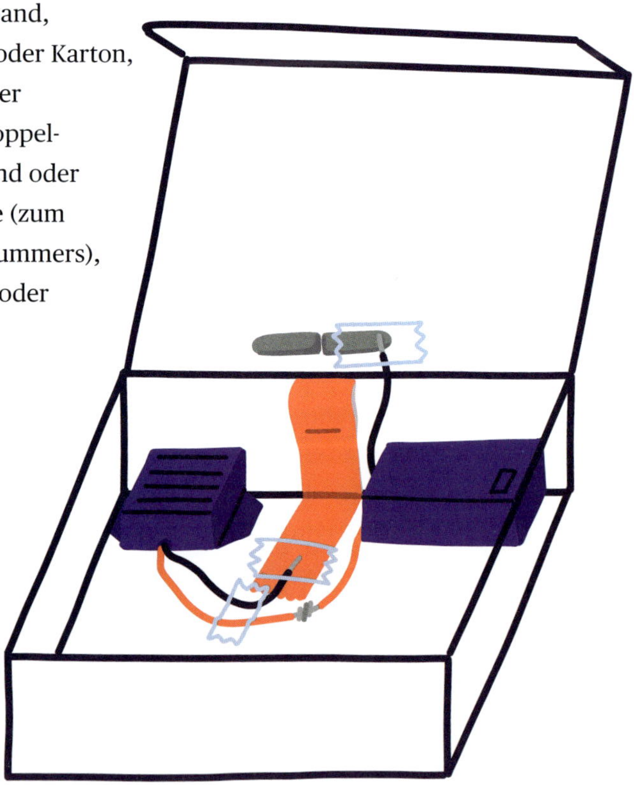

Und so geht's:

1. Legt die Batterien in den Batteriepack ein und prüft, ob sie geladen und funktionstüchtig sind, das könnt ihr zum Beispiel mit einer LED machen (s. „Funktioniert die LED?“, S. 119). Wenn die LED leuchtet, funktioniert der Batteriepack.
2. Übertragt die Vorlage der Schachtel auf das Kartonpapier und faltet die Schachtel zusammen. Achtet darauf, dass ihr auch die Markierung für die Musterbeutelklammer und den Schlitz der Schachtel mit übertragt.
3. Stecht am Deckel der Kiste an der markierten Stelle von außen nach innen die Musterbeutelklammer durch und biegt die Enden auseinander. Eventuell müsst ihr mit einer kleinen Nadel das Loch etwas vorstechen. Schneidet außerdem noch einen kleinen Schlitz in die Schachtelwand an der markierten Stelle. Hier wird nachher das leitfähige Klebeband durchgefädelt.

So sieht die Seitenansicht eurer Schachtel aus, wenn der Deckel geschlossen ist.

4. Jetzt klebt ihr das leitende Klebeband innen in der Schachtel fest. Dafür beginnt ihr am Boden der Schachtel und klebt es weiter die Schachtelinnenwand entlang bis zu dem Schlitz und schlagt es dann um, sodass am Ende eine Lasche entsteht. Die Lasche muss so lang sein, dass sie bei geschlossener Schachtel den Kopf der Musterbeutelklammer nicht berührt. Öffnet ihr aber jetzt die Schachtel, dann berühren sich die beiden Metallteile und der Stromkreis wird geschlossen. Achtet bei diesem Schritt darauf, dass das leitfähige Klebeband aus einem Stück ist und nicht durchtrennt wird.

Wenn ihr den Deckel öffnet, berührt die Musterbeutelklammer das leitende Klebeband. Damit wird der Stromkreis geschlossen und der Summer macht Töne.

5. Jetzt verbindet ihr den Batteriepack. Legt ihn in die Schachtel und entfernt ca. 2 cm der Isolierung an den beiden Drahtenden. Nun verbindet ihr das eine Drahtende mit der Musterbeutelklammer, zum Beispiel durch Klebestreifen oder Gewebeband. Das

zweite Ende des Batteriepacks wird mit dem Summer verbunden, indem ihr ein Ende des Summers und das noch freie Ende des Batteriepacks miteinander verdrillt.

6. Jetzt legt ihr den Summer in die Schachtel und befestigt ihn (zum Beispiel mit doppelseitigem Klebeband oder mit der Heißklebepistole). Verbindet jetzt das noch freie Drahtende des Summers mit dem leitfähigen Klebeband, indem ihr es mit Klebeband oder Gewebeband befestigt. Wenn die Schatzkiste geschlossen ist, sieht das dann so aus (siehe unten): Das leitfähige Klebeband schaut mit der Lasche etwas aus dem Deckel hervor.

   Wenn ihr jetzt den Batteriepack einschaltet und die Box öffnet, berührt die Musterklammer die Lasche mit dem leitfähigen Klebeband, wie in dem Bild dargestellt. Dadurch wird der Stromkreis geschlossen und der Summer legt los.

Tipp von Steffi In der Kiste können die Tüftlerinnen und Tüftler ihre Schätze aufbewahren, auch Süßigkeiten sind darin gut aufgehoben.

Vibrationsmotor
Zeitaufwand: **30–40 Minuten**
1–2 Personen ★☆☆☆

5

Klacker-Käfer

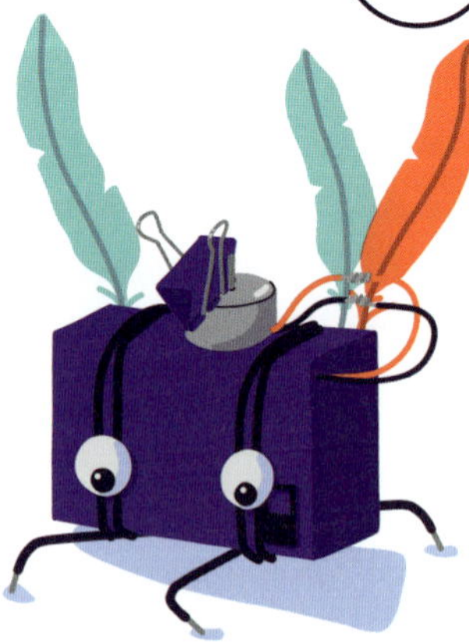

In diesem Projekt baut ihr klackernde, sich selbst bewegende Motor-Tierchen, die an Käfer erinnern. Bei der Gestaltung der Tiere könnt ihr in einem Insekten-Lexikon recherchieren, dort erfahrt ihr auch mehr über das jeweilige Insekt. Den Vibrationsmotor könnt ihr auch aus einem DC-Motor selbst bauen (s. S. 125). Möglicherweise müsst ihr als Erwachsene sicherheitshalber beim Tüfteln über die Schulter schauen.

Das braucht ihr dafür: 1 Vibrationsmotor, 1 Batteriepack mit Batterien (mit 3–4,5 V; beachtet dabei die Betriebsspannung des Motors), steifen Draht (ca. 3 mm Durchmesser), Dekomaterial (Wackelaugen, Federn, Pompons etc.), Entmanteler, Seitenschneider, Heißklebepistole.

Und so geht's:

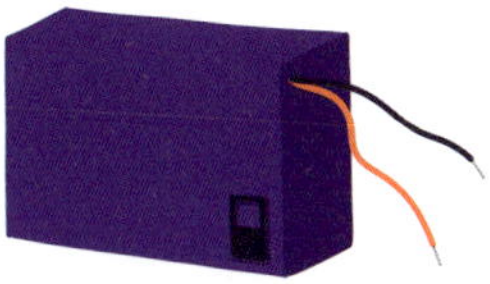

1. Legt die Batterien in den Batteriepack ein und prüft, dass sie geladen und funktionstüchtig sind (das könnt ihr z. B. mit einer LED machen, s. S. 118).

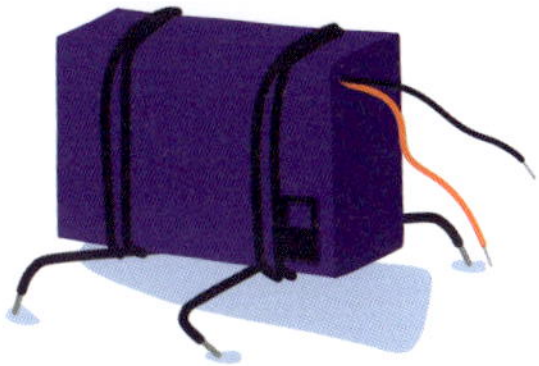

2. Jetzt baut ihr aus dem steifen Draht die Beinchen eures Käfers. Dafür schneidet ihr mit dem Seitenschneider zwei gleich große Stücke Draht ab. Die Stücke sollten so lang sein, dass ihr sie gut einmal um den Batteriepack herumwickeln könnt, und zum Schluss biegt ihr noch zwei „Füße".

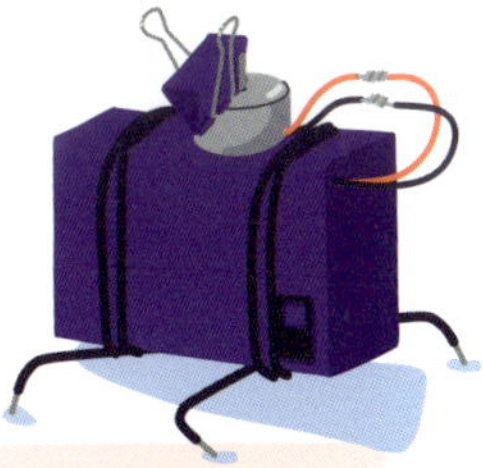

3. Jetzt verbindet ihr den Motor mit dem Batteriepack. Dafür entfernt ihr mit dem Entmanteler etwa 2 cm der Isolierung des roten und des schwarzen Drahtes sowie von den beiden Kabelenden des Motors. Anschließend verdrillt ihr die einzelnen Kabelenden. Dabei werden die beiden Kabelenden des Motors mit den beiden Kabelenden des Batteriepacks verbunden.

Tipp Jetzt könnt ihr testen, ob euer Motor funktioniert, indem ihr den Schalter des Batteriepacks auf „An" stellt. Die Antriebswelle des Motors (also die kleine Nase) sollte sich jetzt drehen bzw. vibrieren.

4. Jetzt befestigt ihr den Motor mit der Heißklebepistole auf dem Batteriepack. Für noch mehr Stabilität bietet es sich auch an, die Beinchen mit dem Heißkleber festzukleben.

5. Zum Schluss könnt ihr euren Klacker-Käfer noch dekorieren und verzieren. Fertig: Batterieschalter an und der Spaß kann beginnen! Lasst euren Klacker-Käfer durch das Zimmer hopsen. Na, hat er Ähnlichkeit mit einem Insekt, das ihr kennt? Welche verschiedenen Käfer gibt es? Was macht sie so besonders?

Tipp von Nora Lasst euren Klacker-Käfer doch auch leuchten. Fügt dafür einfach eine LED hinzu. Wie das genau geht, erfahrt ihr in dem Abschnitt „Der einfache Stromkreis" (s. S. 115). Ihr könnt einfach eine LED und eine Knopfzelle verwenden – oder ihr versucht die LED mit Litze direkt in den Schaltkreis mit dem Motor zu integrieren, sodass ihr keine zusätzliche Knopfzelle benötigt.

Analoges Programmieren
Zeitaufwand: **15 Minuten**
1 Person ★☆☆☆

6

Binärcode-Kette

Der Binärcode hat eine sehr wichtige Bedeutung. Die meisten Computer speichern Informationen in binärer Form, also in einer Sprache, die alles nur mit 0 und 1 ausdrückt. In diesem Projekt lernt ihr, wie ihr eine Information (zum Beispiel eure Namen) in eine Reihe von 0 und 1 übersetzt.

Das braucht ihr dafür: Vorlage „Binärcode-Kette" zum Ausdrucken (auf https://tueftelakademie.de/gemeinsamtuefteln), Stift und Papier, Perlen zum Auffädeln in 2 verschiedenen Farben, Schnur oder Band.

Und so gehts':

1. Legt die Vorlage mit den Binärcodes so hin, dass ihr sie alle gut sehen könnt, und überlegt euch ein Wort, das ihr damit darstellen wollt, beispielsweise euren Namen.

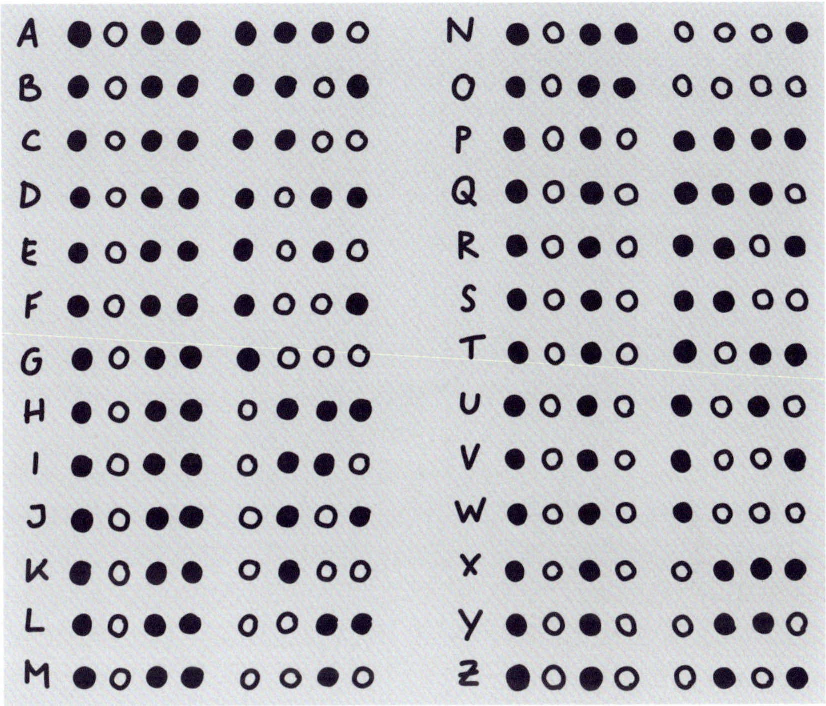

2. Damit ihr beim Fädeln nicht so leicht durcheinanderkommt, empfehlen wir euch, dass ihr euren Code zunächst mit Stift und Papier aufmalt. Am besten, ihr macht euch dafür immer 8 Kästchen, die ihr dann in den Farben der Perlen ausmalt, die ihr verwenden werdet. Für den Buchstaben „T“ würde das mit unseren gelben und lila Perlen dann so aussehen wie oben gezeigt.
3. Jetzt fädelt ihr eure Perlen entsprechend der Reihenfolge auf und fertig ist eure Binärcode-Kette!

Info Binärcode, also die Darstellung von Zeichen in Nullen und Einsen, ist die Darstellung der Information, wie ein Computer sie lesen kann und speichert.

Tipp von Natascha Für ein Armband könnt ihr zum Beispiel nur den Anfangsbuchstaben eures Namens verwenden. Außerdem könnt ihr den Binärcode als Geheimschrift nutzen, um euch Nachrichten zu schreiben, die sonst keiner lesen kann. Um sie besser lesen zu können, fügt eine weitere Farbe als „Leerzeichen" in eure Kette ein.

Analoge Elektronik
Zeitaufwand: **15 Minuten**
3–30 Personen ★☆☆☆

7

Das analoge Stromkreisspiel

Bei diesem Rollenspiel werdet ihr selbst zu Elektronen und den Bauteilen des Stromkreises. Das Stromkreisspiel macht am meisten Spaß, wenn ihr eine Gruppe von Kindern seid und Lust habt, euch zu bewegen. Gleichzeitig lernt ihr dabei etwas über Stromkreise und die Funktionsweise ihrer Bauteile. Hier werden die Kinder selbst mit ihrem Körper zu Bestandteilen eines „Stromkreises" und können selbst steuern, wann die Glühlampe an ist oder aus.

Das braucht ihr dafür: Vorlage „Das analoge Stromkreisspiel" zum Ausdrucken (auf https://tueftelakademie.de/gemeinsamtuefteln), Schere, Locher, Faden.

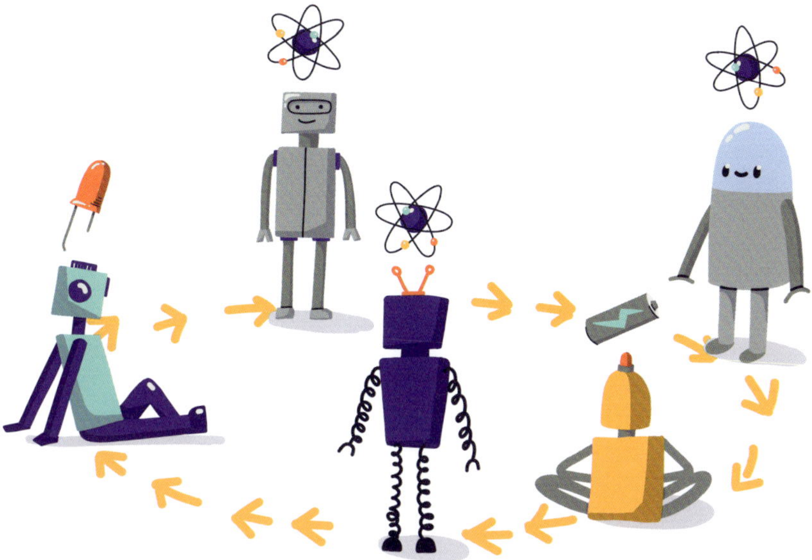

Und so geht's:

1. Schneidet die kleinen Spielkarten, die die Elektronen zeigen, aus und verteilt sie an die Teilnehmenden. Die großen Karten, auf denen Bauteile abgebildet sind, werden gelocht. Zieht einen Faden durch die Löcher, sodass ihr euch die Bauteile umhängen könnt. Ihr solltet in eurem Stromkreis mindestens eine Stromquelle haben, einen Aktor (also zum Beispiel eine LED, einen Summer oder einen Motor) und einen Schalter. Diejenigen, die kein Bauteil darstellen, erhalten die e-Karten: Sie spielen die Elektronen.
2. Bildet jetzt einen Kreis: Das ist euer Stromkreis. Diejenigen, die ein Bauteil haben (also zum Beispiel eine LED, eine Batterie oder einen Schalter), setzen sich zunächst auf den Boden. Dies symbolisiert den inaktiven Zustand, sie sind „ausgeschaltet". Diejenigen mit den Elektronen stehen.
3. Jetzt steht die Person mit dem Schalter-Symbol auf, das heißt, der Stromkreis wird geschlossen. Im selben Moment stellt sich auch die

Batterie hin - sie muss also sehr schnell auf den Schalter reagieren. Sobald der Stromkreis geschlossen wird und die Batterie steht, sind die Elektronen an der Reihe loszufließen. Die Kinder, die Elektronenkärtchen haben, geben ihre Kärtchen schnell, wie eine „heiße Kartoffel“, an ihre Nachbarn weiter. Dies symbolisiert den Stromfluss. Je schneller die Elektronen wandern, umso stärker ist der Stromfluss.

Info Achtet darauf, dass ihr die Elektronen immer in derselben Richtung weitergebt. Das symbolisiert den Gleichstrom, mit dem wir in allen hier beschriebenen Projekten arbeiten. Alternativ könnt ihr die Elektronen auch ganz schnell immer die Richtung wechseln lassen: Dies würde dann Wechselstrom symbolisieren. Achtet ebenso bei der LED auf den Minus- und den Pluspol. Die LED kann nur angeschaltet sein (also das Kind darf sich nur hinstellen), wenn das lange Beinchen mit derselben Seite wie der Pluspol der Batterie verbunden ist. Ansonsten schnell die Position wechseln!

4. Durch eine schnelle Elektronenaktivität werden die Aktoren in Gang gesetzt: Das Kind mit der Motor-Karte dreht sich, das Kind mit der LED-Karte leuchtet bzw. versucht, das zu improvisieren, das Kind mit der Summer-Karte summt. Auch durch sie fließen die Elektronen, also reichen auch die Aktoren-Kinder die Elektronen weiter.

5. Das Stück Holz stellt einen Widerstand dar, es leitet keinen Strom. Steht das Kind mit diesem Symbol auf, wird damit der Widerstand aktiviert und der Fluss der Elektronen kommt zum Erliegen. Dann setzen sich die Kinder mit den Aktoren (außer Stromquelle und Schalter - sie sind ja weiterhin an bzw. geschlossen) hin. Das Kind mit der Holz-Karte, gibt also die Elektronen nicht weiter, sondern es entsteht ein Stau.

6. So könnt ihr jetzt Bewegung in das Spiel bringen. Der Schalter kann sich hinsetzen. Entsprechend müssen die Elektronen aufhören, sich zu bewegen, und die Bauteile setzen sich hin. Stellt sich der Schalter wieder hin, beginnen die Elektronen, sich wieder so schnell wie möglich durch den Stromkreis zu bewegen. Gern könnt ihr nach einiger Zeit die Rollen der Bauteile und Elektronen untereinander tauschen.

Tipp Zudem kann sich der Stromkreis als Ganzes bewegen: Vielleicht wird er ganz schmal und ellipsenförmig – dann wieder zu einem Kreis. Erklärt den Kindern bei dieser Gelegenheit, dass ein Stromkreis nicht immer „rund“ sein muss (was man beim Wort Kreis ja vermuten könnte ...). Vielmehr geht es darum, dass der Kreislauf nicht unterbrochen wird – nur so bleibt er stabil.

Tipp von Lukas Anstelle der Elektronenweitergabe können sich die Kids auch an den Händen fassen und per Handdruck das Signal des Stromflusses weitergeben. Vielleicht fallen euch auch noch weitere Varianten ein? Wenn ihr Lust habt, teilt sie gern mit uns.

Noch mehr Screen-off-Projekte

Lichtprojekte mit LEDs

Licht ist ein fantastisches Element. Es ist faszinierend zu sehen, wie sich ein einfaches Marmeladenglas durch Lichteffekte in eine stimmungsvolle Halloween-Deko verwandelt oder eure selbst gebastelten Papierhäuser mit einer LED im Innern viel lebendiger wirken. Wir wünschen euch viel Spaß beim Tüfteln mit Licht. Alles Wissenswerte zu LEDs haben wir für euch auch in „LEDs - Erleuchtung garantiert!" (s. S. 118) zusammengefasst.

LEDs
Zeitaufwand: **10 Minuten**
1 Person ★☆☆☆

8

Leuchtender Luftballon

Mit einer LED bringt ihr einen Luftballon zum Leuchten. Wenn ihr wollt, könnt ihr ihn auch mit Helium füllen und euch eine tolle Deko basteln, die unter der Decke schwebt.

Das braucht ihr noch dafür: 1 Luftballon eurer Wahl (am besten hell/durchsichtig), 1 LED, 3-Volt-Knopfbatterie, (Gewebe-)Klebeband.

Und so geht's:

1. Überprüft zuerst, ob eure LED und eure Batterie funktionieren (s. „Funktioniert die LED?", S. 119). Wenn die LED leuchtet, funktioniert die Batterie und es kann weitergehen.

Tipp Die LED hat eine Richtung, in die der Strom durchfließen kann. Das längere „Beinchen“ muss mit dem Pluspol der Batterie verbunden sein.

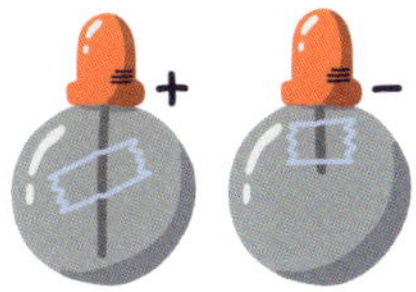

2. Nehmt ein Stück Klebeband und befestigt damit eure LED an der Batterie. Beachtet dabei, dass das längere Beinchen der LED zum Pluspol der Batterie geht.
3. Steckt die Batterie mit der festgeklebten LED in einen Luftballon und pustet ihn danach auf. Fertig ist euer leuchtender Luftballon! Ihr könnt natürlich auch mehrere oder verschiedenfarbige LEDs in den Ballon stecken, wenn er heller leuchten soll.

Tipp von Nora Die Ballons eignen sich wunderbar als hübsche Deko für eure nächste Gartenparty. Füllt sie dafür mit Ballongas und bindet sie im Garten verteilt an. Wenn es anfängt zu dämmern, wird es richtig stimmungsvoll.

9

LEDs
Zeitaufwand: **15 Minuten**
Ab **2 Personen** ★☆☆☆

Kartoffelbatterie

Mit diesem Experiment könnt ihr besser verstehen, wie Strom funktioniert und warum er nicht immer nur aus der Steckdose kommen muss.

Das braucht ihr dafür: 1 LED, 4 Kartoffeln, Krokoclips, 4 Kupfermünzen, 4 verzinkte Schrauben oder Beilegscheiben.

Und so geht’s:

1. Schneidet zwei Schlitze in jede Kartoffel, in die ihr die Münzen bzw. eure Schrauben steckt. Die Metallteile dürfen sich nicht berühren.

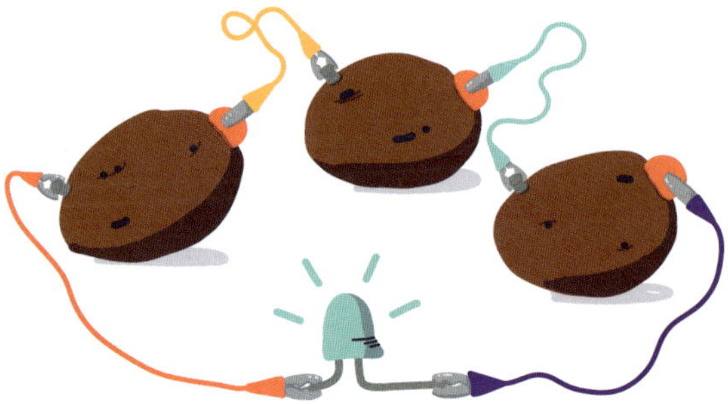

2. Nehmt nun die Krokoclips und verbindet die Kartoffeln in einer Reihe miteinander. Achtet dabei immer darauf, dass ihr die Kupfermünze der einen Kartoffel mit dem verzinkten Metallteil der nächsten Kartoffel verbindet. Die beiden äußeren Kartoffeln haben auch jeweils ein Kabel, das erst mal unverbunden liegen bleibt.
3. Nehmt euch eine LED und verbindet nun den Pluspol der LED (das längere Beinchen) mit dem offenen Krokoclip, der am anderen Ende mit der Kupfermünze verbunden ist. Das kurze Beinchen, also den Minuspol, verbindet ihr mit dem Krokoclip, der an dem verzinkten Metall angeschlossen ist.
4. Nun sollte eure LED ein wenig zu glimmen beginnen. Falls das noch nicht der Fall ist, schaut mal, ob die Metallteile weit genug in der Kartoffel stecken. Das Wasser in der Kartoffel sorgt dafür, dass eine Reaktion stattfindet und Elektronen in Bewegung kommen. Jetzt beginnt der Strom zu fließen.

Tipp von Franzi Das Projekt klappt übrigens auch mit Äpfeln oder Zitronen. Findet ihr noch weitere Lebensmittel, mit denen es funktioniert? Probiert es aus und teilt uns eure Erfahrungen mit.

10

LEDs
Zeitaufwand: **20 Minuten**
1–2 Personen ★☆☆☆

Taschenlampe mit Kippschalter

Mit diesem Projekt könnt ihr euch ganz einfach selbst eine Taschenlampe bauen.

Das braucht ihr dafür: 1 LED, 1 Batterie, leitfähiges Klebeband, 1 Holzstab, 1 Papierklemme (Mauli-Klemme), gegebenenfalls 1 Tischtennisball.

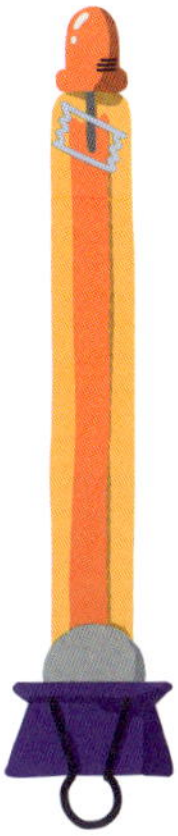

Und so geht's:

1. Als Erstes müsst ihr testen, ob eure LED funktioniert (s. S. 119).
2. Jetzt schneidet ihr das leitfähige Klebeband. Es werden zwei Klebestreifen in Länge des Holzstabes (eher etwas kürzer) und zwei Streifen in Länge der Beine der LED (eher etwas länger) zugeschnitten.
3. Dann klebt ihr auf die gegenüberliegenden Seiten des Holzstabs den langen Streifen Kupferklebeband. Die beiden Streifen dürfen sich nicht berühren oder über den Rand hinausragen.
4. Nun klebt ihr auf jede Seite des Holzstabes ein Bein der LED mit den zwei kleinen Kupferklebestreifen fest.
5. Als Nächstes klemmt ihr die Batterie mit der Papierklemme an das andere Ende des Holzstabes. Der Pluspol der Batterie muss auf die Seite, wo sich das längere Bein der LED befindet. Auf der anderen Seite darf die Klemme den leitfähigen Klebestreifen noch nicht berühren.
6. Jetzt könnt ihr die Taschenlampe einschalten! Hierfür klappt ihr die beiden Bügel der Papierklemme um. Sie müssen das Kupferklebeband berühren, damit eure Taschenlampe leuchtet.

Tipp Falls die LED nicht leuchtet, habt ihr die Batterie vielleicht falsch herum angebracht. Dann einfach die Batterie auf der anderen Seite anbringen. Prüft auch noch mal, ob die Klebestreifen richtig fest kleben, damit die LED-Beinchen sicheren Kontakt zum Kupfer haben.

7. Optional: Wenn ihr für eure Taschenlampe noch einen Leuchtschirm bauen wollt, dann schneidet ihr in den Tischtennisball einen Schlitz bzw. ein schmales Loch und schiebt es über die LED. Fertig.

Tipp von Giulia Überlegt doch mal, wie ihr aus der Taschenlampe auch einen Lampion für den Laternenumzug im nächsten Herbst oder die abendliche Gartenparty bastelt.

LEDs
Zeitaufwand: **15 Minuten**
1–2 Personen ★☆☆☆

11

Halloween-Kürbis mit rot leuchtenden Augen

So peppt ihr euren Halloween-Kürbis auf.

Das braucht ihr dafür: 2 rote LEDs, 2 Knopfzellen (3 V), 2 Tischtennisbälle, 1 ausgehöhlten Kürbis, 1 Messer oder Cutter, Gewebeklebeband.

Und so geht's:

1. Klebt je eine LED und eine Knopfzelle mit Gewebeklebeband so aneinander, dass sie leuchten (s. „Funktioniert die LED?“, S. 119).
2. Ritzt jetzt in die Tischtennisbälle mit dem Messer ein kleines Loch und schiebt in jeden Tischtennisball eine rot leuchtende LED.
3. Jetzt setzt ihr die rot leuchtenden Augen in euren Kürbis ein und stellt ihn vor eure Tür. Wenn es dunkel wird, ist der Eindruck besonders gruselig! Bravo, gut gemacht!

Tipp von Carlotta Die bunten LEDs in Tischtennisbällen könnt ihr nicht nur zu Halloween benutzen, sie machen sich auch hervorragend als leuchtender Osterschmuck am Strauch oder als Weihnachtsbaumkugeln!

12

LEDs
Zeitaufwand: **15 Minuten**
1–2 Personen ★☆☆☆

Halloween-Monster-Glas

Mit diesem Monster-Glas sind euch ganz viele Süßigkeiten von euren Nachbarn garantiert!

Das braucht ihr dafür: 1 LED (wenn ihr eine Farbwechsel-LED habt, ist euer Halloween-Glas umso beeindruckender), 1 Knopfzelle (3 V), 1 altes Glas (zum Beispiel ein Joghurt- oder Marmeladenglas), 1 Mullbinde, Wackelaugen und ggf. weitere Deko, Gewebeklebeband, Heißklebepistole.

Und so geht's:

1. Wickelt die Mullbinde ein paarmal um euer Glas, sodass es gut bedeckt ist. Beachtet dabei: Je mehr Lagen ihr übereinanderwickelt, umso weniger Licht kommt später durch, aber so 5 bis 8 Lagen sind schon gut. Klebt die Mullbinde dann mit Gewebeklebeband am Glas fest, sodass sie gut hält.
2 Verziert euer Glas jetzt noch mit Wackelaugen oder anders, je nach eurem Geschmack.
3. Jetzt befestigt ihr die LED. Haltet die LED an die Knopfzelle, und wenn sie leuchtet, nehmt ihr Gewebeklebeband und befestigt jetzt die LED-Knopfzelle an der Innenseite des Deckelglases.

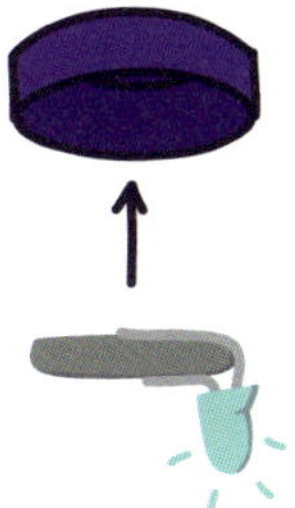

4. Schraubt jetzt das Glas zu - und voilà: Das Halloween-Glas ist fertig und ihr könnt es ins Treppenhaus stellen und einen

Zettel danebenlegen, dass Süßigkeitenspenden sehr willkommen sind.
Viel Spaß beim Feiern und Naschen.

Tipp von Steffi Das Glas ist auch prima für euren Halloween-Umzug. Klemmt es euch einfach bei eurem Streifzug unter den Arm: Hingucker sind garantiert!

LEDs
Zeitaufwand: **20 Minuten**
1–2 Personen ★☆☆☆

13

Leuchtende Papierblume

In diesem Projekt bastelt ihr euch wunderschön leuchtende Papierblumen. Es ist hilfreich, wenn ihr fingerfertig seid und am besten schon ein wenig Erfahrung mit Origami-Falt-Technik habt.

Das braucht ihr dafür: 1 LED, 1 Knopfzelle, 2 Bögen quadratisches Papier, 16 x 16 cm (zum Beispiel zweifarbiges Origami-Papier, es geht aber auch normales Papier), Schere, Gewebeklebeband, 1 Nadel; für einen Blumenstrauß extra Blumendraht.

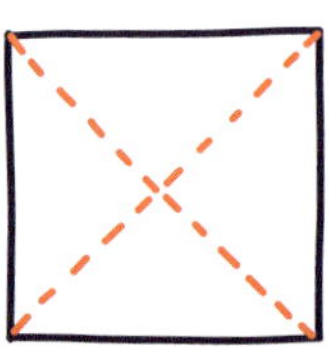

Und so geht's:

1. Als Erstes faltet ihr euch eine Blume aus dem Origami-Papier. Wir haben uns hier für eine Winde (Asagao) entschieden:

   a) Legt das Papierquadrat so hin, dass die farbige Seite auf den Tisch zeigt. Faltet das Papier entsprechend den Linien und öffnet die Faltung wieder. Dann dreht ihr das Papier um, sodass ihr die farbige Seite seht.

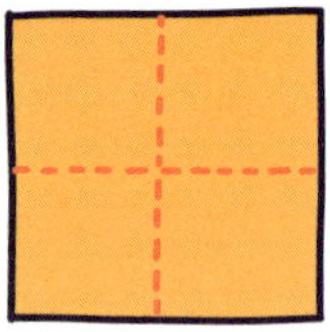

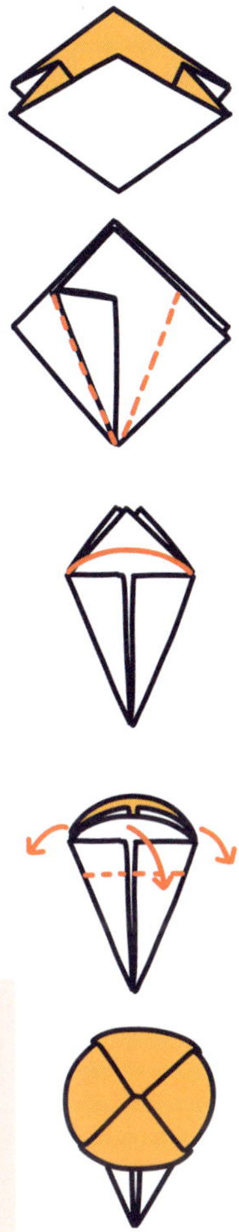

b) Faltet das Papier erneut entsprechend den Linien.

c) Faltet dann die diagonalen Falzlinien nach innen und drückt das Papier flach.

d) Dann faltet ihr an den markierten Falzlinien das Papier nach innen, dreht es um und wiederholt das auf der anderen Seite.

e) Schneidet die Ecken mit einer Schere entlang einer Bogenlinie ab.

f) Faltet das Papier auf halber Höhe (entlang der gestrichelten Linie) und entfaltet es wieder. Dann entfaltet ihr die obere Schicht der Blütenblätter, sodass die Blüte entsteht. Jetzt ist eure Blume fertig gefaltet und ihr könnt beginnen, die LED zu befestigen.

2. Jetzt stecht ihr mit der Nadel ein Loch durch die Mitte der Blüte, sodass ihr die LED hier hindurchstecken könnt.
3. Nehmt ein Stück Gewebeklebeband und befestigt damit die Batterie an der LED. Beachtet dabei, dass das längere Beinchen der LED am Pluspol der Batterie liegt (s. S. 118).

Tipp von Julia Wenn ihr noch Ausdauer habt, könnt ihr jetzt noch mehr Blüten basteln. Befestigt ihr ein Stück Blumendraht unten an den Blüten, lassen sie sich wunderbar in einen Blumenstrauß integrieren. Viel Spaß beim Dekorieren.

LEDs
Zeitaufwand: **30 Minuten**
1–2 Personen ★☆☆☆

14

Origami-Lampion-Kette

In diesem Projekt bastelt ihr eine stimmungsvolle Kette aus 4 Lampions. Ihr könnt eure Kette aber natürlich um noch viele weitere Lampions erweitern. Das Projekt eignet sich auch gut zur Gruppenarbeit, bei der jeder ein Stück vom Ganzen bastelt. Es ist hilfreich, wenn ihr fingerfertig seid und am besten schon ein wenig Erfahrung mit Origami-Falt-Technik habt.

Das braucht ihr für 4 Lampions: 4 LEDs, 4 Knopfzellen, 8 Bögen quadratisches Transparentpapier (20 x 20 cm) oder Origami-Papier (16 x 16 cm), Schere, Gewebeklebeband, Klebeband, 1 Nadel, dünne Schnur für die Kette.

Und so geht's:

1. Als Erstes faltet ihr euch zwei Lampions (Chōchin) aus je einem Bogen Papier. Das wird die Vor- und Rückseite eures Lampions. Legt das quadratische Origami-Papier so hin, dass die farbige Seite auf die Tischoberfläche zeigt. Faltet das Papier entsprechend den Linien in der Mitte und öffnet die Faltung wieder.

2. Faltet nun die rechte und die linke Seite jeweils zur Mittellinie.

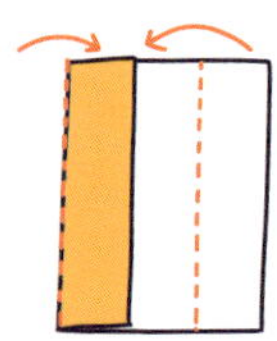

3. Faltet die beiden oberen und die beiden unteren Ecken jeweils zur Mittellinie.
4. Knickt den oberen und den unteren Bereich an der gekennzeichneten Falzlinie nach hinten weg.
5. Jetzt wiederholt ihr den Schritt 3: Faltet die beiden oberen und die beiden unteren Ecken jeweils zur Mittellinie.

6. Dreht euer Faltstück um und öffnet vorsichtig die

beiden Papiertaschen oben und unten. Drückt sie dann noch gut fest - und fertig ist der Lampion! Jetzt könnt ihr damit beginnen, die LED einzubauen.

7. Nehmt eine LED und befestigt sie mit dem Gewebeband an der Knopfzelle, sodass sie leuchtet. Beachtet dabei, dass das längere Beinchen der LED zum Pluspol der Batterie zeigt.

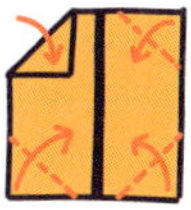

8. Legt die leuchtende LED zwischen die Vor- und Rückseite eures Lampions und klebt ihn unten mit durchsichtigem Klebestreifen zusammen, damit das Papier zusammenhält und die LED nicht herausfällt.

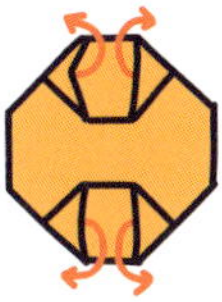

9. Stecht mit der Nadel oben durch den Lampion und zieht etwas Schnur durch und verknotet sie. Das ist die Aufhängung für euren Lampion.
10. Erstellt noch 3 weitere Lampions, indem ihr die Schritte 1 bis 4 wiederholt.

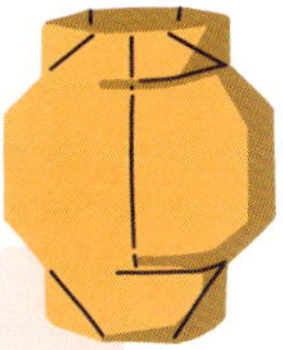

11. Zum Schluss fädelt ihr die Lampions über die Aufhängung zusammen auf eine Kette. Fertig!

Tipp von Philo Wenn ihr noch eine Deko-Lichterkette von Weihnachten oder der letzten Party habt, dann eignet sie sich hervorragend, um sie mit euren selbst gebastelten Papierlampions zu verschönern.

15

LEDs
Zeitaufwand: **30 Minuten**
1–2 Personen ★★☆☆

Origami-Frosch mit leuchtenden Augen

Bei diesem Projekt verleiht ihr einem Origami-Frosch aus Papier mit zwei LEDs leuchtende Augen. Es ist für fortgeschrittene Tüftlerinnen und Werkler geeignet. Hier ist ein wenig Geschick beim Basteln von Vorteil, eventuell habt ihr auch schon Erfahrungen mit Origami und LED- und Klebeband-Projekten.

Das braucht ihr dafür: Schere, Nadeln, Büroklammer, quadratisches farbiges Papier (20 x 20 cm) oder Origami-Papier (16 x 16 cm), 2 LEDs, 3-Volt-Knopfbatterie, doppelseitiges und normales Klebeband.

Und so geht's:

Faltet zuerst euren Frosch.

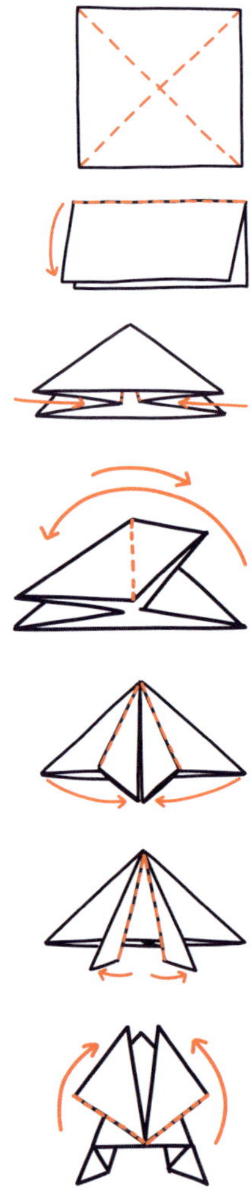

1. Legt das Papier vor euch auf den Tisch. Faltet jeweils die gegenüberliegenden Ecken den Linien entlang aufeinander.
2. Öffnet das Blatt, dreht es um und faltet den oberen auf den unteren Rand.
3. Schiebt die beiden oberen Kanten nach innen und faltet das Papier entlang der vorgefalteten Kanten, sodass sich ein Dreieck ergibt.
4. Faltet die rechte auf die linke Ecke, damit eine Mittellinie entsteht, und öffnet das Papier wieder.
5. Faltet die Ränder zur Mittellinie und danach wieder zurück zur Hälfte.
6. Dreht die Faltfigur um und faltet die unteren beiden Spitzen zur oberen, sodass ein Quadrat entsteht.
7. Klappt die beiden oberen Spitzen auf die beiden äußeren Spitzen.
8. Faltet das kleine Dreieck, das entstanden ist, wieder zurück, mit kleinem Abstand zur Kante.
9. Faltet den Unterkörper des Frosches halb nach oben.
10. Faltet den Unterkörper nun wieder nach unten, sodass eine Kante auf der anderen liegt und die Beine überstehen.

Super, jetzt müsst ihr den Frosch nur noch umdrehen, und das erste Stück ist geschafft: Der Frosch ist fertig. Damit der Frosch springt, drückt mit dem Finger auf seinen Rücken.

11. Jetzt könnt ihr mit dem Bauen der leuchtenden Augen beginnen. Testet dafür zunächst, ob eure LEDs und die Batterie funktionieren (s. „Funktioniert die LED?“, S. 119).
12. Jetzt malt ihr ihm zwei Augen auf. Dort fügt ihr gleich die LEDs ein. Dafür stecht ihr mit der Nadel jeweils zwei Löcher links und rechts der Augen und steckt die LEDs hindurch.

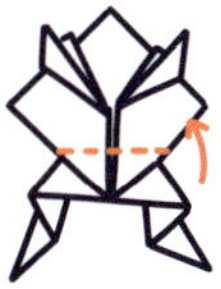

Tipp Die einzelnen LED-Beine werden durch je ein Loch gesteckt. Dabei dürfen sie sich nicht berühren. Achtet darauf, dass die Pluspole der LEDs (die langen Beine) auf den Außenseiten des Frosches entlanggeführt werden und die Minuspole (die kurzen Beine) auf der Innenseite.

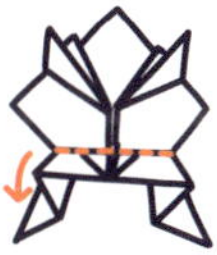

13. Mit dem leitfähigen Kupferklebeband verbindet ihr jetzt die beiden Pluspole der LEDs. Die LED-Beine werden später auf dem Kupferklebeband befestigt, sonst wird der Strom nicht geleitet.
14. Befestigt in der Mitte des Frosches die Batterie mit einem Stück doppelseitigem Klebeband auf dem Kupferklebeband. Achtet darauf, dass zwischen Batterie und Kupferband kein Klebeband ist (sonst leitet es nicht und euer Stromkreis ist unterbrochen).
15. Klebt nun auch das Kupferklebeband für die Minuspole auf. Das Klebeband sollte bis zur Batterie gehen.
16. Befestigt die LED-Beinchen mit Klebeband auf dem Kupferklebeband. Jetzt ist euer Frosch mit den leuchtenden Augen fertig! Wenn ihr ihn springen lasst, schließt sich der Stromkreis und seine Augen leuchten. Viel Spaß!

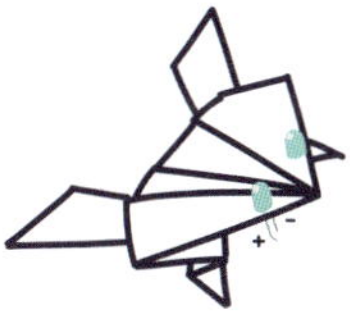

Tipp von Markus Mit diesem Projekt erlangt ihr die Origami-Elektronik-Meisterschaft! Papier-Stromkreise werden aktuell intensiv erforscht, wäre es nicht cool, wenn wir unser Smartphone einfach in der Tasche falten könnten?

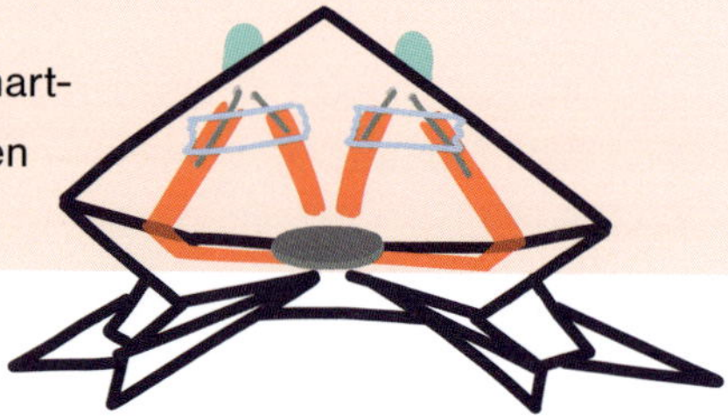

LEDs
Zeitaufwand: **20 Minuten**
1–2 Personen ★★☆☆

16

Grußkarte „Frohe Ostern“

Mit Papier, leitendem Klebeband, LEDs und Knopfzellen bringt ihr eine Osterhasenkarte zum Leuchten und könnt einen besonderen Gruß versenden! Eine gewisse Feinmotorik für das Anbringen des leitfähigen Klebebandes ist vorteilhaft.

Das braucht ihr dafür: Vorlage „Grußkarte Frohe Ostern“ zum Ausdrucken (auf https://tueftelakademie.de/gemeinsamtuefteln), 1 LED, 1 Knopfbatterie, leitendes Klebeband, Schere, Bastelkleber, Stifte, Büroklammer, A5-Bunt- oder Musterpapier.

Und so geht’s:

1. Testet zunächst, ob eure LED und eure Batterie funktionsfähig sind (s. „Funktioniert die LED?“, S. 119).
2. Druckt die Vorlage aus, malt die Ostereier und den Osterhasen bunt an und schneidet diese aus. Faltet das A5-Papier, sodass eine Klappkarte entsteht.
3. Um die Nase des Osterhasen zum Leuchten zu bringen, kürzt ihr als Erstes die LED.

Tipp Um euch besser zu merken, welche Seite Pluspol und welche Minuspol ist, könnt ihr das Plusbein der LED mit Farbe anmalen.

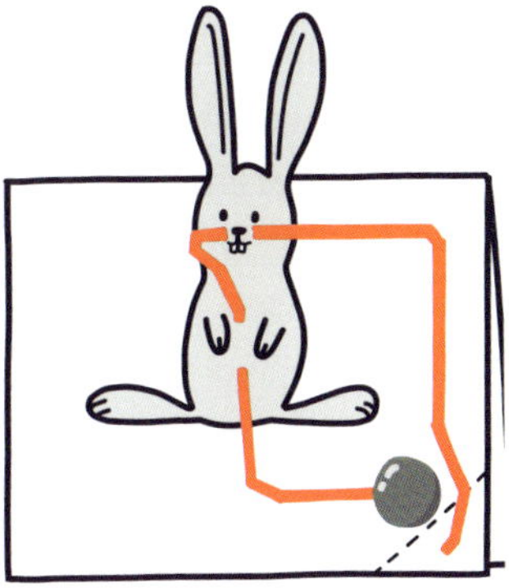

4. Die Batterie bringt ihr mit doppelseitigem Klebeband in der unteren rechten Ecke der Klappkarte an. Faltet dazu vorher die Ecke des Papiers um.
5. Nun geht's ans Kleben. Klebt als Erstes den Osterhasen mittig auf die Karte, sodass die Ohren am oberen Ende noch etwas überstehen. Danach befestigt ihr mithilfe des Kupferklebebands die LED an der Nase des Osterhasen und verbindet das längere Bein der LED (Pluspol) über das Kupferklebeband mit dem Pluspol der Batterie. Lasst dafür eine kleine Lücke im Bauchbereich des Hasen, wo später sein Osterei liegen wird und die Lücke schließt.

6. Das kurze Bein der LED und die Oberseite (Minuspol) der Batterie verbindet ihr auch mit dem Kupferklebeband, so wie auf der Abbildung.

Tipp Achtet darauf, dass die Bahnen aus einem Stück Kupferklebeband geklebt werden.

7. Die Osterkarte hat einen Osterei-Schalter, der den Stromkreis schließt und die Nase des Häschens zum Leuchten bringt. Das Ei besteht aus Aluminiumfolie, dafür könnt ihr super die Verpackung von Schoko-Osterhasen benutzen. Wickelt die Aluminiumfolie um das Papierei, das ihr aus der Vorlage ausgeschnitten habt. Jetzt ist es leitfähig.

Aus Alupapier formt ihr euer Osterei.

Info Das leitfähige Osterei funktioniert mit Aluminiumfolie umwickelt als Schalter.

8. Klebt es mit Klebeband in die Hände des Osterhasen. Um den Stromkreis zu schließen und die Nase zum Leuchten zu bringen, muss die untere Ecke der Karte umgeknickt sein und die Batterie gut mit dem Kupferklebeband in Kontakt sein. Damit ihr die Ecke nicht festhalten müsst, nutzt eine Büroklammer zum Befestigen. In der Innenseite der Karte ist jetzt noch Platz für eure Osterwünsche. Viel Spaß beim Verschenken.

Tipp von Mailis Ihr sucht gerade eine Karte für Weihnachten? Versucht doch mal, aus dem Osterhasen einen Weihnachtsmann zu machen, anstelle des Ostereis hält er dann ein Geschenk in der Hand. Viel Spaß beim Malen und Gestalten!

LEDs
Zeitaufwand: **15 Minuten**
1–2 Personen ★☆☆☆

17

Rudolph mit der roten Nase

Mit einem Papier-Stromkreis bringt ihr die rote Nase von Rudolph zum Leuchten und bastelt euch ganz leicht eine weihnachtliche Deko für zu Hause. Etwas Fingerspitzengefühl beim Nutzen des leitfähigen Klebebandes ist vorteilhaft.

Das braucht ihr dafür: Vorlage „Rudolph mit der roten Nase" zum Ausdrucken (auf https://tueftelakademie.de/gemeinsamtuefteln), 1 Knopfzelle, 1 (rote) LED, Schere, 1 schwarzen Filzstift, Klebeband, hellbraunes und dunkelbraunes Tonpapier, 2 Wackelaugen, 1 Nadel, Kupferklebeband, Klebestift.

Und so geht’s:

1. Testet zunächst, ob eure LED und eure Batterie funktionsfähig sind (s. „Funktioniert die LED?“, S. 119).
2. Druckt euch die Vorlage für das Rentier-Gesicht aus, übertragt die Umrisse auf das hellbraune Tonpapier und schneidet es aus. Übertragt die Vorlage für den Rentier-Körper auf dunkelbraunes Tonpapier und schneidet ihn aus. Zeichnet am besten auch mit Bleistift die Position der Batterie und der Bahnen vor. Alternativ könnt ihr die Vorlagen auch gleich auf dem Tonpapier ausdrucken und dann ausschneiden.

3. Nun schneidet ihr die beiden Geweihe und Ohren aus dem dunkelbraunen Tonpapier aus und klebt sie an Rudolphs Kopf an. Klebt auch die Wackelaugen auf, malt zwei kleine Punkte für die Nase und Rudolph ein Lächeln ins Gesicht.
4. Klebt mit leitfähigem Klebeband die Verbindungen: Beginnt mit der Plusrichtung und klebt das Kupferklebeband entlang der vorgezeichneten Markierung der Plusbahn.

Tipp Achtet darauf, dass ihr die gesamte Bahn aus einem Stück Klebestreifen klebt und das Band nicht durchschneidet! Um Ecken zu kleben, müsst ihr das Klebeband etwas umknicken (s. „Leitendes Klebeband“, S. 123).

5. Legt die Knopfbatterie mit der glatten Seite, also dem Pluspol, nach unten auf das Kupferklebeband, so wie in der Vorlage gekennzeichnet.
6. Für die Minuspol-Verbindung klebt ihr die Knopfzelle auf die Innenseite der Lasche. Knickt die Lasche um und drückt sie fest auf die Batterie. Dreht das Klebeband danach etwas in sich, damit die klebende Seite wieder unten ist. Befestigt sie danach entlang der vorgezeichneten

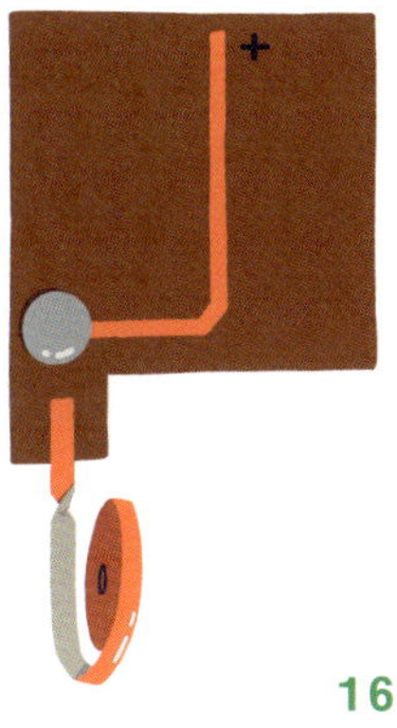

Markierung auf der Minuspol-Verbindung. Achtet darauf, dass das leitfähige Klebeband auch hier aus einem Stück bleibt.

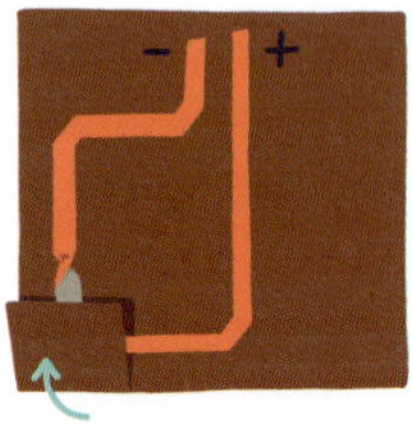

7. Um zu testen, ob euer Stromkreis funktioniert, legt ihr die LED auf die beiden geklebten Bahnen. Das längere Bein der LED wird mit der Bahn des Pluspols verbunden und das kürzere mit der des Minuspols. Leuchtet die LED nicht, dreht sie einmal herum und prüft, ob ihr alle Bahnen aus einem Stück Klebeband geklebt habt und ob die Batterie fest angedrückt ist.

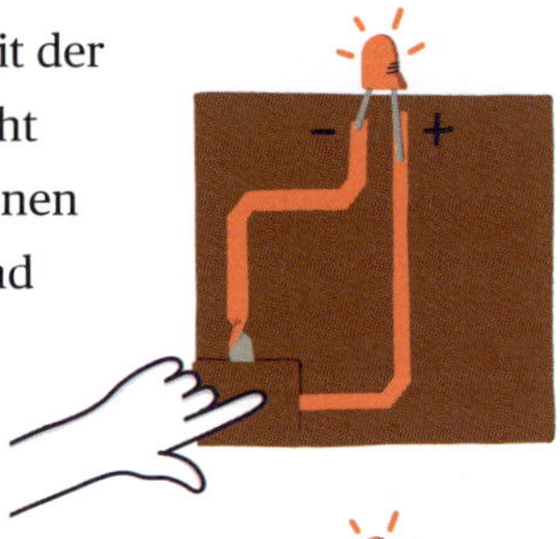

8. Wenn der Stromkreis geschlossen ist, die LED also leuchtet, fixiert ihr die Batterie.Dafür klebt ihr die Lasche der Batterie mit Klebestreifen fest, damit sie später nicht herausrutschen kann.

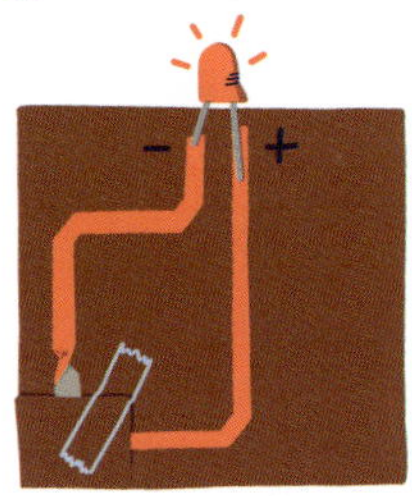

9. Jetzt baut ihr die LED ein. Stecht dafür zwei kleine Löcher in das dunkelbraune Tonpapier, wo die beiden Punkte für die Nase eingezeichnet sind. Nehmt dafür die Nadel.

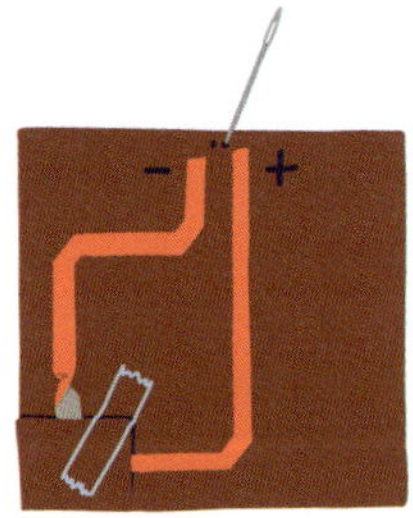

10. Hier kommt gleich die LED hin für die Nase von Rudolph. Steckt hier die LED hinein und anschließend durch den Körper. Das längere Beinchen der LED muss auf der Plusbahn aufliegen und das kürzere Beinchen auf der Minusbahn.

Tipp Testet noch mal, ob der Stromkreis funktioniert, indem ihr auf die Batterie drückt. Wenn nicht, dreht die LED noch mal um und wechselt die Beinchen. Wenn die Nase von Rudolph leuchtet, fixiert die Beinchen der LED fest mit Klebestreifen.

11. Nun rollt ihr noch den Körper zusammen und klebt ihn längs mit einem langen Stück Klebestreifen fest, damit er zusammenhält. Fertig! Wenn ihr die Rolle jetzt in der Hand haltet und die Batterielasche drückt, leuchtet Rudolphs Nase!

Tipp von Franz Möchtet ihr, dass Rudolphs Nase blinkt? Dann lasst den Klebestreifen, der die Batterie in der Lasche hält, einfach weg. Dann leuchtet die LED nur, wenn ihr Rudolph fest (an dieser Stelle) drückt. So könnt ihr seine Nase auch blinken lassen. Aber Achtung, jetzt fällt die Batterie leicht aus der Lasche heraus und kann verloren gehen.

18

LEDs
Zeitaufwand: **30 Minuten**
1–2 Personen ★☆☆☆

Leuchtendes Haus

Mit Papier und leitfähigem Klebeband bastelt ihr ein Haus, das leuchtet, sobald ihr die Tür schließt, und lernt so ganz einfach, wie Stromkreise funktionieren.

Das braucht ihr dafür: Vorlage „Leuchtendes Haus“ zum Ausdrucken (auf https://tueftelakademie.de/gemeinsamtuefteln), 1 LED, leitfähiges Klebeband, 1 Knopfzelle, Schere und Stifte, Bastelkleber, doppelseitiges Klebeband.

Und so geht's:

1. Schneidet die Vorlagen aus. Achtet dabei darauf, auch die Tür einzuschneiden und an der gestrichelten Linie zu falten. Dann könnt ihr sie bemalen.
2. Klebt das leitende Klebeband auf der Rückseite der Vorlage auf, wie es markiert ist. Wichtig dabei ist, dass ihr bei der Tür eine umgefaltete Schlaufe überstehen lasst (das wird der Schalter).

Tipp Das Klebeband muss ein zusammenhängendes Stück sein, sonst ist die Leitung unterbrochen. Ihr müsst die Ecken also mit ein bisschen Fingerspitzengefühl umlegen, damit das Band nicht reißt.

3. Testet zunächst die LED (s. „Funktioniert die LED?“, S. 119). Die Batterie könnt ihr mit etwas doppelseitigem Klebeband einkleben. Die LED könnt ihr mit dem Kupferklebeband direkt aufs Blatt kleben.
4. Faltet das Blatt in die Form des 3-D-Hauses zusammen.
5. Schalter an - Schalter aus: Durch das Öffnen und Schließen der Tür wird der Schalter an- und ausgeschaltet. Der Stromkreis wird geschlossen und die LED leuchtet.

Tipp Falls die LED nicht leuchtet, kontrolliert, ob das Klebeband an der Batterie gut anliegt. Gibt es Risse oder Unterbrechungen im Band? Sind LED und die Batterie richtig herum eingebaut?

Tipp von Nicole Denkt daran, dass das Klebeband nur auf der Oberseite leitend ist; die Klebefläche leitet bei den meisten Klebebändern nicht. Daher ist es wichtig, dass ihr als Verbindung zur LED die leitfähige Oberseite des Klebebandes nutzt.

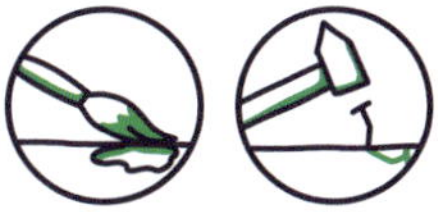

19

LEDs
Zeitaufwand: **30 Minuten**
1–2 Personen ★☆☆☆

Papierauto mit Lichtern

Mit Papier und leitfähigem Klebeband bastelt ihr ein Auto mit zwei Scheinwerfern, die leuchten. So lernt ihr ganz einfach, wie ihr einen Stromkreis mit 2 LEDs aufbauen könnt. Für das Kleben und Basteln braucht es etwas Übung und manchmal ein wenig Fingerspitzengefühl.

Das braucht ihr dafür: Vorlage „Papierauto mit Lichtern" zum Ausdrucken (auf https://tueftelakademie.de/gemeinsamtuefteln), 2 LEDs, leitfähiges Klebeband, 1 Knopfzelle, Schere, Stifte, Bastelkleber, doppelseitiges Klebeband.

Und so geht's:

1. Schneidet zuerst die Vorlage aus. Ihr könnt sie auch gern bemalen. Zeichnet vorn den Platz ein, wo die Scheinwerfer hinkommen sollen.

Tipp Das Klebeband muss ein zusammenhängendes Stück sein, sonst ist die Leitung unterbrochen. Ihr müsst die Ecken also mit ein bisschen Fingerspitzengefühl umlegen, damit es nicht reißt.

2. Testet zunächst, ob die LED und die Batterie funktionieren (s. „Funktioniert die LED?“, S. 119).
3. Klebt das leitende Kupferband auf die Rückseite der Vorlage (siehe unten).

Tipp Um die Scheinwerfer (also die beiden LEDs) parallel zu schalten, müssen die beiden Pluspole der LEDs mit dem Pluspol des Kupferklebebandes verbunden werden und die beiden Minuspole der LEDs mit den Minuspolen des Kupferklebebandes.

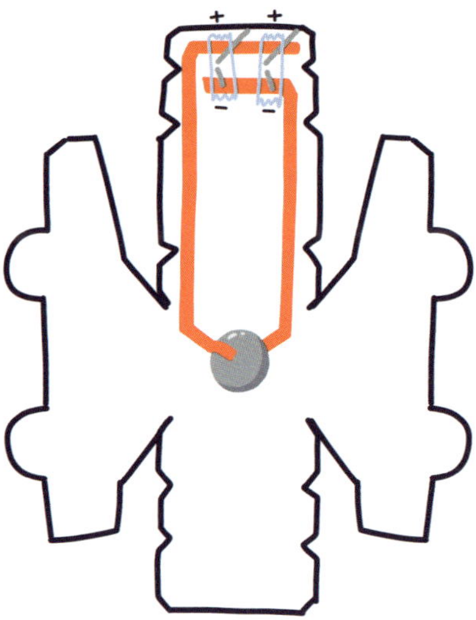

4. Klebt die Batterie mit dem doppelseitigen Klebeband auf. Die LED könnt ihr mit dem Kupferklebeband direkt aufs Blatt kleben.
5. Stecht mit der Nadel vier kleine Löcher in das Papier, wo die Scheinwerfer hinkommen sollen. Stecht die LEDs von der Vorderseite des Autos her durch das Papier. Achtet dabei darauf, dass die Beinchen getrennt voneinander, jeweils durch ein eigenes Loch geführt werden. Sie dürfen sich nicht berühren, sonst gibt es einen Kurzschluss. Biegt dann die LED-Beinchen auf der Innenseite auf die Leiterbahnen aus Kupferklebeband. Auch hier müsst ihr darauf achten, dass das lange Beinchen mit dem Kupferklebeband verbunden ist, das zum Pluspol der LED führt. Drückt die Metallbeinchen gut auf die Kupferklebebänder und klebt sie dann mit einem kleinen Stück Kupferklebeband fest. Drückt noch mal richtig an, damit der Kontakt hergestellt ist.
6. Jetzt könnt ihr das Auto von dem flachen Blatt in die Form des 3-D-Autos zusammenfalten und zusammenkleben.

Tipp Falls die LEDs nicht leuchten, kontrolliert, ob das Klebeband an der Batterie gut anliegt. Hat es Risse oder Unterbrechungen? Sind die LEDs und die Batterie richtig herum eingebaut?

Tipp von Claudi Wir zeigen euch hier das Beispiel mit der Parallelschaltung (s. S. 128), das heißt, bei jeder LED kommt die gesamte Spannung aus der Batterie an. Die beiden LEDs leuchten also gleich hell.

20

LEDs
Zeitaufwand: **30 Minuten**
1 Person ★☆☆☆

Superhelden-Maske

Aus Papier und LEDs bastelt ihr euch eure eigene Superhelden-Maske, die ihr individuell gestalten könnt.

Das braucht ihr dafür: Vorlage „Superhelden-Maske“ zum Ausdrucken (auf https://tueftelakademie.de/gemeinsamtuefteln), 2 LEDs, leitfähiges Klebeband, Schere, Klebestift, Klebeband, Gummiband, Farbstifte, 1 3-Volt-Knopfbatterie.

Und so geht's:

1. Schneidet die Superhelden-Maske aus und malt sie bunt an. Faltet außerdem die drei „Klebeflächen“ an der markierten Linie nach hinten um.
2. Stecht mit einer Nadel vier Löcher in die beiden Stern-Markierungen auf der Maske. Nehmt die beiden LEDs und steckt sie hindurch. Die einzelnen LED-Beinchen müssen jeweils durch ein eigenes Loch gesteckt werden. Sie dürfen sich nicht berühren. Jetzt habt ihr zwei LED-Hörnchen. Dreht die Maske um und biegt die LED-Beinchen auseinander.

3. Legt die beiden Batterien mit der Plusseite auf das jeweils längere Drahtbeinchen. Biegt die kürzeren Beinchen um und befestigt sie mit Klebeband auf der Batterie. Die LEDs sollten jetzt leuchten.

Tipp Falls die LEDs nicht leuchten, versucht den oberen Draht etwas fester auf die Batterie zu kleben.

4. Klebt nun die drei Klebeflächen, die auf der Maske eingezeichnet sind, fest. Bohrt zum Schluss noch mit der Schere je ein Loch an den linken und an den rechten Rand der Maske. Zieht das Gummiband hindurch und knotet es fest. Es sollte so lang sein, dass ihr die Maske bequem aufsetzen könnt.

Info Statt zwei Batterien zu verwenden, könnt ihr auch nur eine einzelne Batterie und leitfähiges Klebeband benutzen. Dafür baut ihr wie beim „Papierauto mit Lichtern“ (s. S. 165) eine Parallelschaltung auf.

Führt Schritt 1 und 2 so aus wie oben beschrieben. Klebt nun das leitfähige Klebeband so auf, dass es die beiden längeren LED-Beinchen miteinander verbindet. Verbindet auch die beiden kürzeren LED-Beinchen miteinander und klebt die Beinchen am Kupferklebeband fest.

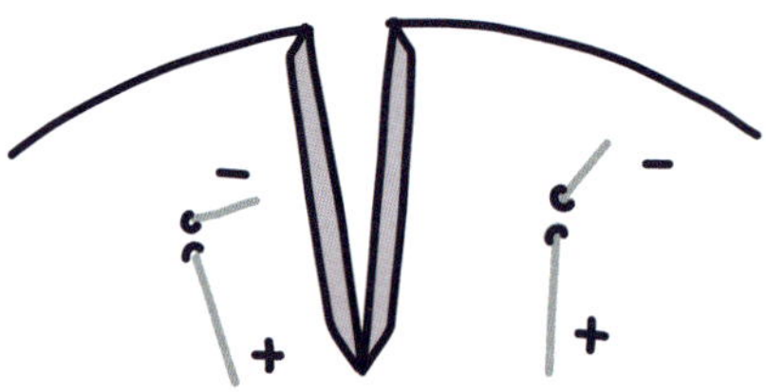

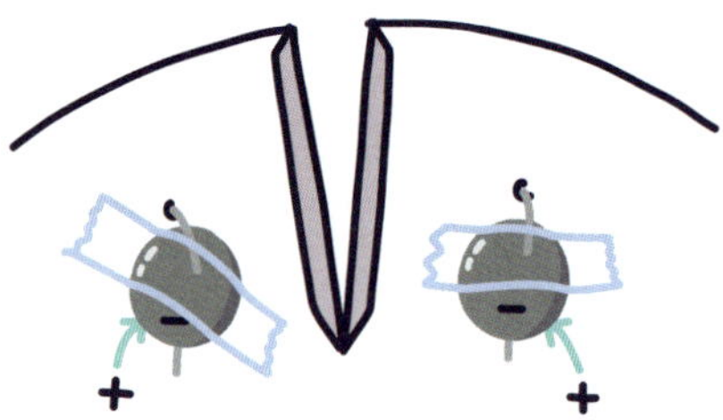

Legt die Batterie nun mit der Plusseite auf das Klebeband, welches die längeren Beinchen miteinander verbindet. Um die kürzeren Beinchen mit der Minusseite zu verbinden, müsst ihr eine Abzweigung von der Verbindung zur Batterie kleben. Das Klebeband ist auf der Klebeseite kaum leitfähig, deshalb ist es ratsam, an beiden Enden das Klebeband umzuknicken, sodass die glänzende Seite auch direkt die Batterie oder das Klebeband berührt.

Tipp von Melda Mit diesen Masken ist euch jede Menge Spaß garantiert! Trefft euch doch vor der Faschingsparty, um gemeinsam eure Masken zu gestalten. Im Internet findet ihr auch noch viele verschiedene Vorlagen für alle möglichen Masken – viel Spaß beim Feiern!

Klangprojekte mit dem Summer

Der Summer ist ein kleines Bauteil, dass es in sich hat. Er sorgt für eine ordentliche Geräuschkulisse. Kinder finden es natürlich super, wenn der nervige Summer lostönt. So könnt ihr eure Projekte zum Tönen bringen.

21

Summer
Zeitaufwand: **30–50 Minuten**
1–3 Personen ★☆☆☆

Das Handybett[11] mit Wecker

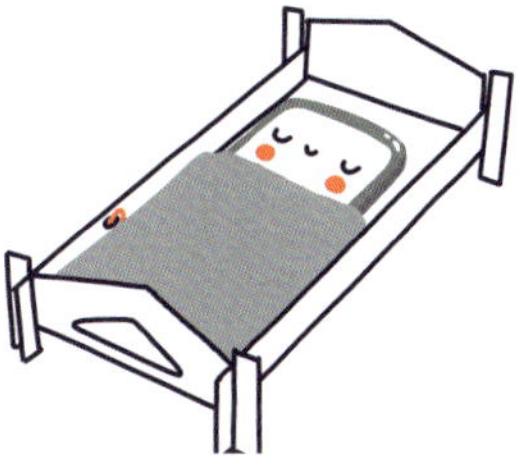

Das Handybett hilft, ein Ritual für handyfreie Zeit zu etablieren. Es ist eine Basteleinheit, die einlädt, über den Medienkonsum in der Familie zu sprechen. Der Summer-Wecker macht das Ganze noch spannender.

Das braucht ihr dafür: Vorlage „Handybett" mit Bastelanleitung zum Ausdrucken (auf https://tueftel-akademie.de/gemeinsamtuefteln), 1 Summer, 1 Batteriehalter mit 2 AA-Batterien, Alufolie, Pappe, Schere, Heißkleber, Klebestreifen, Stifte und Dekomaterial, 1 Nagel.

Und so geht's:

1. Sprecht in der Familie darüber, wann ihr gerne möchtet, dass das Handy mal eine Pause hat, zum Beispiel ab 20 Uhr oder beim Essen.
2. Druckt die Bastelanleitung aus und klebt sie auf eine Pappe. Schneidet die einzelnen Teile aus und faltet daraus euer Bett.
3. Dekoriert es so, dass das Handybett ein toller Gegenstand in eurer Wohnung ist, denn das Handybett soll immer seinen Platz haben.
4. Klebt den Buzzer bzw. Summer und den Batteriehalter an der Unterseite des Bettes fest. Am besten geht das mit Heißkleber. Achtet beim Ankleben darauf, dass ihr die Kabel noch miteinander verbinden könnt. Verbindet das eine offene Kabelende vom Buzzer mit dem des Batteriehalters - also beispielsweise schwarzes Kabel an schwarzes Kabel.

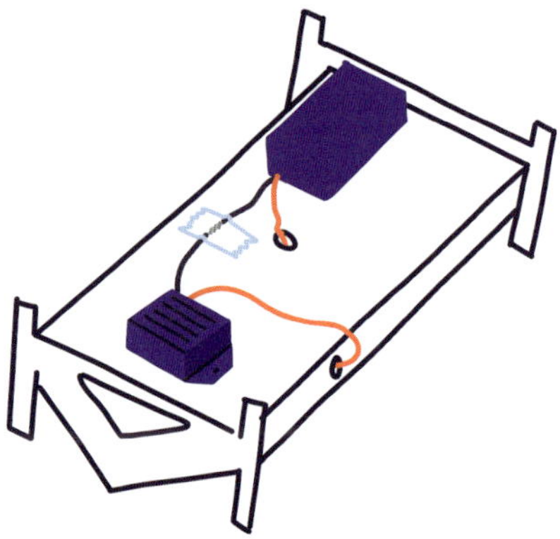

5. Bohrt dann mit einem Nagel ein Loch in die Mitte und eines an den seitlichen Rand der „Matratze" des Betts. Schiebt jeweils ein Kabelende durch eines der Löcher. Klebt nun das offene Kabelende, das durch das mittige Loch hochkommt, mit Klebestreifen an ein Stück Alufolie. Die Folie klebt ihr dann über dem Loch fest. Achtet dabei darauf, dass die Alufolie nur an den Rändern vom Klebestreifen bedeckt ist.
6. Das zweite Kabelende, das aus dem seitlichen Loch kommt, klebt ihr an eine Alufolie, die die „Bettdecke" wird. Sie hat ungefähr die Größe 9 x 9 cm. Klebt nun mit einem Klebestreifen das Kabelende an die Bettdecke aus Alufolie. Wenn ihr die Bettdecke nun ins Bettchen legt,

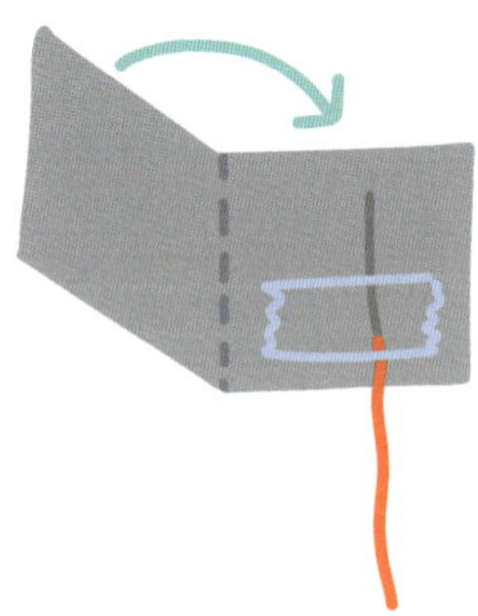

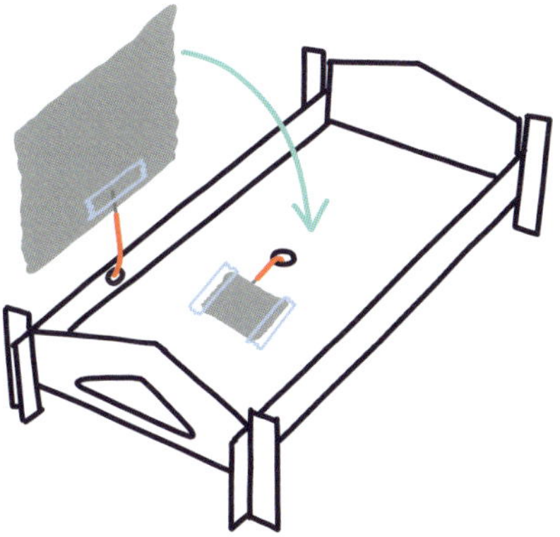

sollte der Alarm losgehen. (Tipp: Gegebenenfalls müsst ihr sie ein wenig andrücken, sodass sich die beiden Aluflächen berühren.)

7. Wenn ihr nun das Handy dazwischenlegt, ist der Kontakt unterbrochen und es kehrt Ruhe ein. Das Handy muss also ins Bettchen, sonst tönt der Buzzer und ruft nach dem Handy.
8. Nutzt das Handybett nach den von euch vereinbarten Regeln (s. „Familienvertrag“, S. 43).

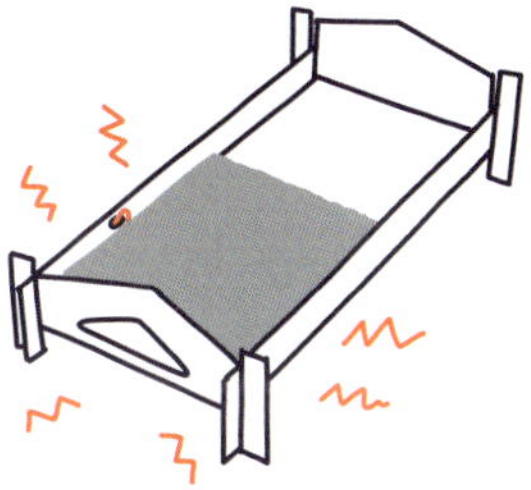

Tipp Bastelt euch noch eine passende Pappe, die ersatzweise das Handy ablösen kann. So könnt ihr entspreched den Vereinbarungen das Handy auch mal nutzen, ohne dass der nervige Buzzer die ganze Zeit tönt.

Tipp von Philo Das Handybett ist ein kleines Alltagshelferlein, das euch daran erinnert, regelmäßiges Digital-Detox zu üben. Für noch mehr Effekt könnt ihr auch zusätzlich LEDs dazwischenschalten. Ist euch der Summer zu nervig, könnt ihr das Handybett sogar im Stumm-Modus nutzen.

Summer
Zeitaufwand: **30 Minuten**
1–2 Personen ★★☆☆

22

Türklingel für das leuchtende Haus

In diesem Projekt zeigen wir euch, wie ihr euer leuchtendes Haus (Projekt 18) noch um eine Türklingel erweitern könnt. Etwas Geduld und Fingerspitzengefühl sind hier gefragt.

Das braucht ihr dafür: Leuchtendes Haus (Projekt 18), 1 dicke Nadel, 1 Batterie passend zur Stromspannung des Summers (9-Volt-Block mit Batterieclip oder 2-mal Mikro-/Mignonzellen in einem Halter), stabiles Papier (etwa 150 g) Schere, Klebeband, Entmanteler.

Und so geht's:

1. Bastelt euch zunächst ein Klingelschild. Schneidet euch dafür ein kleines Schild aus stabilem Papier zurecht. Es sollte rechts neben die Tür passen und muss oberhalb des Stromkreises für das Licht sein. Schreibt darauf, wer in dem Haus wohnt, und gestaltet es nach euren Vorstellungen.
2. Markiert mit einem Bleistift die Stelle an der Hauswand, wo das Klingelschild später befestigt werden soll. Hier bohrt ihr mit der Nadel rechts und links je 1 Loch in die Pappe.

Einfach 2 Löcher mit einer Nadel in die Papier-Hauswand bohren

3. Jetzt geht's darum, den Summer mit der Batterie zu verbinden. Verbindet dafür das schwarze Kabel (Minuspol) der Batterie mit dem schwarzen Kabel (Minuspol) des Summers, indem ihr beide miteinander verdrillt.

Tipp Um zu testen, ob Summer und Batterie auch funktionieren, haltet ihr die beiden roten Drahtenden von Summer und Batterie (Pluspole) aneinander. Jetzt sollte der Summer piepen! Falls es nicht funktioniert, prüft noch einmal, ob Summer und Batterie wirklich zusammenpassen und ob die Drähte gut miteinander verbunden sind.

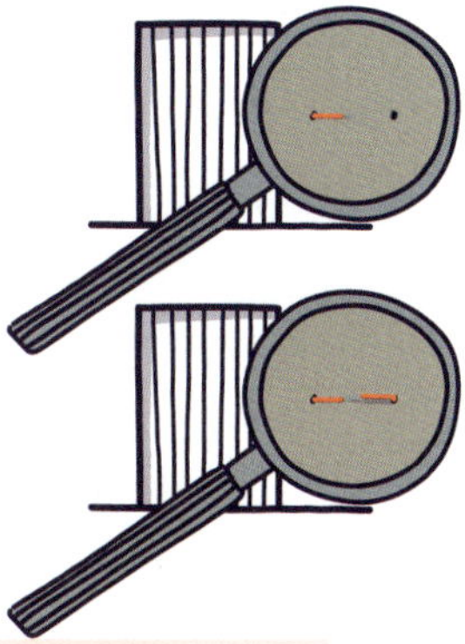

4. Fädelt nun die beiden Enden des roten Kabels von innen durch die Löcher eurer Hauswand. Fixiert die Drähte auf der Innenseite des Häuschens mit Klebeband, damit sie nicht verrutschen. Einen Draht biegt ihr außen nah an das Papier, sodass er zwischen den beiden Löchern liegt. Das andere biegt ihr so, dass er über dem ersten schwebt. Summer und Batterie könnt ihr im Haus verstauen.

Tipp Die beiden roten Drahtenden, die aus eurem Haus herausschauen, müssen lang genug sein, dass sie sich gut berühren können. Falls sie zu kurz sind, könnt ihr sie noch etwas mehr entmanteln (s. S. 121). Falls sie zu lang sind, könnt ihr sie einfach mit der Schere kürzen.

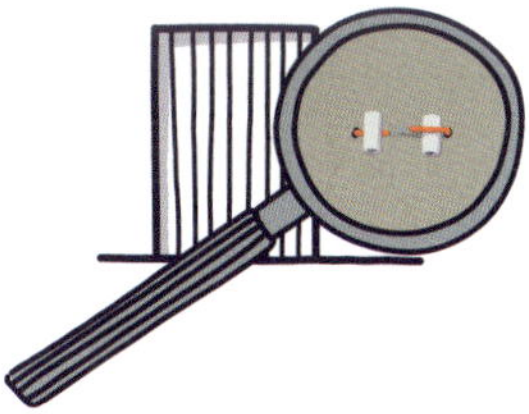

5. Nun bringt ihr das Klingelschild an. Bastelt euch dafür 2 Klebebandröllchen, die genauso breit sind wie das Klingelschild. Sie sollten etwa 2 mm dick sein. Eines der Röllchen klebt ihr so an den Rand eurer Klingelschildrückseite, dass ein Draht dazwischen ist. Das andere Röllchen klebt ihr direkt auf den anderen Rand der Klingelschildrückseite. Nun befestigt ihr das Schild über den Drähten an der Hauswand - fertig!
6. Beeeep! Wenn ihr in der Mitte auf die Klingel drückt, dann summt der Buzzer. Wenn ihr wieder loslasst,

sollte das Papier zurückschnappen und der Summer ist wieder aus - wie bei einer echten Klingel!

Tipp von Susanne Wenn alles funktioniert, dann fixiert das Klingelschild zusätzlich mit einem Streifen Transparent-Klebeband, damit es lange hält.

Summer
Zeitaufwand: **30–40 Minuten**
2 Personen ★★☆☆

23

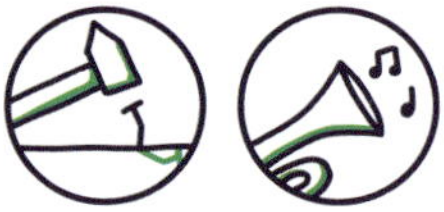

Der summende Hotbutton

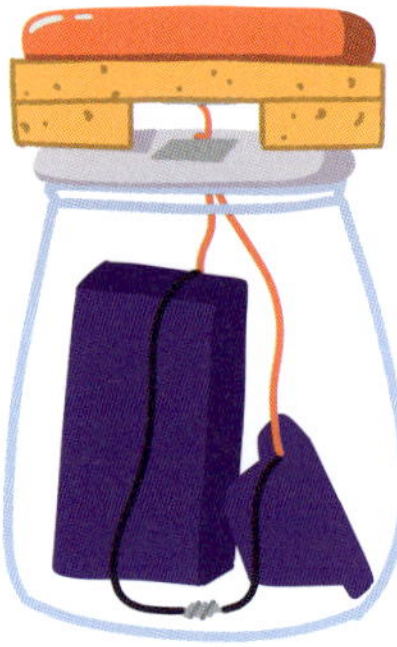

Hier könnt ihr euren eigenen Alarmknopf bauen. Wir setzen ihn zum Beispiel als Motivator ein: Wer von uns beim Nachhausekommen zuerst die Treppen bis in den fünften Stock erklommen hat, der darf als Erstes den Hotbutton laut und kräftig ertönen lassen. Ein wenig Feinmotorik und Geduld solltet ihr mitbringen.

Das braucht ihr dafür: 1 Summer, 1 Batteriehalter mit Batterien, 2 leere saubere Marmeladengläser, Alufolie, 2 Spülschwämme, Heißkleber, Klebestreifen, 1 Nagel.

Und so geht's:

1. Sucht euch eines der beiden Gläser als Grundkörper eures Hotbuttons aus. In den Deckel dieses Glases bohrt ihr ein Loch mit einem Nagel oder Ähnlichem.
2. Verbindet zwei gleichfarbige Kabelenden (vom Batteriehalter und dem Buzzer) miteinander. Dafür müsst ihr gegebenenfalls die Enden der Kabel ein wenig abisolieren. Dafür kann man neben einem

Entmanteler auch eine Schere oder ein Messer benutzen. Die freiliegenden Kabelenden verzwirbelt ihr miteinander.

3. Fädelt nun die beiden anderen Kabelenden durch das Loch im Deckel. Legt die elektronischen Bauteile in das Glas und schraubt den Deckel auf das Glas.
4. Jetzt bauen wir den Schaltmechanismus: Klebt dafür mit einem Klebestreifen eines der beiden offenen Kabelenden auf ein Stück Alufolie. Dieses sollte ca. 5 x 5 cm groß sein. Achtet darauf, dass das Metall des Kabels fest das Metall der Alufolie berührt. Nun wird die Alufolie zusammengefaltet, sodass eine Fläche von ca. 2,5 x 5 cm entsteht. Klebt die Alufolie mit dem innen liegenden Kabel auf den Deckel. Dafür befestigt ihr zwei Klebestreifen an den äußeren Enden der Folie und presst sie an den Deckel.

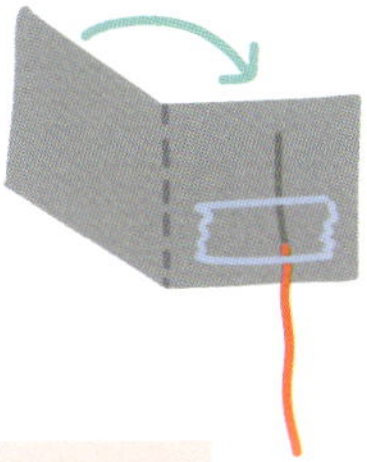

⚠ Der zweite Draht muss seitlich aus der Folie hervorschauen.

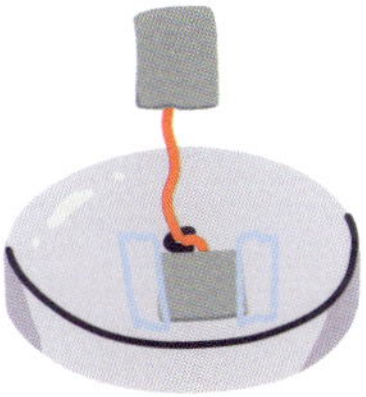

5. Jetzt klebt ihr das letzte offene Kabelende wieder in ein Stück Alufolie und faltet es, wie bei Schritt 4.
6. Nehmt den Deckel des zweiten Glases, das Glas könnt ihr dann wegtun. Schneidet die Spülschwämme so zurecht, dass der zweite Deckel gut ausgefüllt ist. Klebt den Schwamm in den Deckel. An zwei Stellen klebt ihr auf den bereits eingeklebten Schwamm zwei Extrastücke Schwamm, sodass diese über die Deckelkante deutlich herausragen. In der Mitte, also der Vertiefung, klebt ihr nun die Alufolie fest. Das ist euer oberer Deckel.

7. Klebt die beiden seitlichen, überstehenden Schwammstücke auf dem unteren Deckel fest, sodass die beiden Deckelteile miteinander verbunden sind. Wenn ihr nun

auf den oberen Deckel drückt, dann drücken sich die beiden Alufolien aufeinander und der Stromkreis wird geschlossen. Ein wunderschöner Summerton ertönt.

Tipp von Franzi Wenn der Deckel auf das Glas aufgeschraubt ist, kann es sein, dass der Ton des Summers sehr leise ist. Wenn ihr Löcher in den Deckel stecht, wird der Ton lauter.

Bewegende Projekte mit dem Motor

Mit Motoren bringt ihr Bewegung in eure Projekte und könnt ganz überraschende Effekte erzielen. Ein Mal-Roboter zaubert eigene Bilder oder Figuren tanzen. Lasst euch inspirieren, baut nach und entwickelt weitere, eigene Ideen! Alles Wissenswerte zum Thema Motor könnt ihr auch noch mal nachlesen (s. S. 125).

Motor
Zeitaufwand: **30 Minuten**
1–2 Personen ★☆☆☆

24

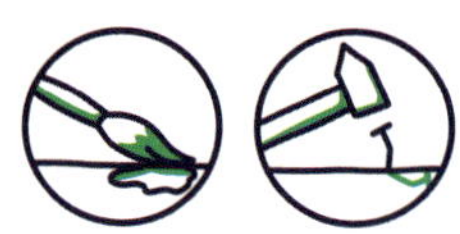

Mal-Roboter

Bei diesem Projekt ist eure Kreativität gefragt, gleichzeitig baut ihr einen Mal-Roboter, der ganz eigenständig Kunstwerke erstellt. Wann eins fertig ist, entscheidet ihr, und natürlich könnt ihr die Werke selbst auch noch weitermalen und vollenden.

Das braucht ihr dafür: 1 Vibrationsmotor (den könnt ihr auch aus einem DC-Motor selbst bauen (s. S. 126), 1 Batteriepack mit Batterien (mit 3–4,5 V, beachtet dabei die Betriebsspannung des Motors), 1 Pappbecher, 3 Filzstifte, Gewebeklebeband, Papier, Entmanteler, Heißklebepistole, Dekomaterialien.

Und so geht's:

1. Legt die Batterien in den Batteriepack ein und prüft, ob sie geladen und funktionstüchtig sind (das könnt ihr zum Beispiel mit einer LED machen, s. S. 118).
2. Jetzt verbindet ihr den Motor mit dem Batteriepack. Dafür entfernt ihr mit dem Entmanteler etwa 2 cm der Isolierung des roten und des schwarzen Drahtes des Batteriepacks sowie von den beiden Kabelenden des Motors. Anschließend verdrillt ihr die einzelnen Kabelenden. Dabei werden die beiden Kabelenden des Motors mit den beiden Kabelenden des Batteriepacks verbunden (s. Projekt 5 „Klacker-Käfer“).

Tipp Jetzt könnt ihr testen, ob euer Motor funktioniert, indem ihr den Schalter des Batteriepacks auf „An“ stellt. Die Antriebswelle des Motors (also die kleine Nase) sollte sich jetzt drehen bzw. vibrieren.

3. Nehmt den Pappbecher und befestigt den Batteriepack und den Motor mit Gewebeklebeband oder Heißkleber an der Innenseite des Bechers.
4. Bringt die drei Filzstifte als Beine mit dem Gewebeklebeband an. Achtet darauf, dass alle 3 Stifte mit der Spitze nach unten zeigen und die gleiche Höhe haben, sodass alle 3 das Blatt berühren.
5. Nehmt die Kappe der Filzstifte ab, stellt den Mal-Roboter auf ein Blatt Papier und schaltet ihn an! Na, welches Kunstwerk entsteht bei eurem Mal-Roboter?

Tipp von Franz Noch verrückter zeichnet und zappelt euer Mal-Roboter, wenn ihr ein kleines Gewicht an der Antriebswelle des Motors befestigt (also an dieser kleinen Nase). Dafür reichen schon ein paar Tropfen Heißkleber als Gewicht. Keine Sorge, es ist sogar gut, wenn sie nicht mittig auf der Achse sitzen. Schaut auch gerne noch mal auf unsere Tipps (s. S. 126) zum Bauen von Vibrationsmotoren.

Motor
Zeitaufwand: **20 Minuten**
1 Person ★☆☆☆

25

Drehende Windmühle

Bei diesem Projekt bringt ihr die Flügel eurer Papier-Windmühle zum Drehen. Etwas Feinmotorik und vielleicht ein bisschen Vorwissen sind beim Verbinden des Stromkreises gefragt.

Das braucht ihr noch dafür: Vorlage „Drehende Windmühle" zum Ausdrucken (auf https://tueftelakademie.de/gemeinsamtuefteln), stabiles Papier (zum Beispiel 150 g), Stifte, Klebestift und Klebeband, Schere, Batteriehalter mit Batterien, Litze.

Und so geht's:

1. Druckt die Vorlage auf starkem Papier aus. Malt die Windmühle mit Farben und Mustern aus.
2. Schneidet die Windmühle am äußeren Rand entlang aus. Die Falzlinien ritzt ihr vorsichtig mit der Schere an (nicht durchschneiden!), damit ihr sie später gut umknicken könnt.
3. Dort, wo auf der Vorlage der Kreis eingezeichnet ist, steckt ihr jetzt von innen die Spitze des DC-Motors durch, sodass sie auf der bemalten Seite der Vorlage rausguckt. Den Motor klebt ihr mit einem Stück Klebeband an der Innenseite der Vorlage fest.
4. Schneidet 2 Stücke von der Litze zu (ca. 20 cm). An jeweils einem Ende der Litze entfernt ihr einen Teil der Ummantelung (s. S. 121).
5. Mit der Litze verlängert ihr die Drahtenden des Motors. Dafür nehmt ihr je ein Drahtende des Motors und verzwirbelt es mit je einem

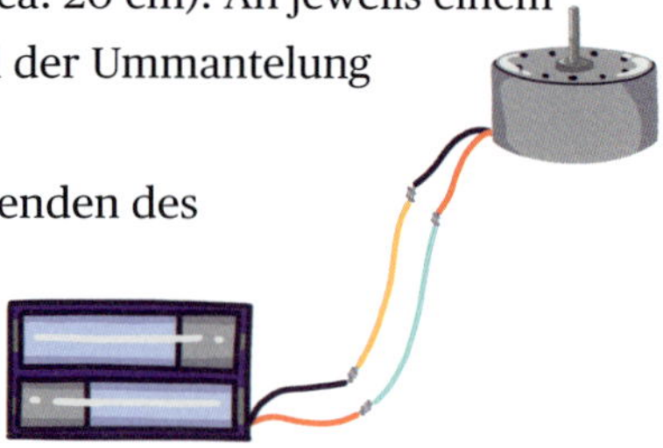

Stück Litze. Danach verzwirbelt ihr das andere Ende der Litze mit dem Batteriepack - schon ist euer Stromkreis fertig!

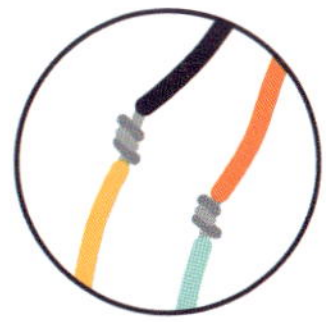

6. Als Nächstes schneidet ihr die Flügel aus und an den gekennzeichneten Linien ein und faltet die Dreiecke, die durch den Einschnitt entstehen, in die Mitte.
   Legt die Enden der Dreiecke so übereinander, dass die typischen Flügel entstehen, und fixiert sie mit einem Stück Klebeband.

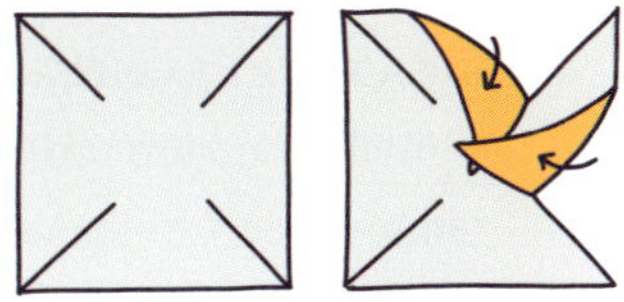

7. Durch das Stück Klebeband in der Mitte der Flügel pikst ihr mit der Schere oder einer Nadel vorsichtig ein kleines Loch. Danach steckt ihr die Flügel auf die Spitze des Motors.
8. Faltet nun die Windmühle an den gefalzten Linien und klebt sie entlang der Klebekante zusammen, damit der Körper entsteht. Alle Kabel sollten jetzt in der Mühle versteckt sein.

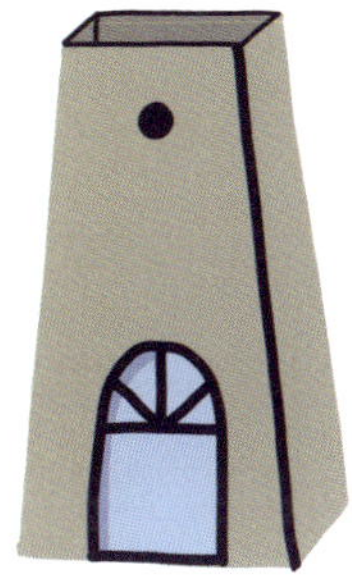

9. Testet euer kleines Bauwerk: Wenn ihr den Batteriepack einschaltet, schließt sich der Stromkreis und der Motor bringt die Flügel zum Drehen.

Tipp von Natascha Für uns ist das Windmühlen-Projekt immer ein wunderbarer Aufhänger, um über Energieerzeugung generell zu sprechen. Die Windmühle wird in diesem Fall mit einer Batterie betrieben, sodass sich die Blätter drehen. Man kann aber auch kleine Solarzellen anschließen, die es im Elektronikhandel gibt. Genauso könnt ihr mit den Kindern thematisieren, dass die Windmühle in unserem Projekt mit Strom betrieben wird, die Stromerzeugung funktioniert dann genau andersrum. Das Windrad in einer Windkraftanlage wird durch Wind angetrieben und kann so eben Strom erzeugen.

Motor
Zeitaufwand: **20 Minuten**
1–2 Personen ★★☆☆

26

Spiralen-Maler[12]

Bei dieser Bastelei könnt ihr wunderbar gleichmäßige Kreise auf Pappscheiben malen (oder vielleicht zur Osterzeit auch auf Ostereier). Gute Feinmotorik beim Verbinden des Stromkreises ist von Vorteil, gegebenenfalls auch Vorwissen aus den vorangegangenen Stromkreis-Projekten.

Das braucht ihr dafür: 1 DC-Motor, 1 Batteriehalter mit Batterien, Pappe, Knetmasse, Schere, Filzstifte, Alufolie, 1 Nadel.

Und so geht's:

1. Verbindet zwei der vier Kabel miteinander. Also zum Beispiel das rote Kabel des Motors mit dem roten Kabel der Batterie. Klebt nun jeweils ein größeres Stück Alufolie (5 x 5 cm) an die beiden noch offenen Enden der schwarzen Kabel.
2. Die Alufolienstücke sollen sich zunächst nicht berühren. Sobald ihr später anfangen wollt zu malen, könnt ihr die beiden Folien aneinanderdrücken. Dann ist der Stromkreis geschlossen und der Motor beginnt sich zu drehen. Die Alufolienstücke sind sozusagen euer Schalter.

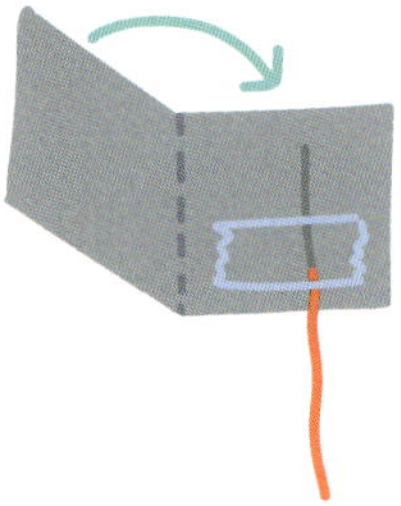

3. Schneidet nun eine möglichst runde Pappscheibe (Durchmesser ca. 10 cm) aus und stecht in der Mitte ein kleines Loch in die Scheibe (zum Beispiel mit einer Nadel).
4. Steckt die Pappscheibe auf den Motor. Befestigt sie am besten auf der Motornase mit einem kleinen Kügelchen Knetmasse, sodass die Pappscheibe nicht einfach abhebt und durch die Gegend fliegt.
5. Stellt den Motor auf den Tisch (oft hilft es, ihn mit ein wenig Knetmasse am Tisch zu fixieren) und schließt den Stromkreis mit eurem selbst gebauten Schalter. Presst dafür die beiden Alufolien aufeinander - ihr könnt sie auch ein wenig zusammenbiegen, sodass der Kontakt bestehen bleibt.

6. Nun dreht sich die Pappscheibe auf dem Motor in eurer Hand. Nehmt einen Filzstift und haltet ihn auf die Pappscheibe. Durch die Drehung des Motors entstehen wunderbare Kreise und Spiralen.

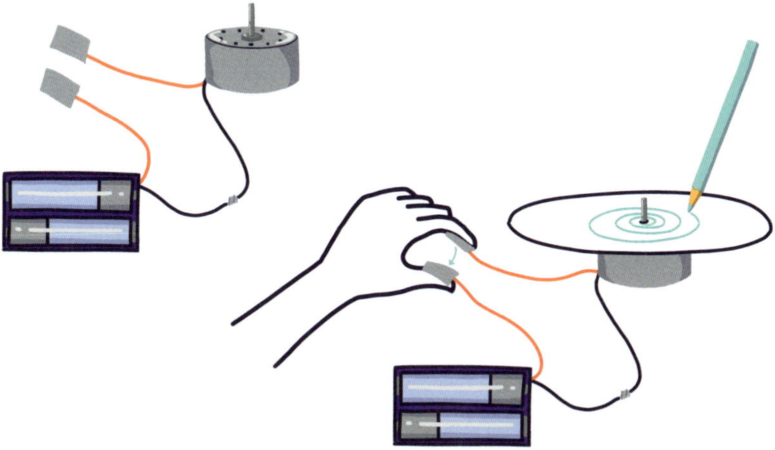

Tipp Zu Ostern könnt ihr auch ausgepustete Eier auf den Zapfen des Motors stecken. Dafür müsst ihr den Zapfen allerdings verlängern. Klebt dafür einen Zahnstocher mit Heißkleber an den Zapfen des Motors. Den müsst ihr richtig gut ankleben, sonst fliegt das Ei durch den Raum. Mit den Filzstiften könnt ihr das Ei dann mit bunten Kreisen bemalen.

Tipp von Giulia Falls ihr keinen Motor zur Verfügung habt, könnt ihr auch probieren, ein altes CD-Laufwerk zu verwenden!

Stromkreisprojekte mit leitenden Garnen

Leitende Garne sind Fäden, die mit metallischen Fasern versehen sind, sodass sie Strom leiten können. Wirklich überraschende Stromkreise lassen sich so mit Nähprojekten verbinden. Lasst euch also auch von der Kombination aus Tüfteln und Gestalten mit Stoff begeistern.

Leitendes Garn
Zeitaufwand: **15 Minuten**
1–2 Personen ★☆☆☆

27

Smarter Handschuh

Mit dem smarten Handschuh könnt ihr auch im Winter den Touchscreen von Smartphone oder Tablet bedienen, ohne dabei kalte Finger zu bekommen. Da es sehr einfach umzusetzen ist, eignet sich dieses Projekt perfekt als Einstieg in die Arbeit mit leitfähigen Garnen.

Das braucht ihr dafür: 1 Textilhandschuh (kein Leder), leitendes Garn, 1 Nähnadel, Schere.

Und so geht's:

1. Nehmt den Handschuh und zieht ihn probeweise an. Er sollte gut passen und nicht zu viel Luft oben an den Fingerkuppen haben. Überlegt euch, mit welchem Finger ihr später den Touchscreen bedienen wollt. Bei den meisten wird das der Zeigefinger und ggf. der Daumen sein. Genau an diese Stelle näht ihr jetzt mit dem leitfähigen Garn ein kleines Feld.
2. Dafür zieht ihr den Handschuh wieder aus und dreht ihn von innen nach außen. Macht ca. 10 Stiche auf der Fingerkuppe, sodass außen eine kleine leitfähige Stelle entsteht.

3. Jetzt vernäht ihr den Faden im Innern des Handschuhs, damit er sich nicht löst, und euer smarter Handschuh ist fertig. Probiert's aus!

Info Der menschliche Körper ist leitfähig und enthält Elektronen. Dadurch besitzt er auch ein elektrisches Feld. Viele Touchscreens funktionieren so, dass sie ebenfalls ein elektrisches Feld auf ihrer Oberfläche haben. Wenn eure Finger einen Touchscreen berühren, wird das elektrische Feld des Screens durch das menschliche elektrische Feld gestört: Damit können Position und Bewegung des Fingers berechnet werden und die entsprechende Funktion wird ausgelöst. Tragt ihr jedoch einen Handschuh, wirkt er isolierend: Das elektrische Feld eures Körpers wird nicht vom Touchscreen wahrgenommen. Der leitfähige Faden löst dieses Problem, da die Verbindung zwischen eurem elektrischen Feld und dem des Touchscreens wiederhergestellt wird.

Tipp von Mailis Achtet auf die Pflege- und Waschhinweise eures leitfähigen Garns, wascht den Handschuh mit Bedacht und nicht zu häufig.

28

Leitendes Garn
Zeitaufwand: ab **30 Minuten**
1 Person ★☆☆☆

Leuchtende Stricklieselblume

In diesem Projekt verwandelt ihr mithilfe einer Strickliesel und einer LED bunte Wollfäden in leuchtende kleine Blüten. Die eignen sich besonders schön zum Beispiel als Tischdeko auf einem Frühlingstisch oder für eine Brosche. Ihr braucht etwas feinmotorisches Geschick für die Strickliesel und zum Biegen des Drahtes. Prima, wenn ihr bereits Erfahrungen mit anderen Lichtprojekten (s. S. 146) habt.

Das braucht ihr dafür: 1 Strickliesel oder 1 Strickmühle, Wollfäden in 3 verschiedenen Farben, Basteldraht, 1 kleine Zange zum Biegen des Drahtes, leitendes Garn, 1 Nähnadel, 1 LED je Blume, 1 Batterie, Strohhalm, Schere.

Und so geht's:

1. Fädelt den Wollfaden in die Strickliesel bzw. die Strickmühle ein und folgt der Anleitung, um einen Strang für die Blüte zu stricken. Je nach Dicke eures Wollfadens sollte er ca. 8-10 cm lang sein.
2. Wenn ihr die Wunschlänge erreicht habt, löst den Wollstrang, rollt ihn zu einer Schnecke zusammen und näht mit gleichfarbigem Garn und ein paar Stichen die Schnecke zusammen, sodass sie fest hält.
3. Nun fädelt ihr den zweiten Wollfaden auf die Strickliesel und folgt der Anleitung, um einen ca. 25-30 cm langen Strang zu stricken. Je länger euer Strang wird, desto größer werden eure Blütenblätter.

Tipp Um ein Gefühl dafür zu bekommen, wie lang euer Strang schon ist, könnt ihr probeweise zwischendurch die Form zurechtlegen. Beachtet dabei, dass ihr das Stück, das sich in der Strickliesel befindet, mit dazurechnet.

4. Wenn der Strang lang genug ist, fädelt ihr durch den Hohlraum des Stranges den Basteldraht und löst dann den Strang aus der Strickliesel. Jetzt biegt ihr die Blütenblätter so, dass eine Blumenform entsteht. Falls ihr etwas zu viel gestrickt habt, könnt ihr das überschüssige Ende einfach mit der Schere abschneiden (für den Draht nehmt ihr am besten die Zange). Näht nun noch die beiden Enden zusammen und fixiert mit ein paar Garnstichen die Blütenblätter. Fixiert nun die Blütenblätter an der Schnecke mit einigen Stichen.

5. Wiederholt den Strickvorgang ein drittes Mal, um euren Blütenstiel herzustellen. Wenn der Stiel die gewünschte Länge hat, löst ihr den Strang von der Strickliesel.
6. Nutzt nun das leitende Garn und näht zwei Nähte damit in den Stiel. Die beiden Nähte sollen von oben bis unten den Stiel entlanglaufen und möglichst gegenüberliegen.

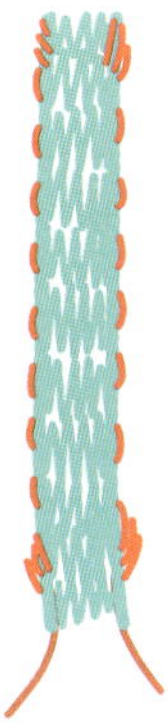

7. Achtet darauf, dass ihr bei beiden Nähten oben und unten jeweils ein paar mehr Stiche macht, sodass eine kleine Fläche entsteht. Fädelt nun den Strohhalm in den Stiel ein. Dadurch bekommt der Stiel nicht nur ein wenig mehr Festigkeit, sondern der Strohhalm sorgt auch dafür, dass sich die leitenden Nähte innen nicht berühren können und so ein Kurzschluss vermieden wird.

8. Jetzt fügt ihr die LED hinzu. Dafür nehmt ihr die LED und stecht sie von vorne durch die Blütenschnecke. Eventuell stecht ihr hierfür mit einer Nadel vor, sodass ihr besser durchkommt. Die Beinchen der LED dürfen sich nicht berühren. Also jedes Beinchen durch ein eigenes Loch stecken.
9. Legt nun den Stiel hinten an die Blüte an und steckt jeweils ein Beinchen der LED so in den Stiel, dass es Kontakt zu einer der leitenden Nähte hat. Die Nähte sollen dabei nicht aufeinanderliegen, sondern auf der linken und und auf der rechten Seite des Stiels.
10. Nehmt die Batterie und steckt sie am unteren Ende eures Stiels in das Stielinnere, sodass der Pluspol der Batterie über die leitenden Nähte Kontakt mit dem längeren Beinchen der LED hat. Genauso soll die Minusseite Kontakt haben zu der leitenden Naht, die zum kurzen Beinchen führt.
11. Drückt die leitenden Nähte auf die Batterie, sodass sie den Strom in die LED leiten, die LED sollte aufleuchten. Wenn dies der Fall ist, könnt ihr den Strang unterhalb der Batterie zunähen, sodass sie nicht mehr rausfällt.

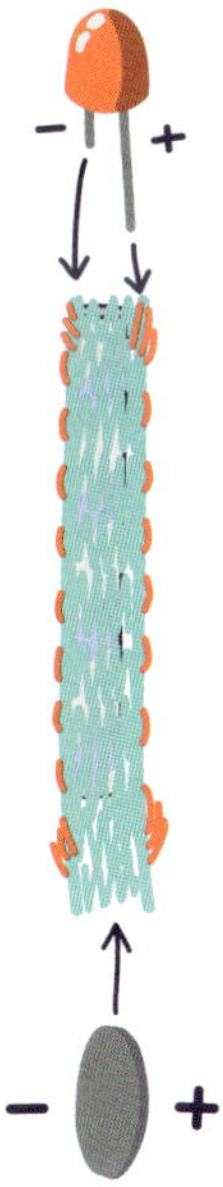

Tipp Leuchtet die LED nicht, kontrolliert noch einmal, ob die Polung der Batterie wirklich richtig herum ist, also: Das längere Beinchen führt über die leitende Naht zum Pluspol der Batterie. Hat die LED guten Kontakt zum leitenden Garn? Berühren sich die leitenden Nähte wirklich nicht? Sonst kommt es zu einem Kurzschluss.

Tipp von Nicole Falls euch die Lösung mit dem leitenden Garn zu schwierig ist, könnt ihr gerade für kleinere Kinder die LED direkt an die Batterie anschließen.

Leitendes Garn
Zeitaufwand: ab **15 Minuten**
1 Person ★☆☆☆

29

Modulare Stromkreisbauteile

In diesem Projekt baut ihr euch mithilfe von Druckknöpfen modulare Verbindungen an eure Bauteile. So könnt ihr durch das Zusammenknöpfen mehrere Stromkreise miteinander verbinden und begreift spielerisch, wie ein Stromkreis funktioniert. Mit den Stricklieseldrähten (Projekt 28) könnt ihr auch noch Verbindungen einbauen und eure Stromkreise erweitern. Ihr braucht etwas feinmotorisches Geschick für das Nähen.

Das braucht ihr dafür: 1 LED, 1 Knopfzelle, Filzstück (mindestens 2 mm dick), 1 Nadel, Druckknöpfe aus Metall, leitendes Garn, fester Stoff(rest) mit gewisser Elastizität, zum Beispiel von einer alten Leggings, Zange mit Druckknopfaufsätzen, Schere.

Und so geht's:

1. Für die modularen Verbindungen der LED schneidet ihr ein Stück Filz auf die Größe von ca. 3 x 8 cm, sodass die LED gut darauf Platz hat. Biegt ihr nun die Beinchen auseinander und platziert die LED mittig

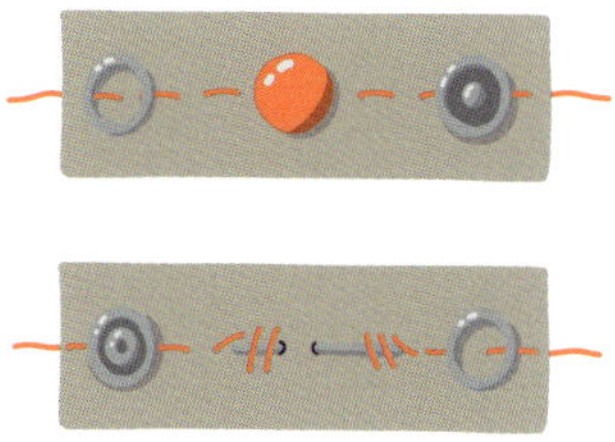

Vorderansicht (oben) und Rückseite des Moduls

auf das Filzstück. Mit dem leitfähigen Garn näht ihr zunächst das kurze Beinchen der LED auf den Stoff und führt den Faden bis zum einen Seitenende. Hier befestigt ihr mithilfe der Druckknopfzange den ersten Druckknopf: Achtet dabei darauf, dass euer Garn zwischen den Druckknöpfen eingeklemmt wird, damit eine feste Verbindung entsteht. Genauso geht ihr jetzt mit der anderen Seite und dem langen LED-Beinchen vor.

2. Nun braucht ihr auch noch eine modulare Stromquelle. Baut euch dafür einen Batteriehalter mit etwas festem, elastischem Stoff und leitfähigem Garn. Schneidet ein passendes Stück Filz aus, das so groß ist, dass die Knopfzelle und rechts und links davon je ein Druckknopf Platz finden.
3. Ihr braucht eine Batterietasche, die ihr aus dem festen, elastischen Stoff anfertigt. Schneidet euch ein Stück Stoff aus (das näht ihr später in die Mitte eures Filzstückes).
4. Bevor ihr den elastischen Stoff, also eure Batterietasche, in der Mitte des Filzstreifens annäht, müsst ihr zunächst eine leitfähige Fläche für die Unterseite der Batterie herstellen. Dafür näht ihr mit dem leitenden Garn eine Fläche mit mehreren Zickzackstichen an die Stelle, wo ihr später die Batterietasche annähen werdet. Führt dann das Garn durch mehrere Stiche an ein Ende des Filzstückes und lasst ein kleines Stückchen des Garns überstehen, bevor ihr es abschneidet. Das braucht ihr, um es später mit dem Druckknopf zu verbinden.

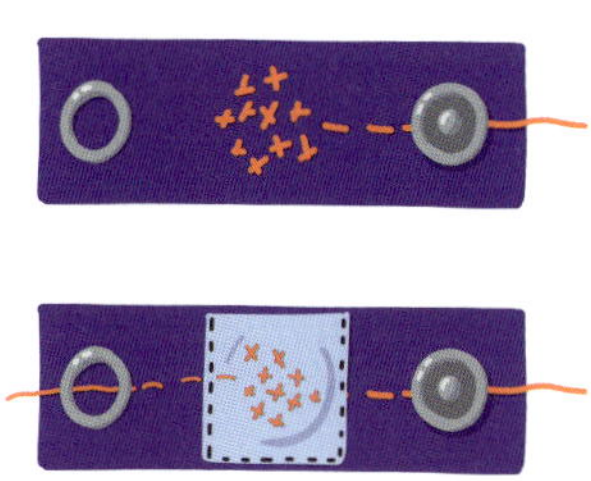

5. Nun ist der Druckknopf an der Reihe: Steckt die beiden Teile des Knopfes in die

Zange und drückt den Knopf am Rand des Filzstückes fest. Achtet darauf, das Garn zwischen den beiden Knopfteilen einzuklemmen. Das Garn muss fest sitzen und den Knopf berühren, nur so ist eine Verbindung hergestellt.

6. Näht mit normalem Garn die Batterietasche auf das Filzstück. Achtet darauf, dass ihr das Stoffstück nur an 3 Seiten annäht, damit oben eine Öffnung bleibt. Dort schiebt ihr später die Knopfbatterie hinein. So könnt ihr sie immer wieder auswechseln.
7. Jetzt nehmt ihr erneut das leitende Garn und näht auf die Batterietasche ebenfalls eine Zickzackfläche. Wichtig dabei ist, dass auf der Innenseite der Tasche eine gut leitende Kontaktfläche entsteht.
8. Näht dann das leitende Garn bis zum anderen Ende des Filzstückes und befestigt auch hier einen Druckknopf. Achtet wieder darauf, dass euer Garn gut zwischen den beiden Druckknopfteilen eingeklemmt wird, sodass eine feste Verbindung entsteht. Jetzt habt ihr euer zweites Bauteil fertig. Schaut euch als Nächstes das Projekt 28 „Leitfähige Stricklieseldrähte“ an, damit ihr eure Bauteile auch miteinander verbinden könnt! Viel Spaß beim Experimentieren.

Info Bei den Druckknöpfen ist es wichtig, dass sie so angebracht werden, dass sie ineinanderpassen. Solltet ihr mal zwei Enden haben, die nicht zusammenpassen, baut euch einfach mit den Stricklieseldrähten die entsprechende „Brücke“ dazu.

Tipp von Julia Wie könnt ihr noch weitere Module mithilfe von Filz und Druckknöpfen bauen? Beispielsweise könnt ihr auch wunderbar Reihen- und Parallelschaltungen aufbauen und deren Unterschiede verstehen lernen.

30 **Leitendes Garn**
Zeitaufwand: ab **15 Minuten**
1–2 Personen ★☆☆☆

Leitfähige Stricklieseldrähte

In diesem Projekt verwandeln wir Stricklieselstränge in textile Drähte und bringen sie damit auf Spannung. In dem Projekt 31 „Leuchtende Filzfigur“ könnt ihr sie dann einsetzen, um die Figur zum Leuchten zu bringen. Außerdem könnt ihr sie mit den modularen Stromkreisbauteilen kombinieren und so eure eigenen Stromkreise modular zusammenstellen. Für die Arbeit mit der Strickliesel bzw. der Strickmühle ist feinmotorisches Geschick gefragt.

Das braucht ihr dafür: 1 Strickliesel, Wollfäden, 1 Nadel, Druckknöpfe aus Metall, leitendes Garn oder Litze (entmantelt), Zange mit Druckknopfaufsätzen, Schere.

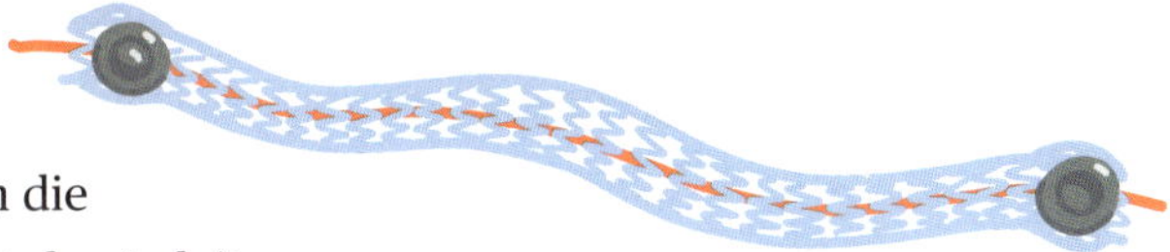

Und so geht's:

1. Fädelt den Wollfaden in die Strickliesel ein und folgt der Anleitung, um einen Strang zu stricken. Wie lang ihr ihn macht, ist euch überlassen, aber wir empfehlen euch eine Länge von ca. 15–20 cm.
2. Wenn ihr die Wunschlänge erreicht habt, fädelt ihr jetzt durch den Hohlraum des Stranges einen Draht oder das leitfähige Garn. Wenn ihr euch für das leitfähige Garn entscheidet, geht das Durchfädeln leichter, wenn ihr das Garn auf eine Nadel auffädelt und durchzieht.

> **Info** Wenn ihr den Draht verwendet, erhaltet ihr einen textilen Draht, der etwas stabiler und biegsam ist. Wenn ihr das Garn verwendet, wird euer textiles Kabel sehr flexibel und geschmeidig. Entscheidet selbst, was euch besser gefällt.

3. Jetzt löst ihr den Wollstrang von der Strickliesel. Achtet darauf, dass an beiden Enden des Strangs der Draht bzw. das Garn herausschaut.

Zum Abschluss befestigt ihr die Druckknöpfe an den beiden Enden mit der Druckknopfzange. Achtet dabei darauf, dass euer Draht bzw. das Garn zwischen den Druckknöpfen eingeklemmt wird, sodass eine feste Verbindung entsteht. Fertig!

Tipp von Susanne Mit den Stricklieseldrähten habt ihr euch jetzt eure eigenen textilen Kabel erstellt. Im Projekt 31 „Leuchtende Filzfigur“ und Projekt 29 „Modulare Bauteile“ könnt ihr diese Drähte jetzt einsetzen. Fallen euch ja noch weitere Ideen ein, wie ihr sie verwenden könnt? Wenn ihr Lust habt, teilt eure Ideen gerne mit uns.

Leitendes Garn
Zeitaufwand: ab **30 Minuten**
2 Personen ★★★☆

31

Leuchtende Filzfigur

Hier bastelt ihr eine leuchtende Filzfigur mit Schalter. Für die Umsetzung des Projektes ist feinmotorisches Geschick gefragt. Ihr solltet auch schon ein paar Erfahrungen mit Lichtprojekten (s. „Lichtprojekte mit LEDs“, S. 146) gesammelt haben. Außerdem benötigt ihr einen Stricklieseldraht (s. Projekt 30).

Das braucht ihr dafür: Vorlage „Leuchtende Filzfigur“ zum Ausdrucken (auf https://tueftelakademie.de/gemeinsamtuefteln), Filzstück (ca. 3 mm dick), Stricklieselkabel (s. Projekt 30), 2 LEDs (als Augen), 1 runde Schlüsselkappe (als Batteriehalter), 1 Knopfbatterie (passende Größe zur Schlüsselkappe), Druckknöpfe aus Metall, leitendes Garn.

Und so geht's:

1. Druckt die Vorlage aus und schneidet die Schablone aus. Übertragt die Schablone auf das Stück Filz und schneidet die Figur aus.
2. Überlegt euch die Position der Augen und stecht mit der Nadel je zwei Löcher pro LED für die beiden Augen vor und steckt danach die Beinchen der LEDs durch.
3. Biegt die Beinchen der LEDs auseinander, die langen nach oben und die kurzen nach unten. Verzwirbelt die beiden langen Beinchen und danach die beiden kurzen Beinchen miteinander. Die langen Beinchen verbindet ihr mit einem Stück leitendem Draht, der nach oben zeigt, in Richtung „Stirn" der Figur. Lasst den Draht etwas überstehen und schneidet ihn dann ab.

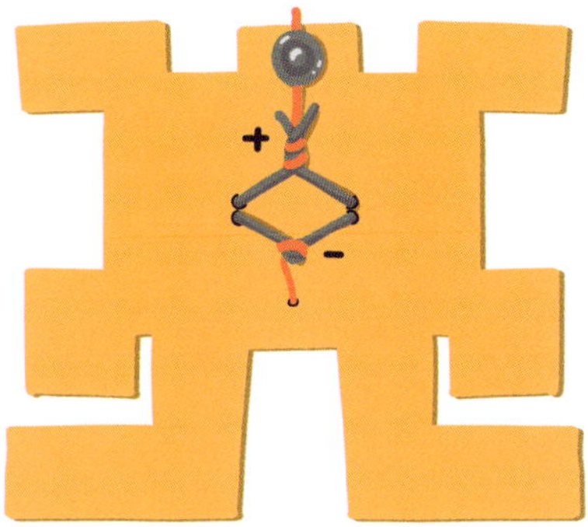

4. Bringt nun den Druckknopf so an, dass der Draht zwischen den beiden Hälften des Druckknopfs liegt, sodass eine feste Verbindung zu den langen Beinchen der LEDs entsteht.
5. Sitzt der Knopf fest, könnt ihr die Antenne anknöpfen. Dafür nutzt ihr einen Stricklieseldraht (s. Projekt 30) und befestigt ihn am Druckknopf.

Info Für die Filzfigur eignet sich am besten der Stricklieselstrang mit Draht (und nicht mit leitfähigem Garn). Achtet beim Anbringen der Druckknöpfe darauf, dass die Druckknopfpaare zusammenpassen, damit ihr die Antenne an die Filzfigur anknöpfen könnt.

6. Befestigt das leitende Garn an der Schlüsselkappe. Wichtig ist, dass das Garn nur eine Seite der Schlüsselkappe berührt. Die Schlüsselkappe mit dem Garn näht ihr auf der Vorderseite des Filzes an. Dabei stecht ihr so durch die Figur hindurch, dass die kurzen LED-Beinchen auf der Rückseite damit verbunden werden.

7. Schiebt nun die Batterie so in die Schlüsselkappe hinein, dass das Pluszeichen nach oben zeigt (das erfordert etwas Fingerspitzengefühl). Achtet darauf, dass der leitfähige Faden nur die Unterseite der Batterie berührt. Wenn ihr jetzt mit dem Knopf am Ende der Antenne die Batterie durch das Löchlein in der Schlüsselkappe berührt, schließt ihr den Stromkreis und die Augen eurer Filzfigur leuchten.

Tipp von Flo Wo könnt ihr die Strickliesseldrähte außerdem noch als Verbindungen einsetzen? Über die Druckknöpfe könnt ihr auch einzelne Elemente bauen, zum Beispiel eine LED auf einem Stück Stoff befestigen oder einen Schalter mit Druckknöpfen bauen. So könnt ihr einzelne Bauteile basteln und miteinander kombinieren. Schaut dafür noch mal in das Projekt 29 „Modulare Stromkreisbauteile“.

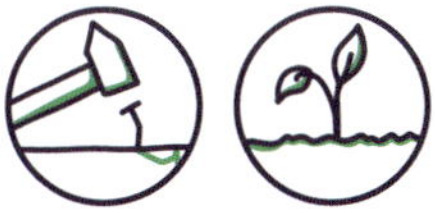

32

Leitendes Garn
Zeitaufwand: ca. **2 Stunden**
1–2 Personen ★★☆☆

Leuchtendes Filzarmband

Euer selbst gebasteltes Armband soll leuchten? In diesem Projekt bringt ihr ein Armband aus Filz mit einer LED und leitendem Garn zum Strahlen. Es ist etwas aufwendiger und ihr solltet schon etwas geübter sein und Geduld mitbringen, aber die Mühe lohnt sich!

Das braucht ihr dafür: 1 Maßband, 1 LED, leitfähiges Garn, 1 Nadel, Filzstück (mind. 2 mm dick), fester Stoff(-rest) mit gewisser Elastizität, z. B. von einer alten Leggings, Stoffschere, Druckknöpfe aus Metall, 1 Knopfzelle, Zange mit Druckknopfaufsätzen, Filzdeko (zum Beispiel Blume oder Schmetterling oder was ihr im Bastelgeschäft so findet).

Info Bevor es losgeht, schaut in der Skizze unten, wie die beiden Beinchen der LED später mit der Batterie verbunden werden und wie der Druckknopf als Schalter funktioniert. Vom langen Beinchen der LED näht ihr mit leitendem Garn die Verbindung zum Ende des Armbandes und befestigt dort den einen Teil des Druckknopfes. Von dem kurzen Beinchen der LED näht ihr die Verbindung zur anderen Seite und schließt sie mit dem anderen Teil des Druckknopfes ab. Wenn ihr das Armband umbindet und den Druckknopf schließt, wird der Stromkreis geschlossen und die LED leuchtet. Dazu muss aber erst noch die Batterie hinzugefügt werden.

Die Batterietasche aus der Skizze fertigt ihr aus dem festen, etwas elastischen Stoff an, damit die Batterie darin schön fest sitzt. Wichtig ist, dass die Fläche der Batterietasche später mit dem leitfähigen Garn eine Kontaktfläche für die Batterie bietet. Dafür näht ihr mit dem leitfähigen Garn viele Zickzackstiche.

Und so geht's:

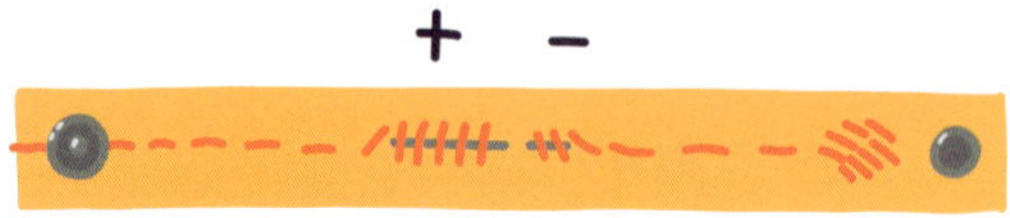

Innenseite des Armbandes (noch ohne Batterietasche)

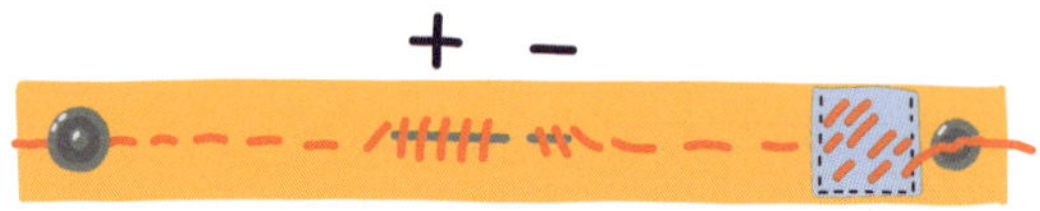

Innenseite des Armbandes mit Batterietasche

1. Messt euren Armumfang und fügt dem Ergebnis ca. 2-3 cm hinzu, damit das Armband später nicht so eng sitzt und ihr noch genug Platz für den Druckknopf habt. Überlegt euch, wie breit das Armband sein soll, wir empfehlen euch ca. 2-3 cm Breite. Zeichnet euch den Streifen in der richtigen Länge und Breite auf dem Filz auf und schneidet ihn aus.
2. Jetzt überlegt ihr euch, wo ihr Filzdeko auf eurem Filzarmband anbringen wollt. Stecht mit einer Nadel zwei Löcher in der Deko und im Armband vor: So ist es einfacher, die beiden Beinchen der LED durchzustecken. Steckt also die Beinchen durch die Löcher der Filzdekoration und danach durch das Armband.
3. Biegt die Beinchen der LED auseinander. Merkt euch, welches das negative und welches das positive Beinchen ist. (Das kürzere Beinchen ist der Minuspol, das längere Beinchen der Pluspol.)
4. Fädelt das leitfähige Garn in eine Nadel und beginnt bei dem kurzen LED-Beinchen (Minuspol). Das näht ihr mit engem Zickzackstich auf dem Filz fest.

Info Achtet darauf, dass der Faden fest am Beinchen anliegt.

5. Näht mit dem Garn weiter bis ca. 2 cm vor das Ende des Armbands. Dort vernäht ihr das Garn mehrmals im Zickzack, um eine gute Kontaktfläche für die Batterie zu schaffen. Verknotet das Garn und schneidet den Rest ab. Jetzt habt ihr die eine Verbindung zwischen LED und Druckknopf genäht.
6. Macht dasselbe mit dem langen LED-Beinchen. Näht es mit einem engen Zickzackstich mit dem leitenden Garn auf den Filz.

Info Näht gerade weiter bis zum Rand des Armbands und haltet den restlichen Faden außen fest.

7. Nun ist der Druckknopf an der Reihe: Steckt die beiden Teile des Knopfes in die Zange und drückt den Knopf am Ende des Armbands fest. Achtet darauf, das leitende Garn zwischen den beiden Knopfteilen einzuklemmen. Das Garn muss festsitzen und den Knopf berühren, damit eine Verbindung hergestellt ist.
8. Fast geschafft! Jetzt braucht ihr nur noch die Batterietasche. Legt dafür die Batterie auf den elastischen Stoff und zeichnet drum herum ein Viereck. Schneidet das Viereck aus. Näht mit dem leitfähigen Garn enge Zickzackstiche, um eine Kontaktfläche auf dem Stoff zu schaffen. Legt das Viereck wie in der Skizze auf den Filz und näht es mit Garn an drei Seiten fest. Legt das übrige leitfähige Garn seitlich über den Rand des Armbands.
9. Befestigt den zweiten Teil des Druckknopfs am anderen Armbandende: Dabei ist es wieder wichtig, dass das leitfähige Garn zwischen den Knopfteilen eingeklemmt wird. Bevor ihr den zweiten Teil festdrückt, prüft noch einmal genau, welcher Teil des Knopfes auf der Ober- und welcher auf der Unterseite ist, damit der Knopf auch richtig schließt. Legt das Armband an, um das herauszufinden. Seid ihr euch sicher? Dann drückt den Knopf mit der Zange fest an.

10. Juhu, fertig! Bindet das Armband um. Wenn ihr den Druckknopf schließt, beginnt die LED zu leuchten.

Tipp von Julia: Mit leitfähigen Garnen sind ganz unterschiedliche Projekte möglich. Wenn euch die Arbeit damit auch so viel Spaß macht, dann findet ihr im Internet viele weitere spannende Ideen. Beispielsweise könnt ihr auch mit leitenden Stoffen arbeiten. Viel Spaß beim Rumtüfteln!

Von Screen-off zu Screen-on

Im zweiten Projekte-Teil könnt ihr kreative Ideen mit unterschiedlichen Materialien, Fingerfertigkeit und Computer, Smartphone oder Tablet kombinieren.

In den nächsten 6 Spielvorschlägen verbinden wir analoges und digitales Tüfteln so miteinander, dass ihr dabei gemeinsam eure ersten Schritte fürs Programmieren geht.

33 **Analoges Programmieren**
Zeitaufwand: **30 Minuten**
1–3 Personen ★☆☆☆

Backrezept

Dieses Projekt habt ihr schon hundertmal zu Hause gemacht. Aber durch die etwas andere Herangehensweise und Anleitung, die wir hier verwenden, versteht ihr im Handumdrehen, wie Algorithmen funktionieren. Und ein leckeres Ergebnis belohnt euch auch noch. Für dieses Projekt braucht ihr nur Spaß am Experimentieren und Backen. Je nachdem, wie erfahren eure Kinder beim Backen sind, können sie es vielleicht sogar alleine machen, andernfalls brauchen sie eure Unterstützung.

Das braucht ihr dafür:

- 300 g Mehl
- ½ Päckchen Backpulver
- 50 g Kakao
- 120 g Zucker
- 3 Eier
- 150 g Butter
- 1 Rührschüssel
- Muffinformen

Und so geht's:

1. Schaut euch die Grafik auf der nächsten Seite an, die genauso aufgebaut ist wie ein Algorithmus. Die einzelnen Befehle sind mit Bedingungen in einem Flussdiagramm (oder Programmablaufplan) zu einer logischen Abfolge verbunden.
2. Legt los und kontrolliert immer wieder anhand des „Back-Algorithmus“, ob ihr auf dem richtigen Weg seid, leckere Muffins zu backen.
3. Lasst euch die Muffins schmecken und reflektiert dabei, was ein Algorithmus ist. Was macht eine Maschine oder ein Computer mit so einer Kette von Anweisungen?

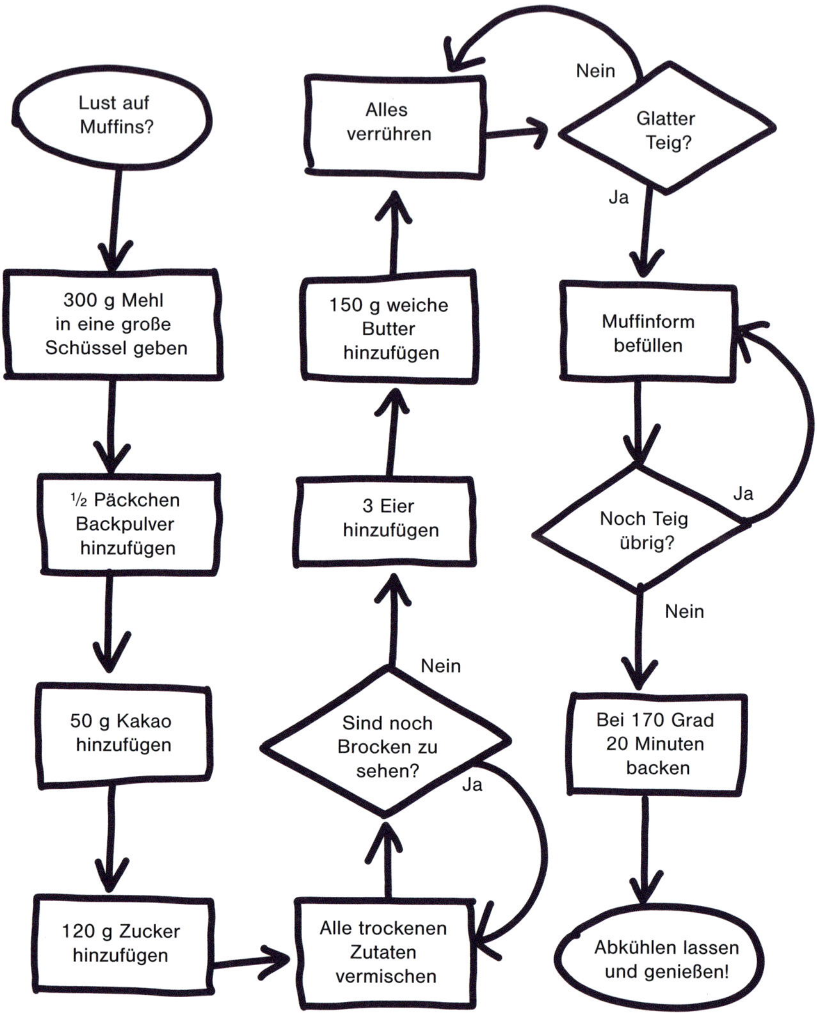

Tipp von Karo Wusstet ihr eigentlich, dass der erste Algorithmus für einen Computer im Jahr 1843 von der britischen Mathematikerin Ada Lovelace niedergeschrieben wurde? Sie gilt deshalb als erste Programmiererin.

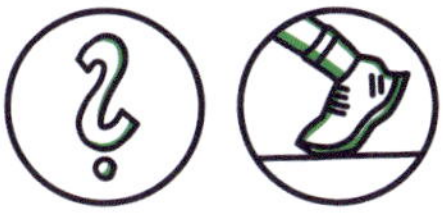

34

Analoges Programmieren
Zeitaufwand: **10 Minuten**
3–8 Personen ★☆☆☆

Bewegung und Schleifen (Kettenreaktionsspiel)

In diesem Spiel lernt ihr, wie Computer arbeiten - und zwar ohne digitale Hilfsmittel. Dafür schlüpft ihr in die Rolle eines Computers und führt gemeinsam Schritt für Schritt wie eine Maschine einzelne Handlungsanweisungen durch.

Das braucht ihr dafür: Vorlage „Bewegung und Schleifen (Kettenreaktionsspiel)" zum Ausdrucken (auf https://junge-tueftler.de/gemeinsamtuefteln), Schere.

Und so geht's:

1. Druckt die Vorlage aus und schneidet sie mit der Schere auseinander, sodass ihr 8 einzelne Blöcke habt.
2. Stellt euch in einem Kreis auf und teilt die 8 Befehlsblöcke auf alle Teilnehmenden auf. Lest euch kurz still für euch durch, was auf eurem Befehlsblock steht.
3. Jetzt sagt die Jüngste von euch: „Los geht's". Alle Teilnehmenden schauen auf ihre Befehlsblöcke. Die Person, die den Befehl „Jemand sagt ‚Los geht's' hat, ist als Nächstes dran und führt die Befehle ihres Blocks aus usw.
4. Das Spiel geht so lange, bis jede Person den auf ihrem Befehlsblock stehenden Befehl ausgeführt hat.

Info Die Handlungsanweisungen bei Computern nennt man Algorithmen. Sie bilden die Grundlage für Computerprogramme.

Tipp von Flo Wie könnte die Reihe fortgeführt werden? Denkt euch eure eigenen Computerbefehle aus – eventuell „komponiert" bzw. „programmiert" ihr ja auch einen eigenen Song!

Analoges Programmieren
Zeitaufwand: **10 Minuten**
2–30 Personen ★☆☆☆

35

Falsch verkabelt

Dieses Spiel eignet sich wunderbar als Aufwärmspiel oder als Auflockerung und Pausenspiel an einem intensiven Tüftel-Tag und fördert die Konzentration.

Das braucht ihr dafür: verschiedenfarbige Stifte, Papier.

Und so geht's:

1. Malt auf je ein Blatt Papier einen Pfeil, am besten in unterschiedlichen Farben. Schneidet die Pfeile aus und ordnet sie wie bei einer Spielkonsole an.
2. Jetzt verteilt ihr euch im Raum. Eine Person übernimmt die Rolle der Spielleitung und bleibt in der Nähe der vier Pfeile. Die anderen sollten so im Raum stehen, dass sie die vier Pfeile gut sehen können. Dafür könnt ihr die vier Pfeile auf einen Tisch legen oder auf einem Block befestigen, sodass ihr sie gut hochhalten könnt.
3. Jetzt geht's los: Die Spielleitung zeigt auf einen Pfeil. Die Aufgabe der anderen ist es, jetzt möglichst synchron die entsprechende Richtung anzusagen, also rechts, links, oben, unten.
4. Hat das geklappt, dann könnt ihr den Schwierigkeitsgrad erhöhen. Hier haben wir einige Vorschläge für euch:
   - Wenn die Spielleitung auf einen Pfeil zeigt, sagt und zeigt ihr die Richtung, also alle sagen oben und nehmen die Hände hoch.
   - Wenn die Spielleitung auf einen Pfeil zeigt, sagt ihr entsprechend oben, unten, rechts und links; zeigt aber mit der Hand in die jeweils entgegengesetzte Richtung.
   - Zeigt die Spielleitung auf einen Pfeil, sagt ihr das Entgegengesetzte, macht aber die Handbewegung in Pfeilrichtung.

Tipp von Claudi Das Spiel könnt ihr noch super weiter ausbauen. Welche weiteren Kombinationen und Bewegungen fallen euch ein? Denkt euch noch mehr aus, vielleicht ja auch eine kleine Choreografie? Der Spaß ist garantiert!

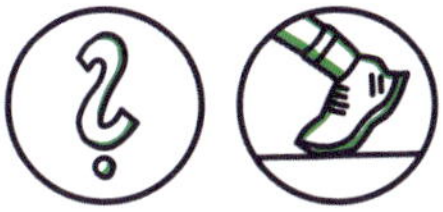

36

Analoges Programmieren
Zeitaufwand: **10 Minuten**
2–10 Personen ★☆☆☆

Roboterfreunde

Dieses Spiel eignet sich wunderbar zum Aufwärmen oder als Auflockerung in einer Pause an einem intensiven Tüftel-Tag und fördert die Konzentration.

Das braucht ihr dafür: verschiedenfarbige Stifte, Papier.

Und so geht's:

1. Bildet Zweierteams, dabei programmiert immer das eine Kind, das andere ist der Roboter, der gesteuert wird. Die Roboter stehen Rücken an Rücken in der Raummitte.
2. Ziel des Spieles ist, dass sich zwei Roboter finden, also aufeinander zulaufen und treffen (falls ihr nur zu zweit seid, könnt ihr euch ein Ziel im Raum aussuchen, wie zum Beispiel einen Stuhl).
3. Es gibt drei Steuerelemente am Roboterkind. Der Startknopf ist oben am Kopf, er sorgt dafür, dass der Roboter geradeaus läuft. Die beiden Schultern sind die Schalter, die eine 45-Grad-Drehung in die jeweilige Richtung der Schulter herbeiführen.
4. Beginnt damit, das Roboterkind zu starten - mit einem Druck auf den Kopf. Nun läuft die Endlosschleife „Vorwärtsgehen“. Der Roboter läuft

also immer weiter vorwärts. Wenn ein „Schulter-Knopf“ betätigt wird, wird die Schleife kurz unterbrochen, der Roboter dreht sich um 45 Grad in die angewiesene Richtung und läuft dann wieder weiter vorwärts. Je nach Laufgeschwindigkeit eures Roboters muss das Programmierkind schnell sein.

5. Wenn sich die beiden Roboter dann treffen, ist das Spiel erfolgreich gemeistert.

Tipp von Elisabeth Dieses Spiel eignet sich hervorragend, um darüber zu sprechen, warum Roboter genaue Anweisungen brauchen und nicht selbst denken können. Was ist, wenn der Roboter zum Beispiel gegen einen Tisch gelaufen ist, also falsch gesteuert wurde?

Analoges Programmieren
Zeitaufwand: **10–15 Minuten**
2–5 Personen ★☆☆☆

37

Zahnputzspiel

Das Zahnputzspiel hilft dabei, besser zu verstehen, was ein Algorithmus ist und wie Befehle aneinandergereiht werden müssen, um das gewünschte Ergebnis zu bekommen. Es eignet sich als Intro vor einem anderen Programmierprojekt oder einfach als Ritual für das Zähneputzen.

Das braucht ihr dafür: 1 Zahnbürste, 1 Zahnpastatube, 1 Zahnbecher mit Wasser, Anleitungskarten Zahnputzspiel (auf https://tueftelakademie.de/gemeinsamtuefteln).

Tipp Spielt das Spiel am besten in der Nähe eines Waschbeckens oder habt eine Schüssel in der Nähe – es kann etwas kleckern.

Und so geht's:

1. Druckt die 9 Seiten des PDFs mit den Zahnputzbefehlen aus, jede Seite auf ein eigenes Blatt.
2. Stellt euch alle Materialien bereit.
3. Erklärt den Kindern, dass ihr euch nun in einen Roboter verwandelt, der nicht alleine denken kann. Ein Roboter kann nur die Befehle ausführen, die er in einem Programm vorgeschrieben bekommt. Er kann die Befehle nur genau so ausführen, wie sie ihm vorgegeben werden. Das Ziel ist, dass am Schluss die Zähne des Roboters richtig schön sauber geputzt sind.

Info Die Abfolge der Befehle, die aneinandergereiht werden, um das Ziel „saubere Zähne" zu erreichen, nennt man Algorithmus. Er legt die genaue Abfolge der Befehle fest.

4. Los geht's: Eure Kinder starten damit, euch Befehle zu geben, wie zum Beispiel: „Nimm die Zahnbürste!" Dann nehmt ihr die Zahnbürste. Konzentriert euch als Roboter genau darauf, wirklich nur das zu tun, was die Kinder sagen. Wenn sie nun sagen: „Öffne die Zahnpasta", könnt ihr das vermutlich schwer tun, weil ja in einer Hand bereits die Zahnbürste ist.

Tipp Oft sagen die Kinder: „Mach Zahnpasta auf die Zahnbürste." Das tun wir dann so lange, bis die Zahnpasta über die Borsten hinausquillt. Der Befehl war demnach nicht eindeutig genug. Das Kind hätte zum Beispiel sagen können: „Mach so viel Zahnpasta auf die Borsten, bis sie ganz bedeckt sind." Oder es hätte einfach „Stop" sagen können. Die Kinder finden es meist superaufregend und lustig, wenn diese kleinen Programmfehler auftauchen.

5. Durchlauft die Befehlsreihenfolge so lange, bis ihr eure Zähne geputzt habt.

Tipp von Marlen Besprecht am Ende, was ein Algorithmus ist. Warum braucht es so genaue Anweisungen, um einer Maschine oder einem Programm zu sagen, was es tun soll? Warum muss man alles genau beschreiben?

Analoges Programmieren
Zeitaufwand: ca. **25 Minuten**
2–10 Personen ★☆☆☆

38

Roboter-Labyrinth

Dieses Projekt eignet sich wunderbar, um sich mit Kindern der Frage zu nähern, wie Roboter überhaupt funktionieren. Ziel des Spiels ist es, einen Parcours zu erstellen, durch den ein „Roboterkind“ anhand von Computerbefehlen navigiert wird. Dazu schreiben die anderen Kids ein Programm. Das Spiel eignet sich sowohl zum Spielen in geschlossenen Räumen als auch draußen im Freien.

Das braucht ihr dafür: Kreppband (wenn ihr im Raum spielt), Kreide (wenn ihr draußen spielt), Stifte, Papier, Bastelmaterialien für den Roboterhelm, zum Beispiel Papiertüte, Alufolie, Pappbecher, Pfeifenreiniger etc.

Und so geht’s:

1. Ideal ist es, wenn ihr für das Spiel Dreierteams bilden könnt: Ein Kind übernimmt die Programmierrolle, das nächste die Navigationsrolle, und das dritte Kind spielt den Roboter.

Tipp Wenn ihr nur zu zweit seid, dann übernimmt ein Kind gleichzeitig die Programmier- und die Navigationsrolle.

2. Jetzt bauen das Programmierkind und das Navigatorkind ein Labyrinth. Dafür zeichnet ihr euch ein Spielfeld auf dem Boden auf. Wenn ihr draußen seid, nutzt ihr die Straßenkreide, wenn ihr im Zimmer

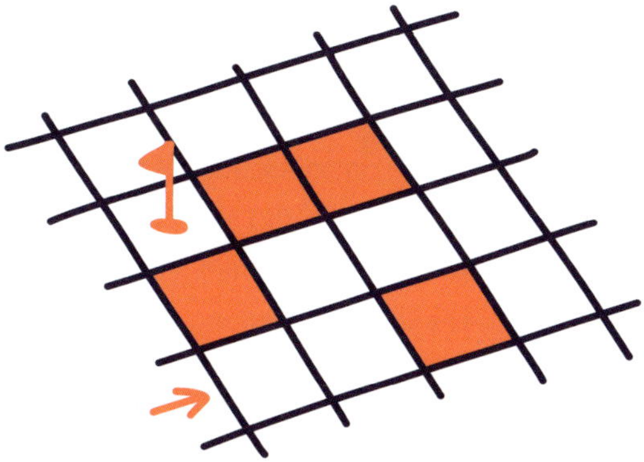

seid, nehmt das Kreppband zum Abkleben. Die Felder sollten dabei so groß sein, dass euer Roboter gut in einem Feld stehen kann.

Tipp Um es schwieriger zu machen, werden einige Felder auch mit einem x gesperrt, diese Felder dürfen dann nicht betreten werden.

3. Während das Programmier- und das Navigatorkind das Labyrinth bauen, bastelt sich das Roboterkind aus den Bastelmaterialien einen Roboterhelm.
4. Jetzt überlegen sich das Programmier- und das Navigatorkind den Weg des Roboters durch das Labyrinth. Dafür markieren sie den Start- und den Zielpunkt und beschreiben den Weg. Für die Beschreibung des Weges haben sie 3 Symbole zur Verfügung:

1 Schritt vorwärts gehen	90 Grad nach links drehen	90 Grad nach rechts drehen

Mit dem Stift schreiben sie den Code, also die Pfeilsymbole, auf das Papier, mit dem sie den Roboter programmieren wollen.

Tipp Dabei können die Kinder auch entsprechend ihren Rollen die Aufgaben übernehmen: Auch bei der Programmierung in großen Softwareteams funktioniert die Zusammenarbeit nach eben genau diesem Vorbild: Während die navigierende Person den Gesamtüberblick für das große Ganze hat und immer schon einen Schritt weiterdenkt, konzentriert sich die programmierende Person auf das Schreiben des Codes. Diese Arbeitsteilung könnt ihr auch hier anwenden – oder nach Bedarf die Rollen zwischendurch wechseln.

5. Während die beiden den Code schreiben, kann das Roboterkind seine Rolle üben. Es wird gleich von den beiden anderen einen Code bekommen, der aus Pfeilen besteht. Wichtig ist, dass das Roboterkind wirklich genau die Anweisungen auf dem Blatt ausführt und nicht eigenständig mitdenkt. Dafür sollte sich das Roboterkind mit den 3 Befehlen vertraut machen und diese durchspielen.

Tipp Nur das auszuführen, was auf dem Zettel steht, ist tatsächlich recht schwierig, da es uns sehr schwerfällt, unseren Verstand auszuschalten – für dieses Spiel ist es aber absolut notwendig. Daher empfehlen wir euch, das pure Ausführen der Kommandos mit dem Roboterkind auf einem Probeparcours zu üben.

6. Wenn Programmier- und Navigatorkind fertig sind, übergeben sie ihren Code an das Roboterkind. Ab jetzt ist es ganz still - es darf nicht mehr gesprochen werden. Das Roboterkind führt nun Schritt für Schritt die einzelnen Befehle aus, die auf dem Zettel stehen.
7. Kommt das Roboterkind fehlerfrei zum Ziel? Prima, dann habt ihr das Spiel gelöst und könnt die Rollen tauschen. In den meisten Fällen gelingt es aber nicht beim ersten Durchlauf - und das ist völlig normal. Tritt ein Fehler auf (beispielsweise weil sich der Roboter außerhalb des Feldes bewegt oder vor einem Hindernis steht und nicht weiterkommt), dann meldet das Roboterkind einen „Error“. Jetzt sind das Navigator- und das Programmierkind gefragt, den Fehler zu finden

und auszubessern. Der Roboter wird wieder auf Start gesetzt und das Programm erneut gestartet. Das macht ihr so lange, bis er am Ziel angelangt ist.

Info Die Abfolge einzelner Befehle beim Programmieren nennt man wie schon gesagt Algorithmus. Computerprogramme setzen sich aus Algorithmen zusammen. Die Kinder haben also damit ihr erstes Computerprogramm geschrieben! Auch die Fehlersuche ist ein wichtiger Prozess beim Programmieren, der genau so stattfindet, nämlich dass man ein Programm startet und dann bemerkt, wie es reagiert. Manchmal muss man den Code modifizieren, bis die gewünschte Handlung erreicht ist. In der Informatik wird für diesen Prozess des Fehlersuchens der Begriff „Debugging“ verwendet.

Programmiererinnen und Programmierer sind sehr schreibfaule Menschen – daher versuchen sie immer, die Programmierung so kompakt wie möglich zu formulieren. Fallen euch Möglichkeiten ein, wie ihr euren Code noch kürzen könnt, indem ihr zum Beispiel Schleifen oder Variablen verwendet?

Tipp von Melda Der Begriff Debugging wird der Computerpionierin Grace Hopper zugeschrieben. Der Ausdruck leitet sich von dem englischen Wort „bug“ für Käfer ab: „de-bug“ heißt also wörtlich: „den Käfer entfernen“. Die damaligen Computer waren sehr groß und wurden mit Relais betrieben. Grace fand einmal bei dem fehlerhaften Verhalten eines Computers heraus, dass ein Käfer dafür verantwortlich war, der in einem der Relais klemmte.

Tüftel-Time Screen-on

Im dritten Projekte-Teil inspirieren wir euch, an den Computertasten und mit der Maus selbst kreativ zu werden. Auch hier beschreiben wir die verschiedenen Werkzeuge genau. Dazu haben wir zu jeder eingesetzten Software ein Einstiegs-Projekt entwickelt, um euch den Start zu erleichtern. In 27 Projekten machen wir euch Schritt für Schritt mit StratchJr., Scratch, Makey Makey, Stop Motion Studio und Co-Spcaces vetraut.

ScratchJr – so funktioniert's!

Eine Programmiersprache zu erlernen hat sehr viel Ähnlichkeit mit dem Erlernen einer gesprochenen Sprache: Sie besitzt eine Grammatik und ihre Struktur folgt einer inneren Logik – und wie jede Sprache hat sie spezielle „Vokabeln" oder Ausdrücke.

So wie Kinder sprechen lernen, indem sie ohne Wissen um Grammatik nachplappern, was sie hören, könnt ihr mithilfe von ScratchJr auch Programmieren lernen, indem ihr es einfach macht. Bei jedem Beispiel, das ihr ausprobiert, versteht ihr die dahinterliegende Logik etwas besser – und lernt so ganz nebenbei die wichtigsten Konzepte der Programmierung.

ScratchJr ist eine Programmiersprache, die man sich als kostenlose App aus dem Internet herunterladen kann. Im Gegensatz zu Scratch (s. S. 215) verwendet sie keine Schrift, sondern kommt einzig mit Symbolen und Grafiken aus, sodass bereits junge Menschen lernen können zu programmieren. Durch Ausprobieren und Herumspielen lernen Kinder die dahinterliegenden Konzepte verstehen. Um die Bedienung zu erleichtern, wurde ScratchJr explizit für das Tablet entwickelt, es funktioniert einfach durch Drag-and-drop.

Die Vokabeln, also die Programmiersymbole, bestehen aus Puzzleteilen, die ihr auch ganz einfach wie ein Puzzle zusammenfügen könnt. So werdet ihr in die Lage versetzt, eure eigenen Spiele und interaktiven Geschichten am Tablet zu gestalten. Weil man am konkreten Beispiel am besten lernt, legen wir direkt los.

ScratchJr
Zeitaufwand: ab **15 Minuten**
1–2 Personen ★☆☆☆

39

ScratchJr - Die sprechende Katze

Das Projekt ist kinderleicht und macht Lust aufs Programmieren, weil es interaktiv ist und dank schöner Grafiken Kinderaugen leuchten lässt.

Das braucht ihr dafür: 1 Tablet mit Internetverbindung. ScratchJr ist als kostenfreie App im AppStore oder im PlayStore verfügbar.

Info Die wichtigsten Funktionen erklärt

Die Programmieroberfläche von Scratch und ScratchJr ist so aufgebaut, dass ihr ganz einfach eure interaktiven Geschichten oder Spiele programmieren könnt. Und weil Scratch so einfach ist, wird es weltweit eingesetzt, um Programmieren zu lernen. Im Amerikanischen bedeutet „from scratch" „von Anfang an" oder „Kratzen" und das bezieht sich auf das Kratzen der Plattennadel, wenn ein DJ mixt. Um dieses Mixen geht es auch bei den Codeblöcken. Ihr könnt sie unterschiedlich miteinander kombinieren oder auf schon vorhandene Projekte aufbauen und so euer ganz individuelles Programm schreiben. Beim „Scratchen" lernt ihr die Grundkonzepte von Programmierung, was den Umstieg auf andere Sprachen später erleichtert.

- In der Mitte seht ihr die **Bühne (8)**, hier spielt sich alles ab, was ihr programmiert: Ihr seht hier eure Figuren, Hintergründe und die Animationen der Figuren. Jedes ScratchJr-Projekt beginnt mit der Scratch-Katze, die auf der Bühne erscheint.
- Natürlich muss die Katze nicht alleine auf der Bühne stehen, ihr könnt auch noch viele andere **Figuren hinzufügen (1)**. Dafür klickt ihr links auf das Plus-Symbol bei den Figuren. Es öffnet sich eine Übersicht über alle Figuren. Wählt eine Figur aus und klickt oben auf das Häkchen - dann erscheint die Figur auf eurer Bühne.

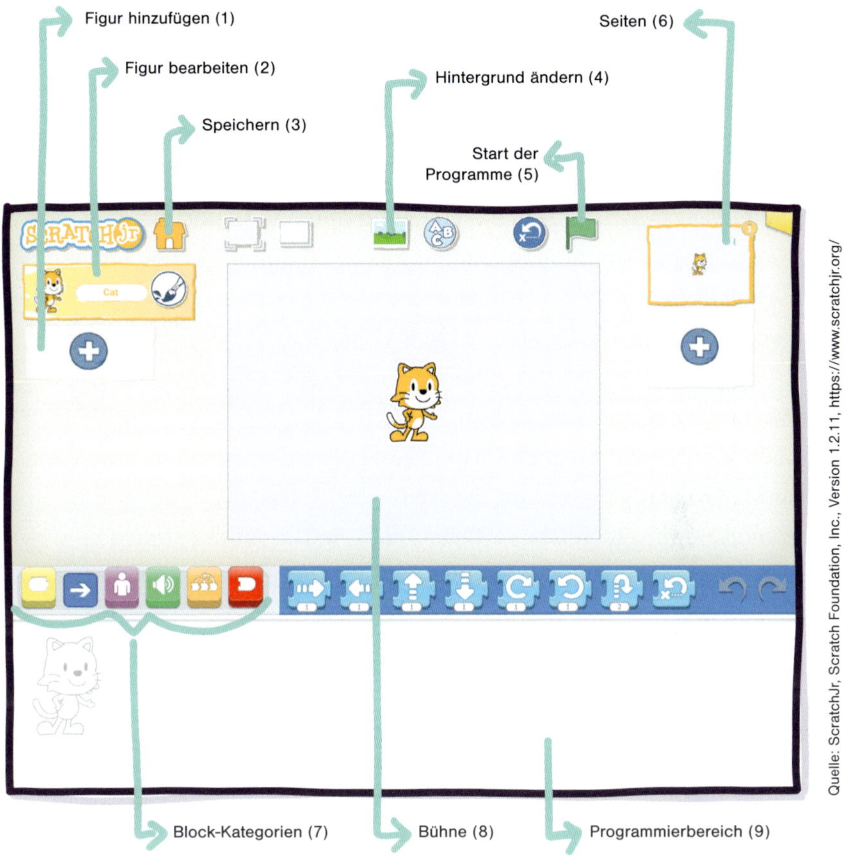

- Wir entscheiden uns bei unserem Beispiel für den Schmetterling und fügen ihn hinzu.
- Wenn ihr eine Figur löschen wollt, haltet in der linken Seitenleiste die Kachel länger gedrückt und klickt dann auf das rote Kreuz, welches erscheint.
- Außerdem könnt ihr eure **Figur** auch **bearbeiten (2)** und verändern. Probiert es einfach mal aus.
- Um einen **Hintergrund (4)** für eure Geschichte auszuwählen, klickt oben auf das Bild-Symbol, sucht euch einen passenden Hintergrund aus und klickt wieder auf das Häkchen.

- Wir entscheiden uns für eine Landschaft mit Fluss. Über das Pinsel-Symbol könnt ihr auch einen eigenen Hintergrund malen.
- Hier findet ihr auch das Kamera-Icon, mit dem ihr eigene Fotos als Hintergrund einfügen könnt. Einfach das Icon auswählen und dann die Zeichenfläche berühren. Schon wird die Kamera aktiviert.
- Super - jetzt habt ihr schon die Figuren und den Hintergrund für eure Geschichte bestimmt. Dann könnt ihr jetzt damit beginnen, die Geschichte zu erzählen. Überlegt euch, was die einzelnen Figuren machen werden, und setzt die Geschichte mithilfe der Programmblöcke um.

Erweckt eure Szene zum Leben
Ihr könnt eure Figuren zum Beispiel bewegen oder sprechen lassen. Im unteren Teil der Seite seht ihr ein weißes Feld. Das ist der **Programmierbereich (9)** mit verschiedenfarbigen Blöcken. Die **Blöcke** sind in **Kategorien (7)** sortiert und haben verschiedene Funktionen.

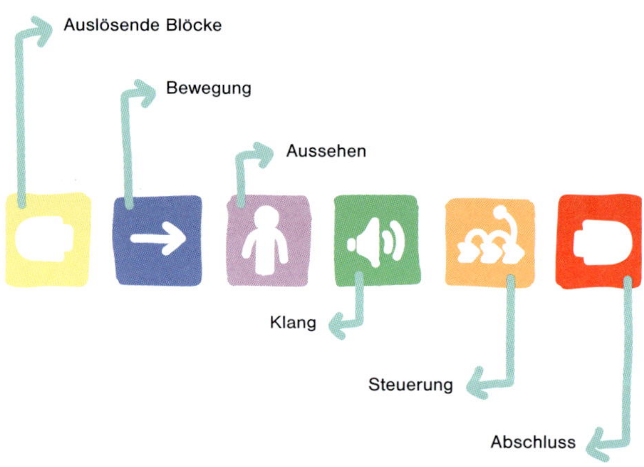

Am besten bekommt ihr ein Gefühl dafür, wie die Tasten funktionieren, wenn ihr es einfach mal ausprobiert und schaut, was die Figur macht.

Dafür wählt ihr die Figur, der ihr eine Handlung zuweisen wollt, links bei den Figuren durch Anklicken aus. Jetzt zieht ihr einfach die Programmierblöcke nach unten in den Programmierbereich. Probiert zum Beispiel aus, die Katze laufen und springen zu lassen.

Bewegt die Katze

Für Bewegungen braucht ihr die blauen Blöcke. Die Pfeile zeigen euch dabei die Richtungen an, in die sich die Figur später bewegen wird. In den kleinen weißen Feldern unterhalb der Blöcke könnt ihr Zahlen eintragen. Die Zahlen bestimmen, wie oft die Bewegung ausgeführt wird.

In unserem Fall wollen wir die Katze 5 Schritte nach rechts bewegen und dann soll sie vor Freude einen kleinen Sprung machen, weil sie den Schmetterling sieht. Den Sprung setzen wir mit der Höhe 2 an.

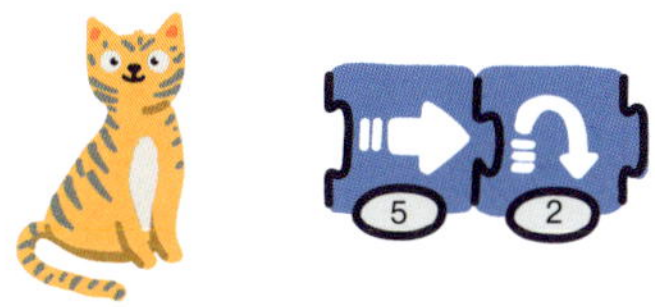

Lasst die Katze sprechen

Um die Katze mit dem Schmetterling sprechen zu lassen, braucht ihr die rosafarbenen Blöcke. Hier findet ihr eine Sprechblase, in die ihr unten im weißen Feld den gewünschten Text eintragen könnt. Der Text erscheint dann in einer Sprechblase auf der Bühne. Mit den anderen rosafarbenen Blöcken könnt ihr die Figuren auch wachsen oder schrumpfen lassen. Probiert es aus - eurer Fantasie sind keine Grenzen gesetzt.

Mithilfe des grünen Blocks, der mit dem Mikrofon, könnt ihr eigene Klänge aufnehmen, die dann als Sound bei einer Figur abgespielt werden. In unserem Beispiel lasst ihr die Katze über die Sprechblase „Hallo“ sagen.

Daraufhin antwortet der Schmetterling mit einem Surr-Laut, den ihr über das grüne Mikrofon-Symbol aufnehmt. Dafür klickt ihr den Schmetterling links an und dann das Mikrofon. Es öffnet sich ein kleines Dialogfeld, worüber ihr den Ton aufnehmen könnt. Damit der Klang des Schmetterlings erst abgespielt wird, wenn die Katze hochgehüpft ist, fügt ihr noch einen orangefarbenen Warteblock ein.

Den Programmcode starten

Damit euer Programm weiß, wann ein jeweiliger Codeblock ausgelöst werden soll, benötigt ihr noch die auslösenden Codeblöcke in Gelb. Bei dem gelben Codeblock mit der grünen Fahne wird der Programmcode gestartet, wenn ihr oben rechts über der Bühne auf die **grüne Fahne (5)** klickt.

In unserem Beispiel fügt ihr also noch vor dem Programmcode der Katze und des Schmetterlings jeweils einen gelben Codeblock mit der grünen Fahne am Anfang dazu.

Fertig! So einfach geht's. Damit habt ihr euer erstes Programm geschrieben. Wenn es euch Spaß gemacht hat, programmiert gleich ein weiteres. Denn genau wie beim Sprachenlernen gilt auch für die Programmierung: Übung macht den Meister.

Tipp von Markus Für alle Musikfans können die Tiere auch im Duett oder sogar einen Kanon singen. Dafür könnt ihr euer Lieblingslied selbst einsingen.

Scratch - so funktioniert's!

Habt ihr schon mal mit bunten Bauklötzen gespielt? Dann wird euch die Programmierung mit Scratch ganz leichtfallen. Auch Scratch nutzt Blöcke zum Programmieren, die ihr wie Bauklötze aneinanderpuzzelt - nur eben am Computer. Das Prinzip habt ihr bereits bei ScratchJr am Tablet kennengelernt. Anders als bei ScratchJr fügt ihr die einzelnen Programmblöcke nicht nebeneinander, sondern untereinander. Damit habt ihr mehr Platz, um längere und umfangreichere Programmcodes zu erstellen. Dafür stehen euch bei Scratch auch viel mehr Programmierblöcke zur Verfügung als bei ScratchJr. Und während ihr auf dem Tablet mit Symbol-Codeblocks arbeitet, ist es bei Scratch wichtig, dass ihr lesen könnt, um die Codeblöcke zu verstehen.

Das Arbeiten mit den Codeblöcken begeistert auch erwachsene Programmiererinnen und Tüftler, denn so können lästige Fehler vermieden werden und man kann sich beim Coden auf das Wesentliche - das Erfinden und Gestalten - konzentrieren.

Für Scratch benötigt ihr einen Rechner mit Internetverbindung. Unter https://scratch.mit.edu/ landet ihr auf der Startseite des Scratch-Projekts. Wenn ihr dann seid, euch ins Coding-Abenteuer zu stürzen, dann wählt im Hauptmenü oben „Entwickeln“ aus, um zur Programmierumgebung zu gelangen.

Schaut euch gern erst einmal auf der Oberfläche um. Ihr könnt auch das Projekt „Erste Schritte“ anschauen, um einen Eindruck zu bekommen.

Scratch
Zeitaufwand: ab **15 Minuten**
1–2 Personen ★★★☆

40

Klangmaschine in Scratch

Programmieren hat so viele Facetten. Wir zeigen euch in diesem Starter-Projekt, wie ihr mit Scratch eure eigene Musik programmieren könnt und selbst Töne aufnehmt. Hier schlagen die Herzen der Pauken-und-Trompeten-Typen höher: Denn ganz ohne lang Instrumente zu erlernen, können eure kleinen Krachmacher ihre Leidenschaft für Musik ausleben. Lesekompetenz, erste Erfahrungen im Umgang mit PC und Maus und erste Erfahrungen mit ScratchJr sind von Vorteil.

Das braucht ihr dafür: 1 Laptop mit integriertem Mikro (oder externem Mikro) und Internetverbindung, Scratch-Programmierumgebung (via Browser): https://scratch.mit.edu.

Wir wollen jetzt Klänge in Scratch programmieren. Unter dem Menüpunkt **Skripte (1)** findet ihr die Codeblöcke in **Kategorien (6)** sortiert.

Dafür wählt ihr links unter der Kategorie „Ereignisse“ den Codeblock „Wenn Taste *Leertaste* gedrückt wird“ aus, zieht ihn mit gedrückter Maustaste in das **Programmierfeld (10)** und der zweite Codeblock „Spiele Klang *Miau* ganz“ folgt als Nächstes. Wichtig dabei ist, dass die Blöcke direkt miteinander verbunden sind, nur so werden sie zu einem zusammenhängenden Programm.

Probiert es gleich mal aus. Was passiert, wenn ihr auf eurem Computer die Leertaste drückt? Aha, so einfach bekommt ihr euren Computer also zum Miauen - oder anders gesagt, so einfach habt ihr euren ersten Code geschrieben. Bravo!

Übrigens: Wenn ihr einen Codeblock gerade nicht braucht, könnt ihr ihn auf der Fläche „parken“, indem ihr ihn dorthin einfach verschiebt.

Wenn er nicht verbunden ist, wird er nicht ausgeführt. Wenn ihr den Block wieder nach links in den Skripte-Ordner zieht, wird er gelöscht.

Wir möchten euch als Nächstes zeigen, wie ihr eurem Computer noch weitere Klänge entlocken könnt. Dafür wählt ihr oben im Menü neben „Skripte“ den Reiter „Klänge“ aus. Es öffnet sich die Oberfläche, um **Klänge (4)** zu bearbeiten. Wenn ihr das Lautsprecher-Symbol unten am Bildschirm mit der Maus berührt, öffnet sich ein Pop-up-Menü.

Über die Lupe gelangt ihr in eine Klang-Bibliothek, aus der ihr verschiedene Klänge auswählen könnt.

Wenn ihr jetzt auf den Skripte-Reiter zurückwechselt und erneut einen Codeblock „Spiele Klang“ aus der Bibliothek auswählt, werdet ihr sehen, dass mehr Klänge zu Verfügung stehen. Die Auswahl erhaltet ihr, indem ihr auf den kleinen Pfeil drückt.

So könnt ihr beim orangefarbenen Ereignis-Block die Taste wechseln und neben der Leertaste zum Beispiel auch die Pfeiltaste unten mit einem Sound belegen.

Außerdem habt ihr die Möglichkeit, auch eigene Töne zu erstellen. Wählt dafür die Option „zeichne auf …“ aus dem Drop-down-Menü aus. Klickt dann auf den runden roten Knopf „record“, um euer Geräusch aufzunehmen. Klickt auf den eckigen roten Knopf „stop record“, um die Aufnahme zu unterbrechen. Klickt auf das blaue Dreieck, um euch die Aufnahme anzuhören.

Über die beiden Schieberegler rechts und links könnt ihr die Aufnahme zuschneiden. Wenn ihr fertig seid, klickt auf „Audio speichern“. Ihr könnt diese Audiodatei nach dem Speichern benennen und noch verschiedene Filter darüberlegen: schneller oder langsamer, mit Echo, mit Roboterstimme, leiser oder lauter oder sogar rückwärts abspielen. Außerdem könnt ihr einzelne Tasten auch mit ganzen Sätzen belegen, die ihr einsprecht.

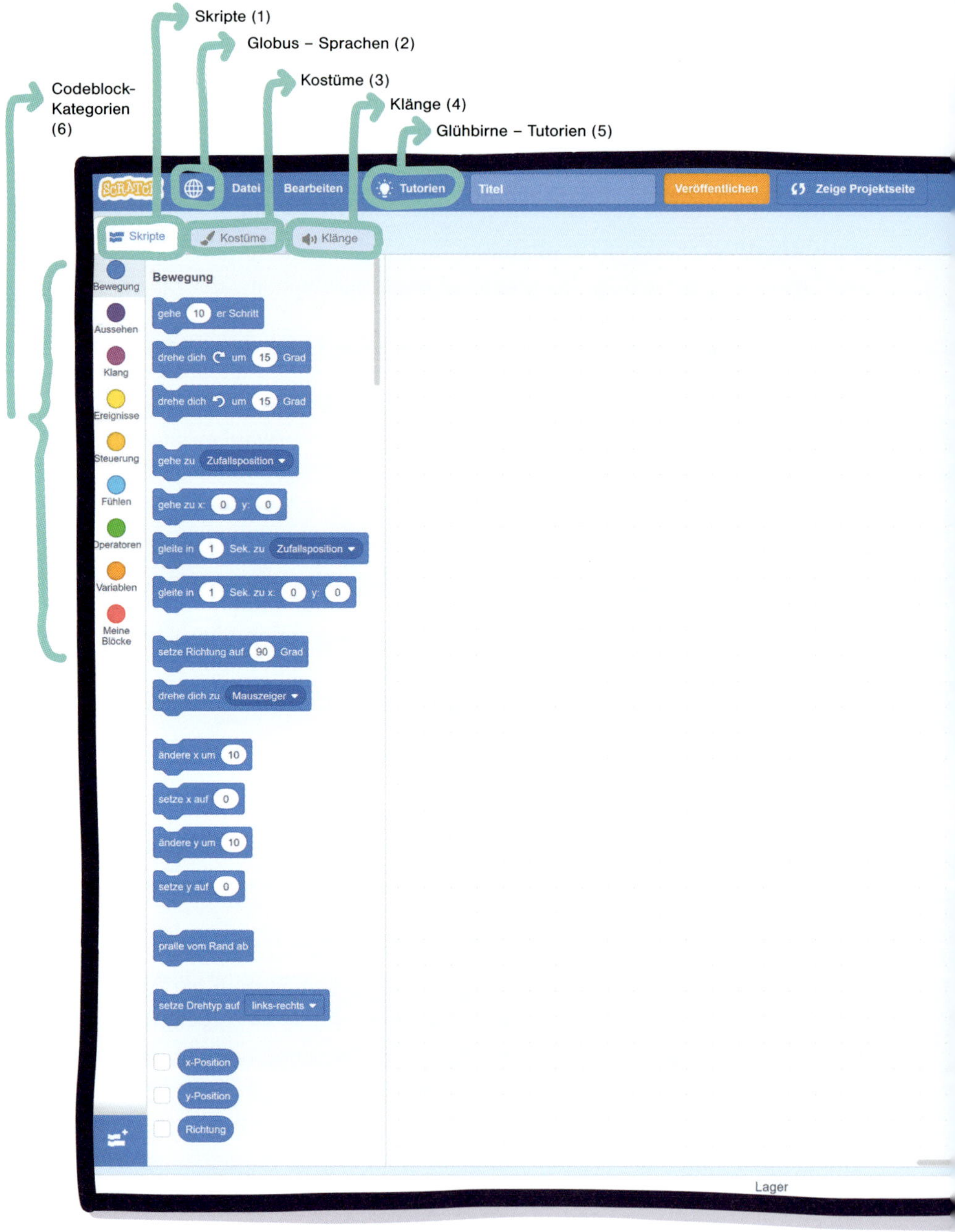
Skripte (1)
Globus – Sprachen (2)
Kostüme (3)
Klänge (4)
Glühbirne – Tutorien (5)
Codeblock-Kategorien (6)
Datei
Bearbeiten
Tutorien
Titel
Veröffentlichen
Zeige Projektseite
Skripte
Kostüme
Klänge
Bewegung
Aussehen
Klang
Ereignisse
Steuerung
Fühlen
Operatoren
Variablen
Meine Blöcke
Bewegung
gehe 10 er Schritt
drehe dich um 15 Grad
drehe dich um 15 Grad
gehe zu Zufallsposition
gehe zu x: 0 y: 0
gleite in 1 Sek. zu Zufallsposition
gleite in 1 Sek. zu x: 0 y: 0
setze Richtung auf 90 Grad
drehe dich zu Mauszeiger
ändere x um 10
setze x auf 0
ändere y um 10
setze y auf 0
pralle vom Rand ab
setze Drehtyp auf links-rechts
x-Position
y-Position
Richtung
Lager

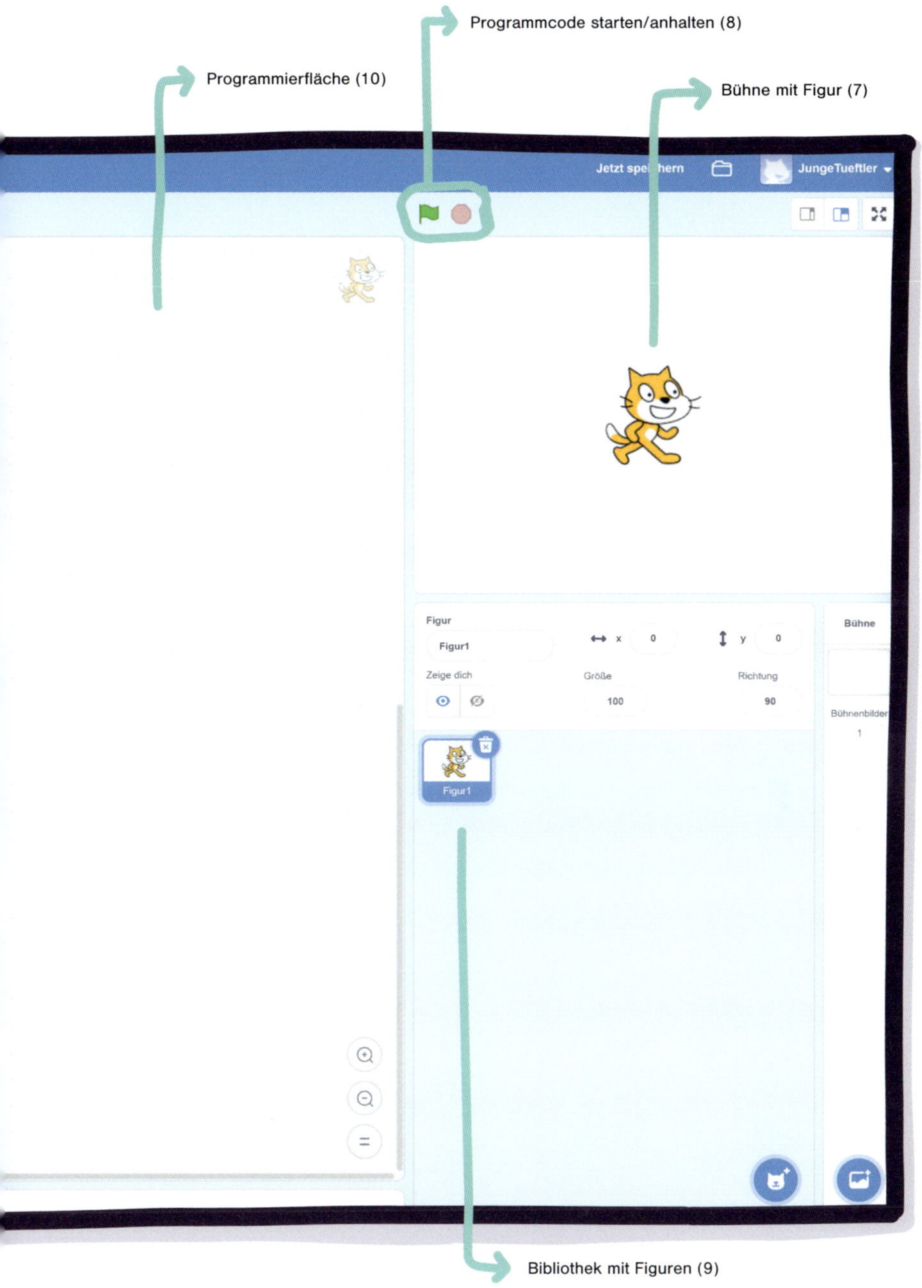

Quelle: Scratch, Scratch Foundation, Version 3.0., https://scratch.mit.edu/

Übrigens: Rechts im Bild befindet sich die Katze auf der **Bühne (7)**, wie ihr sie von ScratchJr schon kennt. Schaut, ob ihr sie auch dazu bringen könnt, ein paar Töne von sich zu geben.

Tipp Dafür braucht ihr den Programmierblock „Wenn diese Figur angeklickt wird“.

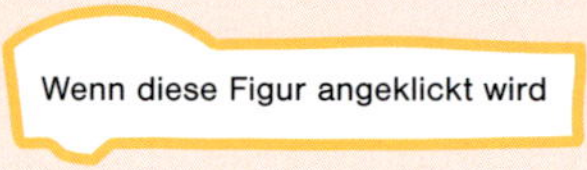

Was wollt ihr eurer Katze noch so beibringen? Vielleicht lasst ihr sie ja noch ein wenig über die Bühne tanzen? Dafür verwendet ihr die Codeblöcke unter der Kategorie „Bewegung“. Eure Katze wünscht sich noch eine Begleitung? Über das runde Symbol in der **Bibliothek mit Figuren (9)** könnt ihr weitere Figuren hinzufügen und mittels der Codeblöcke verschiedene Aktionen für sie programmieren.

Info Wenn ihr Spaß am Coden mit Scratch findet, empfehlen wir euch die weiterführende Literatur und Projekte mit Scratch.

Tipp von Giulia Wenn ihr ein Makey Makey habt, dann macht doch gleich weiter mit dem Starter-Projekt Makey Makey und schaut, was ihr mit eurem neu erstellten Code noch alles anstellen könnt! Oder ihr probiert einfach noch weitere Projekte in Scratch aus. Viel Spaß beim Coden!

41

Scratch
Zeitaufwand: ab **15 Minuten**
1–2 Personen ★★★☆

Figuren zeichnen in Scratch

Mit der kostenfreien Programmierumgebung Scratch könnt ihr nicht nur programmieren, sondern das Programm erlaubt es euch, auch innerhalb der Anwendung eure eigenen Figuren zu zeichnen. Für alle, die gern kritzeln und klecksen und bisher dachten, dass das wenig mit Programmierung zu tun hat: Hier erfahrt ihr, wie ihr beide Welten miteinander verbinden könnt. Lesekompetenz und erste Erfahrungen im Umgang mit PC und Maus sowie erste Erfahrungen in ScratchJr sind von Vorteil.

Das braucht ihr dafür: 1 Laptop mit Internetverbindung, Scratch-Programmierumgebung (via Browser): https://scratch.mit.edu.

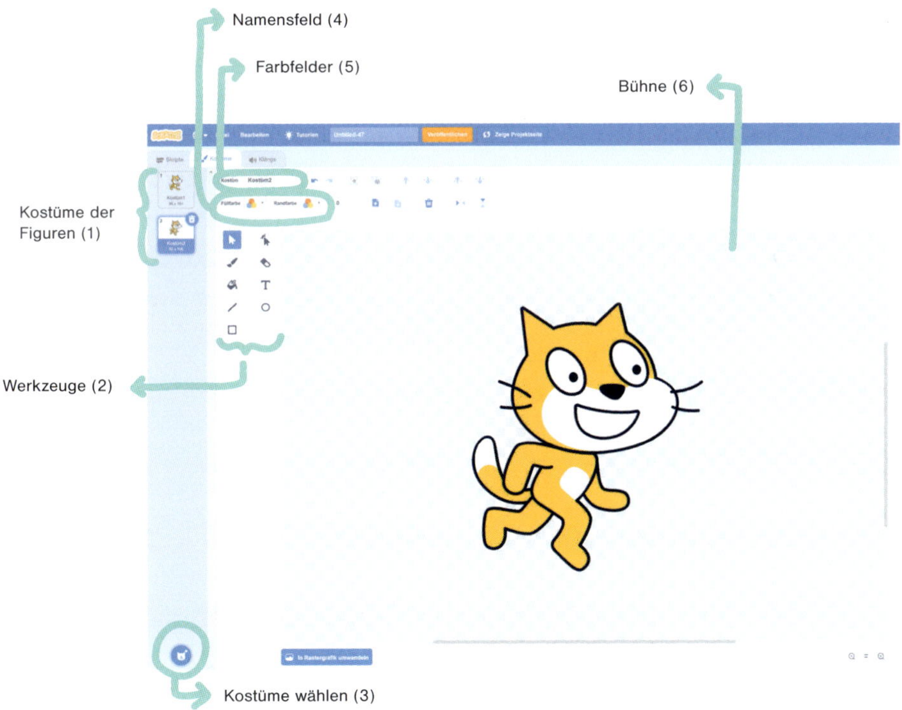

Und so geht's:

1. Öffnet die Website https://scratch.mit.edu und klickt auf den Menüpunkt „Entwickeln“.
2. Die Katze ist bereits auf der Bühne. Wechselt auf die Schaltfläche „Kostüme“ und schaut euch hier erst mal um und macht euch mit den verschiedenen Funktionen vertraut. Wenn ihr die Scratch-Schaltfläche „Kostüme“ sucht, schaut doch noch mal in Scratch (s. S. 218), da haben wir sie unter Punkt 3 markiert.

   Auf der linken Seite findet ihr die verschiedenen **Kostüme (1)** der Figur. Ihr seht, dass die Katze bereits zwei Kostüme hat. Mit einem Klick der rechten Maustaste auf das Kostüm könnt ihr es verdoppeln, exportieren oder löschen. Keine Angst, wenn ihr ein Kostüm gelöscht habt, könnt ihr es jederzeit über das Menüfeld **Kostüm wählen (3)** unten links wieder hinzufügen. Hier habt ihr auch die Möglichkeit, eigene Kostüme zu malen oder eigene Bilder hochzuladen.

   Dupliziert doch mal das zweite Kostüm und verändert die Augen der Katze. Dafür könnt ihr die **Werkzeuge (2)** nutzen. Über die **Farbfelder (5)** könnt ihr der Katze verschiedenfarbige Augen geben. Auf eurer **Bühne (6)** seht ihr immer sofort das Resultat. Benennt im **Namensfeld (4)** das Kostüm so, dass ihr euch gut etwas darunter vorstellen und es euch merken könnt, zum Beispiel „Cat-Augen“. Diese Benennung braucht ihr dann später für die Programmierung.
3. Jetzt wollen wir unsere Kostüme zur Geltung kommen lassen. Wechselt dafür zum „Skripte“-Bereich und lasst die Katze 10-mal hintereinander 10 Schritte vorwärtslaufen.
   Wenn ihr das Programm ausprobiert, werdet ihr merken, dass die Katze nicht wirklich läuft, sondern eher den Eindruck erweckt, als würde sie über den Bildschirm geschoben werden: (1)

4. Um das zu ändern, könnt ihr nun die verschiedenen Kostüme einsetzen. Baut auch ein paar kurze Pausen ein, damit ihr den Wechsel nachvollziehen könnt. Euer Code kann zum Beispiel so aussehen: (2) Damit erweckt ihr den Eindruck, dass die Katze tatsächlich über den Bildschirm läuft.
5. Jetzt könnt ihr die Katze noch miauen lassen, wenn sie über den Bildschirm gelaufen ist. Der Code dafür kann so aussehen: (3) Damit habt ihr die wichtigsten Grundfunktionen von Scratch zum Zeichnen von Figuren und für die Arbeit mit den Kostümen kennengelernt.

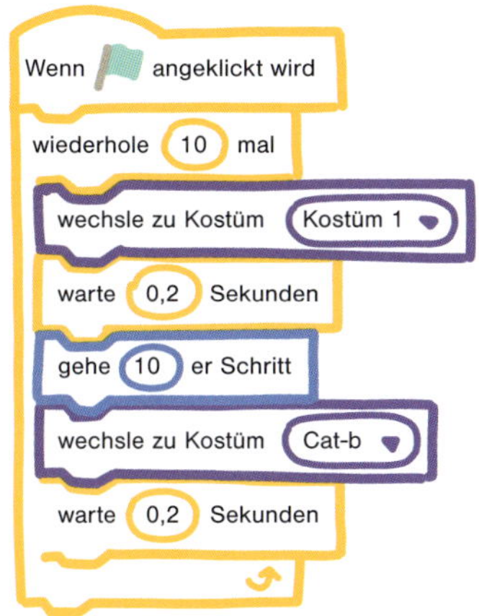

Tipp von Carlotta Schaut euch doch mal die Kostüme von den Figuren „Anina“ oder „Cassy“ aus der **Bibliothek mit Figuren (9)** an. Außerdem machen sie verschiedene Tanzbewegungen. Versucht doch, sie über die Bühne tanzen zu lassen, und malt ihnen noch einen Tanzpartner dazu. Ihr könnt natürlich auch Fotos von euch selbst machen und hochladen. Viel Spaß beim Gestalten und Ausprobieren.

Makey Makey – so funktioniert's!

Ein Makey Makey ist eine kleine Platine, die nahezu alles, was Strom leitet, zu einer Taste verwandelt. Egal, ob das Obst, Pflanzen, Bleistifte, Gummibärchen sind oder sogar ihr selbst seid: Alles lässt sich zu einer Taste ummodeln. So hat das Makey Makey auch seinen Namen erhalten: Verwandle alles um dich herum in eine Taste („make everything into a key"). Das ist simpel und genial zugleich, denn es gibt euch ein Werkzeug an die Hand, mit dem ihr mittels eines Computers Dinge zum Leben erwecken könnt.

Auf der Vorderseite des Makey Makeys gibt es sechs Eingabemöglichkeiten. Das Steuerkreuz besteht aus **vier Pfeilen: oben (2), unten (6), rechts (3), links (1).** Damit werden die vier Pfeiltasten auf der Computertastatur angesteuert. Die linke der beiden zusätzlichen runden Tasten steuert die **Leertaste (4)** an und die rechte Taste ersetzt den **Mausklick (5)**. Alle sechs Eingabemöglichkeiten besitzen zwei Löcher, in denen die Krokoclips angeschlossen werden. Das andere Ende der Krokoclips könnt ihr jetzt an beliebig leitfähige Dinge anschließen. Außerdem befindet sich unten am Board auch noch die **Erdung (7)** mit 6 mal 2 Löchern. Ihr könnt also bis zu 6 Krokoclips gleichzeitig mit der Erdung verbinden.

Tipp Über die Rückseite des Makey Makeys könnt ihr noch mehr Tasten ansteuern. Dafür nutzt ihr Drähte mit Anschluss-Stiften, die ihr direkt an die vorgegebenen Verbindungsstellen anschließt. Auch diese Tasten sind vorgegeben: Damit könnt ihr die **Tasten W, A, S, D, F und G (9)** auf der linken Seite ansteuern. Auf der rechten Seite findet ihr noch mal die **Pfeil- und Maustasten (10)**, die ihr auch über die Vorderseite ansteuern könnt. Hier findet ihr eine zusätzliche rechte Maustaste. Außerdem befindet sich auf der Rückseite auch eine **grüne Kontroll-LED (11)**. Sie leuchtet immer dann auf, wenn der Stromkreis des Makey Makeys geschlossen ist.

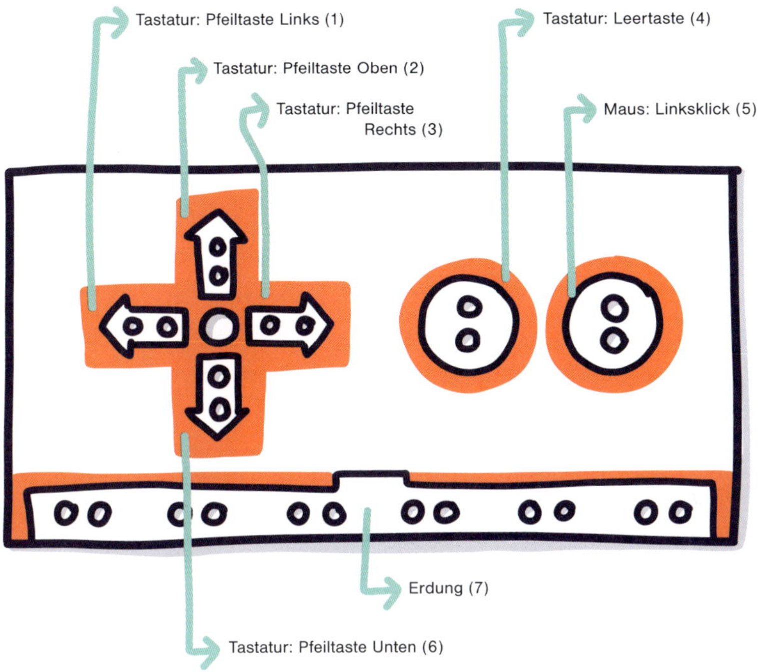

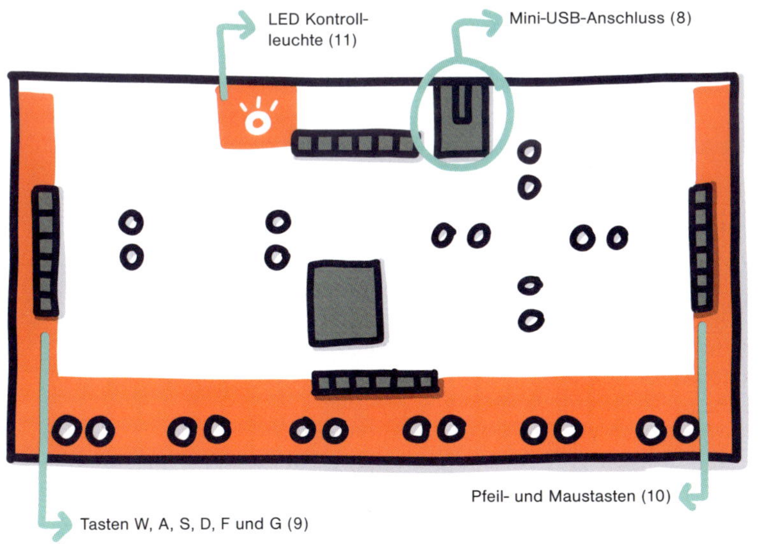

Quelle: Makey Makey, Makey Makey LLC, Version 1.4a, https://makeymakey.com/

Der Einstieg geht schnell und ist kinderleicht, weder spezifische Technik noch bestimmtes Themenwissen ist für das Bauen mit dem Makey Makey erforderlich. Probiert es doch gleich mal aus. Öffnet dafür eine Textdatei bei euch auf dem Computer. Jetzt schließt ihr das Makey Makey über den USB-Anschluss des Boards (8) und ein USB-Kabel an den Computer an. Dann legt ihr einen eurer Finger auf die **Erdung (7)** und mit einem Finger der zweiten Hand tippt ihr auf den **Leertaste-Button (4)** des Makey Makeys. Immer, wenn ihr mit dem Finger auf den **Leertaste-Button (4)** klickt, sollte sich der Cursor in eurer Textdatei bewegen. Funktioniert's?

Super. Das funktioniert, weil auch durch euren Körper Flüssigkeit fließt und ihr damit Strom leitet. So seid ihr ein perfektes Start-Objekt. Keine Bange, durch das Makey Makey fließt ähnlich so viel Strom wie durch 3 AA-Batterien, die wir in den anderen Projekten auch verwenden. Also, genug Elektrizität, um viel Spaß beim Tüfteln zu haben, aber zu wenig, dass euch ernsthaft etwas passieren kann. Damit seid ihr bereit für das erste Starter-Projekt!

Info Damit ihr eure Hände auch frei benutzen könnt, ist das Makey Makey extra so gebaut, dass ihr anstelle eurer Finger auch Krokoclips verwenden könnt. So bekommt ihr viel mehr Flexibilität bei der Umsetzung eurer Projektideen. Wie das genau geht, erfahrt ihr in unserem Starter-Projekt.

42

Makey Makey
Zeitaufwand: ab **15 Minuten**
Ab **2–10 Personen** ★☆☆☆

Kinder-Stromkreisspiel mit dem Makey Makey

Beim Kinder-Stromkreisspiel erleben Kinder die Funktionsweise eines Stromkreises im wahrsten Sinne des Wortes, denn sie werden selbst Teil des Stromkreises. Es bringt jede Menge Spaß und einige Aha-Effekte.

Das braucht ihr dafür: 1 Makey Makey, 1 Laptop mit Internetverbindung, USB-Schnittstelle und integriertem Lautsprecher, 2 Krokoclips.

Und so geht's:

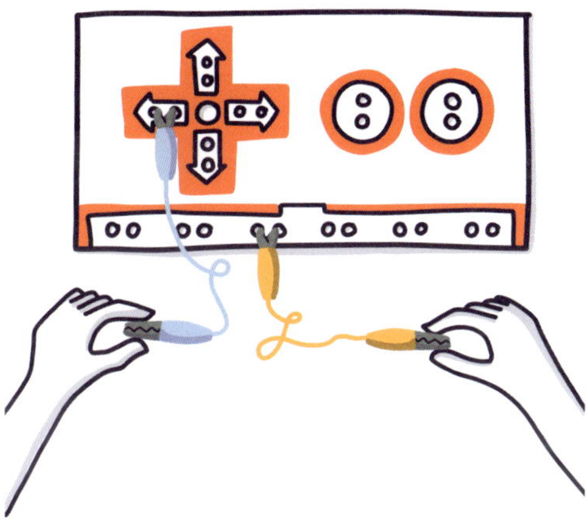

1. Als Erstes öffnet ihr auf dem Computer die Website https://apps.makeymakey.com/piano/ und schließt das Makey Makey über das USB-Kabel an den Computer an (s. Makey Makey – so funktioniert's!, S. 224). Jetzt nehmt ihr einen Krokoclip und steckt ihn in die Erdung. Nun nehmt ihr einen zweiten Krokoclip und steckt ihn in die linke Pfeiltaste.
2. Ein Kind nimmt das Ende von dem einen Krokoclip (dessen zweites Ende in der Erdung steckt) in die Hand und das zweite Kind berührt das Ende des anderen Krokoclips, der in der linken Pfeiltaste steckt. Wichtig ist, dass ihr die Krokoclips am Metall anfasst (und nicht an der Plastik-Ummantelung, sonst leitet es ja nicht). Wenn ihr jetzt mit eurer jeweils freien Hand miteinander abklatscht, also euch berührt, sollte jedes Mal ein Ton erklingen. Warum? Weil ihr dann den Stromkreis schließt!

Tipp von Karo Ihr habt Lust auf mehr? Dann verbindet auch noch die anderen 5 Felder jeweils mit einem Krokoclip. Wenn 7 Kinder spielen, kann jedes Kind einen Krokoclip in die Hand nehmen. Das Kind, das den Krokoclip in der Hand hält, der mit der Erdung in Verbindung steht, berührt jetzt alle anderen Kinder und erzeugt so verschiedene Töne. Ihr bildet also eine menschliche Tonleiter! Versucht mal, ein Lied gemeinsam zu spielen! Bildet mal Ketten oder versucht, zwei Töne gleichzeitig abzuspielen. Viel Freude beim Experimentieren!

Info Wenn ihr Lust habt, eure eigenen Klänge auf die Tasten des Computers zu legen, schaut euch unser Scratch-Starter-Projekt an. Dort lernt ihr, wie ihr die Leer- und Pfeiltasten mit Geräuschen belegen könnt, die ihr selbst aufgenommen habt. Oder statt eurer Hände nutzt ihr einen Obstgarten (Projekt 40 „Klangmaschine in Scratch“).

Stop Motion Studio - so funktioniert's!

Egal ob Reitabenteuer, Fabelwesen, sprechende Tiere oder Reisen in die Zukunft - mithilfe von Stop Motion Studio führt ihr bei euren eigenen Animationsfilmen Regie und entscheidet, was passiert. Alles, was ihr dazu braucht, sind ein Tablet oder Handy und eine Animations-App. Wir stellen euch hier die App Stop Motion Studio vor, die für die gängigsten Tablets kostenfrei verfügbar ist. Jetzt braucht ihr nur noch eure Filmfiguren und Requisiten. Dabei sind eurer Fantasie keine Grenzen gesetzt. Ob mit Spielfiguren, gekneteten Monstern oder Süßigkeiten verwandelt ihr die Gegenstände im Kinderzimmer zu euren Heldinnen und Helden. Also dann, los geht's.

Info Anders als beim Filmen mit der Kamera, wo ihr hin- und herlauft und ggf. auch zoomt, bleibt beim Stop-Motion-Film die Kamera immer in derselben Position und Entfernung zur Bühne. Deshalb ist es hilfreich, ein Stativ zu verwenden, damit die Position des Tablets immer unverändert bleibt. Wenn ihr kein Stativ habt, könnt ihr euch auch ganz schnell aus einem Stapel Bücher eins selber bauen und das Tablet so ausrichten, dass es auf den Hintergrund eures Films zeigt. Achtet dabei darauf, dass das Tablet nicht kippt.

Stop Motion Studio
Zeitaufwand: **30–60 Minuten**
1–2 Personen ★☆☆☆

43

Tabletständer und Bühne für Stop-Motion-Film

Der Tabletständer und die Bühne sind erste Projekte, die euren Stop-Motion-Film zum Leben erwecken. Den Ständer könnt ihr übrigens auch für viele andere Zwecke verwenden, er ist nicht nur zum Youtube-Gucken gut geeignet, sondern auch zum Programmieren mit ScratchJr. Ein wenig Fingerfertigkeit zum Basteln und Kreativität für die Dekoration sind hilfreich.

Das braucht ihr dafür: Vorlage „Tabletständer" zum Ausdrucken (auf https://tueftelakademie.de/gemeinsamtuefteln), Pappe, Schuhkarton, Schere, Stifte und Dekomaterial.

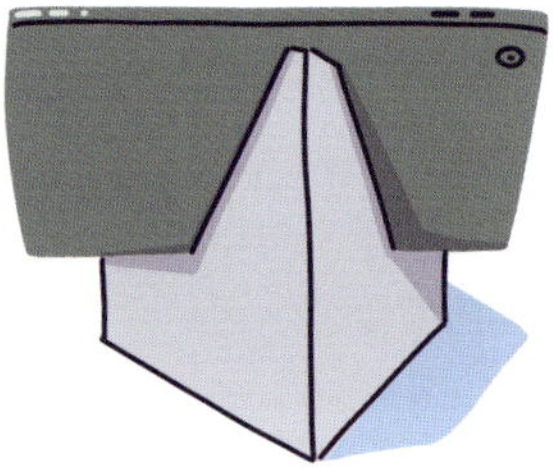

Und so geht's:

1. Druckt euch die Vorlage „Tabletständer" aus und klebt sie auf eine Pappe. Schneidet die Vorlage aus und faltet sie entlang der gestrichelten Linie in der Mitte.
2. Dekoriert und bemalt die Vorlage. Schon ist der Tabletständer fertig.
3. Nun geht es daran, die Bühne zu bauen. Hierfür nehmt ihr den Schuhkarton und überlegt euch, in welcher Landschaft eure Geschichte spielen soll. Stellt den Karton auf, sodass ihr in die offene Seite reinschauen könnt. Auch ihn könnt ihr bemalen und dekorieren: In welcher Landschaft soll euer Film spielen? Bastelt Bäume aus buntem Tonpapier, Sterne aus Pfeiffenreinigern, modelliert Knethäuser, die auf Bergen von Bausteinen stehen … alles ist möglich. Setzt den Karton mit der offenen Seite nach vorn auf den umgekehrten Deckel, sodass er ein Stück herausragt. Das ergibt eine gute Bühne, auf der eure Geschichte spielen kann.
4. Jetzt könnt ihr mit Stop Motion auf eurer eigenen Bühne loslegen.

Tipp von Franzi Auch mit verschiedenen Beleuchtungseffekten könnt ihr hier arbeiten. Nutzt dafür zum Beispiel Transparentpapier oder bunte Folien, die ihr vor eine Taschenlampe klebt, um eine Abendstimmung oder ein Gewitter zu simulieren.

44

Stop Motion Studio
Zeitaufwand: ab **15 Minuten**
1–2 Personen ★☆☆☆

Stop-Motion-Film

In diesem Projekt lernt ihr im Handumdrehen, wir ihr einen Stop-Motion-Film macht. Also: Bühne frei und Film ab!

Das braucht ihr dafür: 1 Tablet oder Smartphone mit Internetverbindung, integriertem Mikro (oder externem Mikro), Stop-Motion-Studio-App (kostenfrei im AppleStore oder im PlayStore verfügbar), farbigen Pappkarton oder buntes Papier, Figuren (zum Beispiel aus Pappe, Spielfiguren oder Süßigkeiten), Bücher oder Kisten als Stativ.

Und so geht's:

1. Als Erstes überlegt ihr euch, was ihr in eurer Geschichte erzählen wollt. Handelt es sich um einen Erklärfilm? Dann überlegt euch,

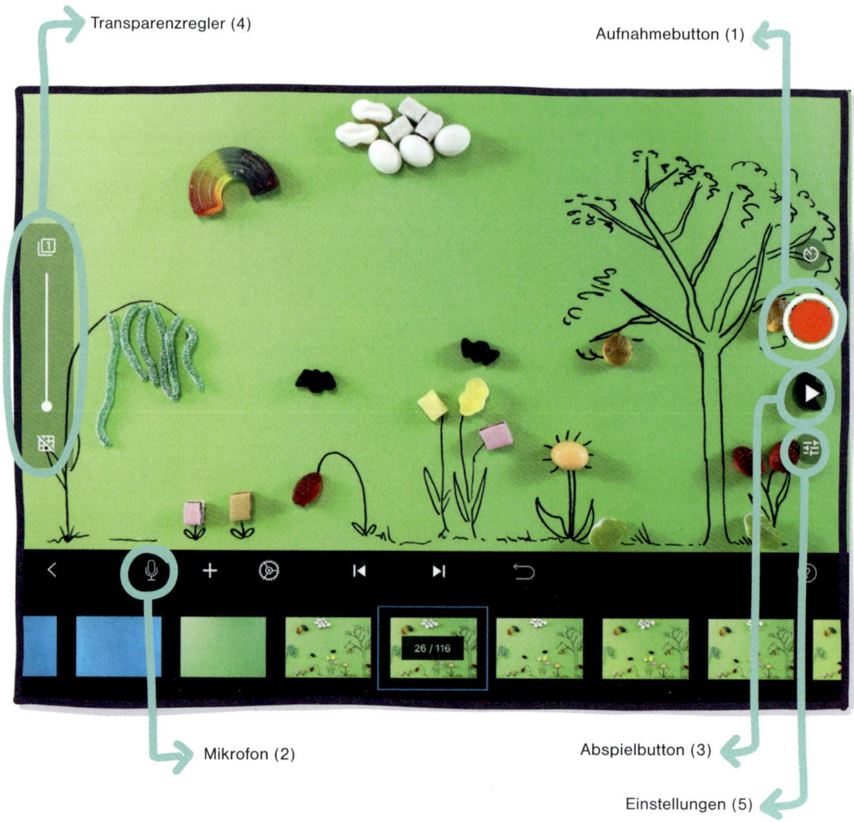

Quelle: Stop Motion Studio, Cateater LCC, Version 10.4.1, https://www.stopmotionstudio.com/

welches Phänomen ihr erklären wollt, welche Gegenstände ihr dafür benötigt und wie der Hintergrund gestaltet sein soll. Wenn ihr euch all dies überlegt und die Gegenstände zusammengetragen habt, seid ihr startklar.

2. Nun beginnt ihr mit dem Basteln der Bühne. Wählt euch einen farbigen Pappkarton aus, den ihr als Hintergrund verwenden wollt. Wenn es Dinge gibt, die während des gesamten Films immer da sein werden, könnt ihr diese auch malen oder basteln und draufkleben. Achtet dabei darauf, dass eure Bühne so unter der Kamera liegt, dass das Kamerabild komplett ausgefüllt ist und auch alles zu sehen ist,

was draufsoll. Befestigt dafür euer Tablet auf dem Tabletständer (Projekt 43). Möglicherweise müsst ihr die Kamera noch ausjustieren, indem ihr die Höhe des Stativs vergrößert bzw. verkleinert. In unserem Beispiel verwenden wir einen grünen Pappkarton als Hintergrund. Hier könnt ihr jetzt Bäume und Pflanzen draufzeichnen.

3. Jetzt ordnet ihr eure Figuren für das erste Bild an. Ihr legt also alles so hin, wie das erste Bild aussehen soll. In unserem Beispiel verwenden wir Gummibärchen für den Regenbogen, 2 Spielfiguren sowie eine Sonne und Wolken aus farbigem Papier.
4. Wenn ihr euer erstes Bild fertig habt, macht ihr auf dem Tablet das erste Bild. Dafür drückt ihr einfach 1-mal auf den **Aufnahmebutton (1)**. Anschließend verschiebt ihr alle Dinge, die sich bewegen sollen, ein kleines bisschen in die richtige Richtung und macht wieder ein Foto. Jetzt verschiebt ihr sie wieder um ein Stück, und schon habt ihr Bild 3 im Kasten. So geht's immer weiter. Passt auf, dass die Bewegungen zwischen den einzelnen Bildern nicht zu groß sind. Je kleiner die Sprünge, umso flüssiger werden die Bewegungen später im Film sein. Um eine Figur sehr schnell zu bewegen, könnt ihr sie größere Schritte machen lassen.
5. Zwischendrin könnt ihr immer wieder überprüfen, wie die Sprünge wirken. Dafür drückt ihr einfach auf den **Abspielbutton (3)**, um euch den Film anzuschauen. Wie viele Bilder ihr für die einzelnen Bewegungen und Änderungen braucht, kommt darauf an, wie schnell ihr den Film ablaufen lasst und wie lang er am Ende werden soll. Über die **Einstellungen (5)** könnt ihr die Geschwindigkeit anpassen. Ein guter Richtwert sind 10 Bilder pro Sekunde. Schaut doch mal, ob euch das Ergebnis so gefällt.

Info Um die Änderung der Einstellung gegenüber dem vorherigen Bild zu vergleichen, könnt ihr mit dem **Transparenzregler (4)** links arbeiten. Damit lasst ihr das vorige Bild durchscheinen und könnt sehen, wie groß der Unterschied zwischen den beiden Bildern ist.

6. Durch Auswahl des **Mikrofon-Symbols (2)** könnt ihr euren Film vertonen. Dafür sprecht ihr einfach Text oder macht Geräusche - hier könnt ihr wieder eurer Kreativität freien Lauf lassen. Die Küche und das Kinderzimmer bieten eine Fundgrube an Utensilien, um Töne zu erzeugen.

Tipp von Juliane Wie gefällt euch euer erster Film? Hat euch das Tüfteln Spaß gemacht und wollt ihr den Film anderen zeigen? Dann könnt ihr ihn in eurer Galerie speichern und von hier z. B. in Drive exportieren – und wenn ihr Lust habt, gleich noch einen weiteren Film aufnehmen. Los geht's!

CoSpaces - so funktioniert's!

CoSpaces ist eine kostenlose App, mit der ihr ganz einfach eure eigenen Virtual-Reality-Welten programmieren könnt. Es ist in etwa vergleichbar mit Scratch - funktioniert nur eben dreidimensional. Daher verwendet ihr hier dreidimensionale Figuren und animiert sie, um eure Geschichten zu erzählen. Ganz nebenbei trainiert ihr eure räumliche Vorstellungskraft und erlernt spielerisch die Grundlagen der digitalen Gestaltung. Für das Erstellen einer VR-Welt benötigt ihr einen Computer mit Internetverbindung, auf dem ihr die Umgebung CoSpaces über den Browser öffnen und bearbeiten könnt. Um euer Projekt dann anschauen und erleben zu können, braucht ihr ein Smartphone oder ein Tablet, auf dem ihr die kostenfreie App installiert.

Info An das Tragen einer VR-Brille sollten Kinder langsam herangeführt werden. Das räumliche Erleben ist intensiv, die Sinne müssen sich erst einmal darauf einstellen. Daher ist es wichtig, dass ihr dabei seid, wenn eure Kinder es ausprobieren. Fragt nach: Wie geht es dir/euch? Macht mit den Kids Pausen und sprecht nach dem Absetzen der Brille darüber, was sie erlebt haben.

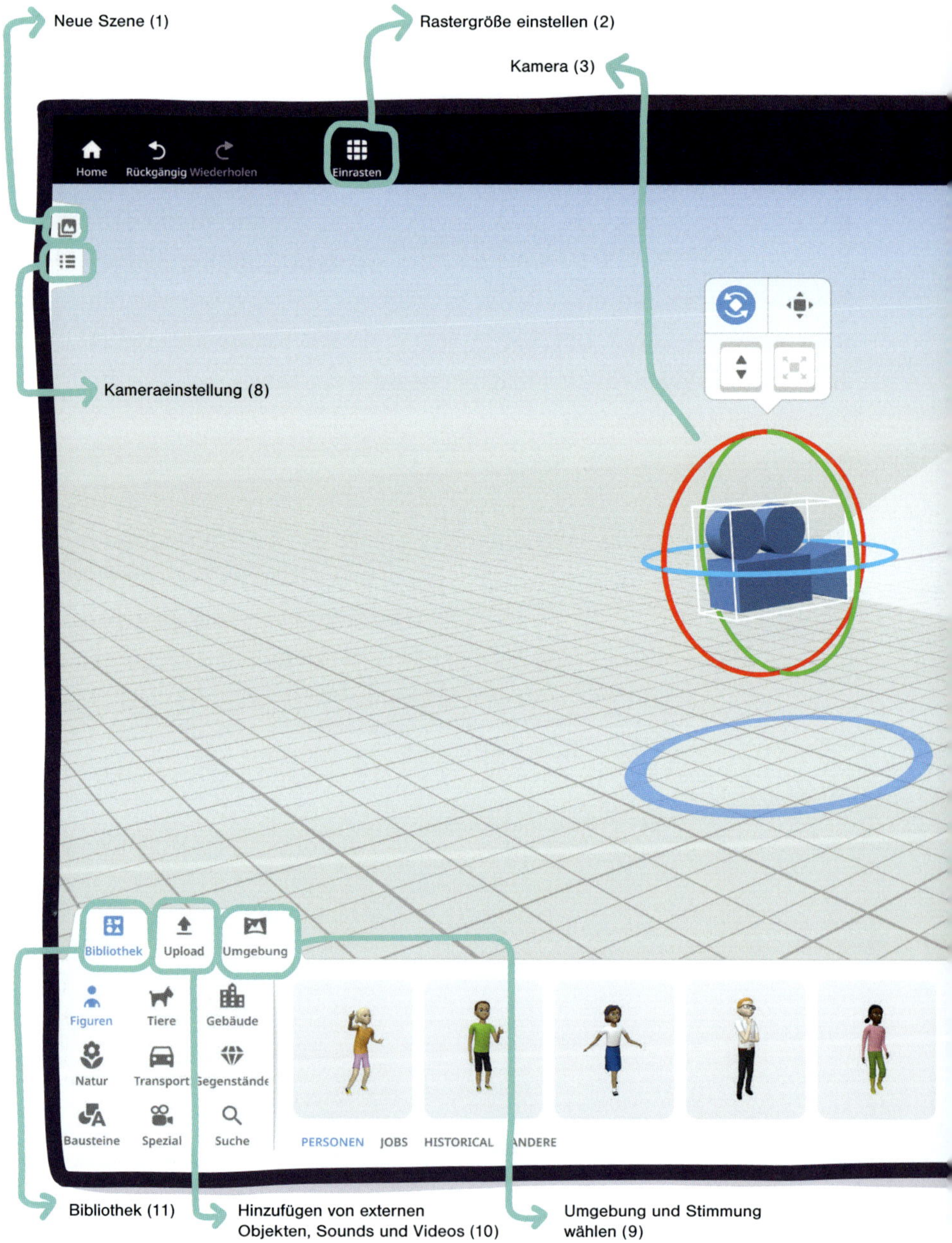
Neue Szene (1)
Rastergröße einstellen (2)
Kamera (3)
Home
Rückgängig
Wiederholen
Einrasten
Kameraeinstellung (8)
Bibliothek
Upload
Umgebung
Figuren
Tiere
Gebäude
Natur
Transport
Gegenstände
Bausteine
Spezial
Suche
PERSONEN
JOBS
HISTORICAL
ANDERE
Bibliothek (11)
Hinzufügen von externen Objekten, Sounds und Videos (10)
Umgebung und Stimmung wählen (9)

Quelle: CoSpaces, DelighteX GmbH, browserbasierte App, https://cospaces.io/edu/

CoSpaces
Zeitaufwand: ab **15 Minuten**
1–2 Personen ★★☆☆

45

Zoo anders - baut euch eure Welt in CoSpaces

Wir wollen in diesem CoSpaces-Projekt einen Zoo mit euch bauen, der darf aber mal zoo - äh - so ganz anders sein. Lesekompetenz sowie erste Erfahrungen im Umgang mit Laptop und Maus, Erfahrungen mit Scratch und/oder Stop Motion Studio sind von Vorteil.

Das braucht ihr dafür: 1 Laptop mit Internetverbindung, CoSpaces (via Browser): https://cospaces.io/edu/, 1 Tablet oder Smartphone, gegebenenfalls VR-Brille (Projekt 66). Um mit CoSpaces zu tüfteln, benötigt ihr zunächst auch einen Account. Dafür könnt ihr euch kostenlos auf der Website registrieren (unter dem Basic-Plan). Die kostenlose Version enthält nicht alle Funktionen, ist aber für das Projekt vollkommen ausreichend.

Info Mit der Pro-Version könnt ihr euch einen Lehr-Account anlegen, Aufgaben erstellen und zum Beispiel bei einem Kindergeburtstag gleichzeitig in verschiedenen Gruppen an etwas gemeinsam bauen. Wenn ihr noch ungeübt seid, was die Bewegung und Orientierung in einer dreidimensionalen Umgebung betrifft, empfehlen wir euch, zunächst mal einige Minuten mit der Oberfläche von CoSpaces und der Bewegung im dreidimensionalen Raum herumzuspielen.

Macht euch zunächst mit der **Bühne (12)** und der **Kamera (3)** vertraut. Die Kamera hilft euch zu verstehen, aus welchem Blickwinkel eure Welt später erlebbar sein wird. Stellt euch vor, ihr schaut durch eine Kamera wie bei einem echten Kinofilm. Genau aus dieser Perspektive sieht man eure Geschichte später durch die 3-D-Brille. Um herein- bzw. herauszuzoomen, verwendet ihr die Plus- und Minustasten auf der Tastatur. Mit den Pfeiltasten verschiebt ihr die Perspektive der Kamera.

Um sie zu bewegen, haltet ihr die linke Maustaste gedrückt. Jetzt öffnet sich außerdem ein Menü. Probiert auch die vier verschiedenen Optionen aus, um die Kamera zu bewegen und zu drehen.

Wo soll euer Zoo angesiedelt sein? Befindet er sich in einer Stadt, auf dem Land oder vielleicht sogar unter Wasser? Wählt dafür die passende **Umgebung (9)** aus. Je nach Geschmack könnt ihr hier auch Filtern und weitere Bilder in den Hintergrund einfügen.

Jetzt geht es darum, eure Szene zu beleben. Dafür braucht ihr Dinge und Figuren, die ihr in euren Zoo platziert. Sind es Tiere oder gibt es in eurem Zoo eventuell ganz andere Dinge zu sehen? Dafür öffnet ihr über das Icon links unten am Bildschirmrand die **Bibliothek (11)**. Hier gibt es verschiedene Rubriken, aus denen ihr jetzt die Objekte für euren Zoo aussuchen könnt.

Tipp Ihr könnt auch Bilder, 3-D-Modelle oder Klänge aus dem Internet verwenden. Nutzt hierfür die Schaltfläche **Upload (10)**, wählt eine Rubrik aus und geht auf Web-Suche. Hier könnt ihr jetzt einen Suchbegriff eingeben. Wenn ihr englische Suchbegriffe verwendet, erhaltet ihr mehr Ergebnisse.

Nun gilt es, die Objekte nach euren Wünschen in eurer Welt anzuordnen. Wenn ihr ein Objekt auswählt, erscheint ein Kontextmenü mit vier verschiedenen Möglichkeiten. Hierüber könnt ihr es drehen, verschieben, schweben lassen und die Größe ändern. Um die Figur zu drehen oder zu verschieben, wählt ihr die jeweilige Schaltfläche aus. Dann erscheinen 3 farbige Linien, die den drei Dimensionen x, y und z entsprechen. Ihr könnt jede dieser Farblinien einzeln auswählen und die Figuren auf der jeweiligen Linie verschieben bzw. drehen.

Um die unteren beiden Menüpunkte „schweben" und „Größe ändern" zu verwenden, haltet ihr die Schaltfläche mit der Maus einfach gedrückt und bewegt dann die Maus nach oben oder unten. Um die Figuren lebendiger zu gestalten, wählt mit der rechten Maustaste unter dem Menüpunkt „Animation" eine passende Animation aus.

Tipp Um für die Figuren eigene Bewegungen zu programmieren, geht ihr rechts oben auf das Code-Menü-Icon und wählt **CoBlocks (5)** als Programmiersprache aus. Es öffnet sich eine Programmierumgebung, die der von Scratch sehr ähnlich ist, vielleicht kommt sie euch also bekannt vor. Links in der Bibliothek findet ihr vorgefertigte Codeblocks, um die Figuren zu animieren. Probiert es einfach mal aus. Jetzt kennt ihr die wichtigsten Werkzeuge und Kniffe, um euren Zoo zu gestalten. Wenn ihr auf **Szene abspielen (4)** geht, könnt ihr euch mit der Maus durch eure Welt bewegen. Viel besser funktioniert das aber mit einem Handy oder Tablet.

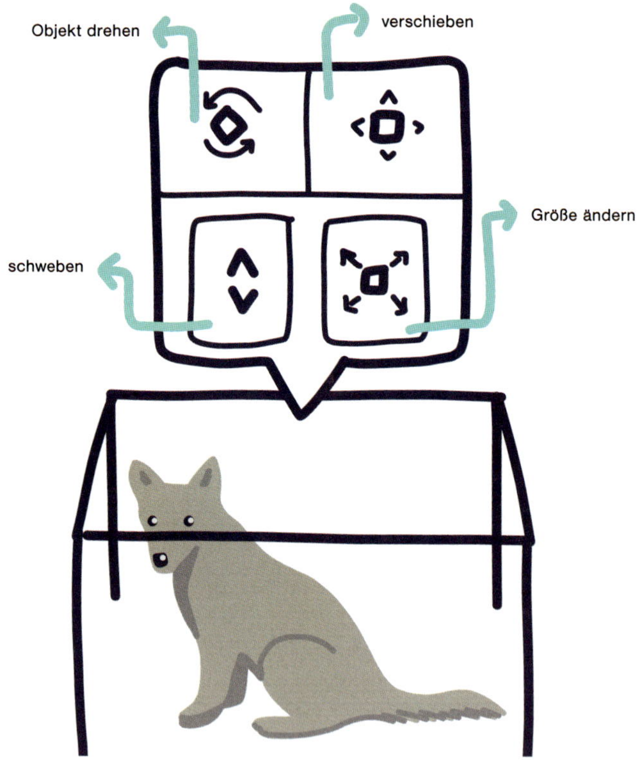

Info Für das Anschauen der Welt auf einem Handy oder Tablet eignen sich alle Geräte, die einen Lagesensor enthalten.

Um euren Zoo über das Handy oder Tablet anzuschauen, braucht ihr jetzt einfach nur die CoSpaces-App zu installieren und euch einzuloggen. Eure Welt erscheint als Auswahl in eurem Nutzer-Account. Jetzt wählt ihr den Play-Knopf auf eurem Gerät aus. Ihr seht unten links drei Symbole, dort könnt ihr zwischen der Geräte-, der AR- sowie der VR-Ansicht (für das Smartphone) wechseln und euch so eure Welt in 3-D anschauen. Wählt eine Ansichtsform aus und bewegt das Tablet bzw. Handy. Nun könnt ihr durch eure neu geschaffene Welt laufen.

Tipp von Felix Um euren Zoo so richtig effektvoll in 3-D zu sehen, benötigt ihr bei der VR-Ansicht eine VR-Brille. Dafür reicht bereits eine Brille aus Pappe, die ihr euch ganz leicht selber bauen könnt. Wie, das erfahrt ihr in Projekt 66. Außerdem könnt ihr euren Ort auch mit anderen teilen. Veröffentlicht dafür euer Projekt online, indem ihr in der oberen Menüleiste die Funktion „Teilen“ auswählt. Ihr erhaltet einen Link, den ihr versenden könnt, damit auch andere euren Zoo anschauen können.

Noch mehr Screen-on-Projekte

Ab hier sind die Projekte nach den jeweiligen Screen-on-Werkzeugen sortiert. Zu Beginn jedes Projektes findet ihr eine kurze Übersicht, damit ihr schnell erkennen könnt, ob das Projekt was für euch ist. Viel Spaß beim Weitertüfteln.

ScratchJr

Analoges Programmieren
Zeitaufwand: ca. **30 Minuten**
1 Person ★☆☆☆

46

Interaktive Geschichte in ScratchJr

Bei ScratchJr könnt ihr nicht nur einzelne Figuren animieren und sprechen lassen, sondern auch mehrere Figuren miteinander interagieren lassen. Wir zeigen euch hier, wie das geht.

Vorerfahrungen in ScratchJr sind von Vorteil. Am besten lest ihr euch dazu unsere Einführung (s. „ScratchJr - so funktioniert's!", S. 209) durch.

Das braucht ihr dafür: 1 Tablet mit Internetverbindung. ScratchJr ist als kostenfreie App im AppStore oder im PlayStore verfügbar.

Und so geht's:

1. Öffnet die ScratchJr-App und beginnt ein neues Projekt. Wählt euch dafür einen schönen **Hintergrund (4)** aus und fügt zwei Figuren in euer Programm ein.
2. Nun könnt ihr die erste Figur animieren, beispielsweise in Bewegung setzen. Der Code hierfür kann zum Beispiel so aussehen:

3. Nun fügt ihr eine zweite Figur über das große blaue Pluszeichen auf der linken Seite des Bildschirms hinzu.
4. Sobald auf der linken Seite die neue Figur ausgewählt und orangefarben umrandet ist, könnt ihr sie unten im **Programmierbereich (9)** programmieren.
5. Die Figur 2 soll in unserem Fall bei Berührung durch die Figur 1 etwas tun. Dafür wählt ihr aus den gelben Blöcken den Startblock, der die beiden Figuren zeigt, die einander zugewandt sind. Dieser Startblock bedeutet, wenn Figur 1 Figur 2 berührt, passiert das, was ihr im folgenden Schritt programmiert.
6. Wir möchten, dass Figur 2 sich bei Berührung im Kreis dreht und „Hallo“ sagt. Dafür haben wir dieses Programm geschrieben:

7. Schon könnt ihr euer Programm testen und eure Figuren interagieren lassen.

Tipp Ihr könnt natürlich verändern, was die Figur sagt oder wie viele Schritte sie geht. Dafür klickt ihr in den weißen Kasten am unteren Rand des Programmierblocks. Dort könnt ihr den Wert verändern.

Tipp von Marlen Mit dem grünen Programmierblock könnt ihr die Figuren sogar miteinander sprechen lassen und eigene Sounds aufnehmen. Probiert es einfach mal aus!

ScratchJr
Zeitaufwand: ca. **30 Minuten**
1 Person ★★☆☆

47

Tanzende Buchstaben in ScratchJr

Mit ScratchJr könnt ihr auch eigene Zeichnungen erstellen, ihr könnt zum Beispiel auch Buchstaben zeichnen, die ihr dann in die richtige Reihenfolge tanzen lasst. Vorerfahrungen in ScratchJr sind von Vorteil. Am besten schaut ihr euch dazu unsere Einführung (s. „ScratchJr - so funktioniert's!“, S. 209) an.

Das braucht ihr dafür: 1 Tablet mit Internetverbindung. ScratchJr ist als kostenfreie App im AppStore oder im PlayStore verfügbar.

Und so geht's:

1. Öffnet die ScratchJr-App und startet ein neues Projekt. Wählt euch einen schönen **Hintergrund (4)** aus und löscht nun die erste Figur, also die Katze. Dazu drückt ihr so lange auf die Figur im linken Bereich, bis auf dem orangefarbenen Kasten ein roter Kreis mit einem x erscheint. Drückt darauf, dann wird die Figur gelöscht. Es bleibt euer leerer Hintergrund übrig.
2. Überlegt euch ein Wort, das ihr animieren wollt. Tipp: Am Anfang ist ein kurzes Wort ganz gut. Wir wählen für unser Beispiel das Wort „toll“.

3. Fügt nun eine neue Figur hinzu **Figur hinzufügen (1)**. Hier wählt ihr allerdings nicht eine Figur aus, die ihr schon fertig vorfindet, sondern drückt oben rechts auf den Pinsel.
4. Nun gelangt ihr auf eine Oberfläche, in der ihr selbst zeichnen könnt. Zeichnet den ersten Buchstaben eures Wortes. Wählt dazu die Pinselstärke und Farbe aus. Wir haben für unser

„toll“ ein rotes t gemalt. Durch Klicken auf den blauen Haken in der rechten oberen Ecke fügt ihr diesen Buchstaben auf eurer Bühne hinzu.

5. Wiederholt Schritt 3 so oft, bis ihr alle Buchstaben beisammenhabt.
6. Ordnet nun eure Buchstaben wild auf eurer Bühne an. Nun müssen die Buchstaben einzeln so programmiert werden, dass sie an die richtige Stelle „tanzen“ oder „hüpfen“, sobald ihr das Programm startet.
7. Jeder Buchstabe wird einzeln programmiert. Wählt dazu den ersten im linken Bereich an, indem ihr draufdrückt. Durch Ziehen der Bewegungsbefehle ins Programmierfeld (unten) bekommt so jeder Buchstabe sein eigenes „Bewegungsprogramm“. Jedes Programm muss dafür mit dem Startblock, der die gelbe Fahne zeigt, beginnen. Der Code kann zum Beispiel so aussehen:

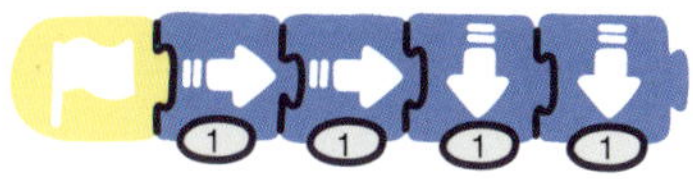

8. Programmiert jeden einzelnen Buchstaben so, dass sich alle an die richtige Stelle bewegen und in der richtigen Reihenfolge das Wort „toll“ ergeben. Testet immer wieder, ob die Buchstaben sich in die richtige Richtung bewegen und am Ende an der richtigen Position stehen. Fügt so lange blaue Bewegungsblöcke ein, bis es klappt und euer Wort am Ende lesbar ist.

Tipp von Natascha Wenn ihr noch mehr Lust habt, lasst die Buchstaben doch mal Saltos schlagen und am Ende einen Abschlusston erklingen.

Scratch

Scratch
Zeitaufwand: ca. **30 Minuten**
1–2 Personen ★★☆☆

48

Katz und Maus - Fangspiel in Scratch

Mit der kostenfreien Programmierumgebung Scratch könnt ihr eure eigenen Computerspiele programmieren. Wir zeigen euch in diesem Projekt, wie ihr bereits ohne viel Vorkenntnisse zu großem Spielspaß gelangt. Lesekompetenz und Vorerfahrungen in Scratch sind von Vorteil. Am besten schaut ihr euch dazu unsere Einführung (s. „Scratch - so funktioniert's!“, S. 215) an.

Das braucht ihr dafür: 1 Laptop mit Internetverbindung, Scratch-Programmierumgebung (via Browser): https://scratch.mit.edu.

Und so geht's:

1. Öffnet die Website https://scratch.mit.edu und klickt auf den Menüpunkt „Entwickeln“, so gelangt ihr zur Programmierumgebung von Scratch.
2. Die Katze ist bereits als Figur auf der Bühne. In diesem Projekt soll die Katze euren Mauszeiger fangen. Dafür nutzt ihr den Bewegungsblock (blau) „Drehe dich zu Mauszeiger“, und da die Katze ständig dem Mauszeiger folgen soll, müsst ihr die Anweisung ständig wiederholen. Dafür wählt ihr den Steuerungsblock (orangefarben) „wiederhole fortlaufend“. Dieser umschließt jetzt den Bewegungsbefehl:

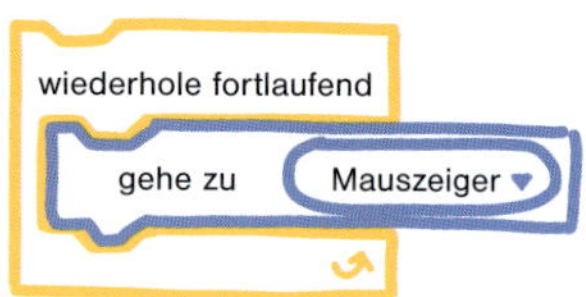

3. Jetzt müsst ihr noch definieren, wann der Programmcode ausgeführt werden soll. Wir entscheiden uns hier für das Ereignis (orangefarben) „Wenn grüne Fahne angeklickt wird“ und setzen den Block an den Anfang des Codeblocks:

Wenn ihr jetzt probeweise auf die grüne Fahne klickt und den Mauszeiger bewegt, dreht sich die Katze entsprechend mit in Richtung eures Mauszeigers.

4. Noch ist unsere Katze etwas unbeweglich. Damit sie dem Mauszeiger auch hinterherläuft, fügt ihr noch den Bewegungsblock (blau) „gehe 10er Schritt“ unten an den „drehe-dich-zu“-Block an. Tragt die Zahl in das Textfeld des Befehlsblocks. Wenn euch die 10 zu schnell ist, probiert es mit der 5:

   Drückt auf die grüne Fahne, um den Programmcode auszuprobieren und mit dem Katz-und-Maus-Spiel zu beginnen.
5. Um eurem Spiel einen letzten Schliff zu verleihen, könnt ihr noch einen passenden Hintergrund hinzufügen. Wie wär’s mit einem Bauernhof? Oder vielleicht befinden sich Katz und Maus ja auf einem Raumschiff? Wählt dafür über das Bedienfeld „Bühnenbild“ einen Hintergrund aus, der euch gefällt.
   Bravo - geschafft!

Tipp von Philo Wenn ihr das Spiel persönlicher gestalten wollt, könnt ihr ein eigenes Bild hochladen und es als Hintergrund verwenden. Wenn ihr noch mal nachschauen wollt, wie wir dieses Projekt gelöst haben, findet ihr das fertige Programm auch in unserem Scratch-Studio: https://scratch.mit.edu/studios/28596614/.

Scratch
Zeitaufwand: ca. **40 Minuten**
1–2 Personen ★★☆☆

49

Ballspiel mit Krabbe in Scratch

In diesem Projekt helft ihr der Krabbe, die Bälle aufzufangen. Dafür steuert ihr die Krabbe mit den Pfeiltasten eurer Tastatur über den Meeresgrund. Ein Punktezähler zählt dabei, wie viele Bälle ihr fangt. Aber passt auf, dass die Krabbe die Bälle nicht fallen lässt, dann ist das Spiel vorbei! Vorerfahrungen in Scratch sind von Vorteil. Am besten schaut ihr euch dazu unsere Einführung (s. „Scratch - so funktioniert's!“, S. 215) an.

Das braucht ihr dafür: 1 Laptop mit Internetverbindung, Scratch-Programmierumgebung (via Browser): https://scratch.mit.edu.

Und so geht's:

1. Öffnet die Website https://scratch.mit.edu und klickt auf den Menüpunkt „Entwickeln“.
2. Als Erstes wählt ihr euch eine Unterwasserlandschaft aus und legt sie als Hintergrund fest. Dafür wählt ihr rechts unten am Rand über das Bühnenauswahlsymbol einen passenden Hintergrund aus. Die Katze benötigen wir bei der Unterwasserlandschaft nicht. Daher könnt ihr sie über das Papierkorbsymbol löschen und euch dafür eine neue Figur über die Figurenbibliothek auswählen, die Krabbe. Positioniert eure neue Figur mittig an den unteren Bildrand und legt fest, dass sie sich beim Start des Spiels immer an dieser Position befindet. Dafür nutzt ihr den Codeblock „gehe zu x … y …“. Um die Krabbe unten zu positionieren, wählen wir die Werte x = 0 und y < -170.
   Außerdem lasst ihr die Krabbe über den Codeblock „sage … für … Sekunden“ noch sagen, „Hilf mir die Bälle einzufangen“, sodass die Spieler wissen, worum es in dem Spiel geht. Dafür fügt ihr folgende Codeblöcke ein:

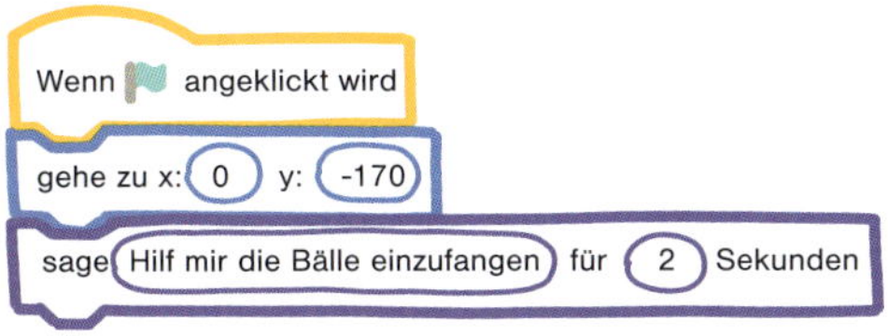

Tipp Um die Koordinaten eurer Figur festzulegen, zählt ihr von der Mitte aus die Schritte nach rechts oder links bzw. nach oben oder unten. Alle Schritte, die die Krabbe nach rechts oder links macht, verändern den x-Wert. Alle Schritte, die die Figur nach oben oder unten macht, verändern den y-Wert. In der Mitte der Bühne ist der 0-Wert. Bewegt sich eure Figur von der Mitte aus nach rechts und oben, so sind die Werte positiv. Bewegt sie sich nach links und unten, so sind die Werte negativ, das heißt, sie erhalten ein Minus als Vorzeichen.

3. Jetzt programmiert ihr die Krabbe so, dass ihr sie mit den beiden Pfeiltasten rechts und links über den Bildschirm bewegen könnt. Dafür definiert ihr zunächst eine Variable (siehe unten), in der ihr die Richtung speichert, also ob sich die Krabbe gerade nach rechts oder nach links bewegt.

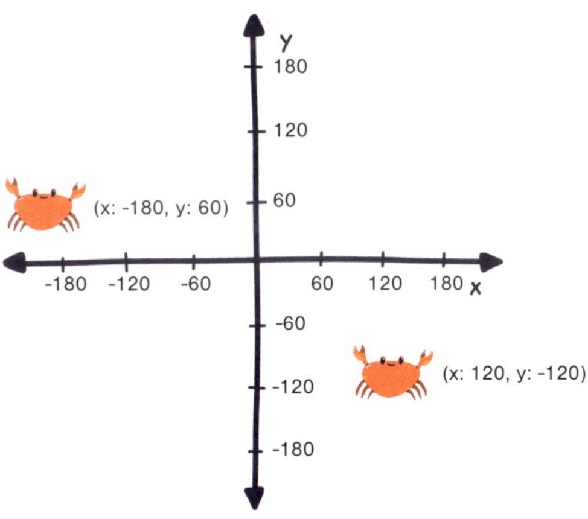

Info Variablen sind wie Schachteln, in denen ihr verschiedene Informationen für eure Programme aufbewahren könnt. Ihr könnt darin zum Beispiel Punkte zählen oder die Richtung speichern, in der sich eine Figur bewegt.

Um eine neue Variable zu definieren, wählt ihr links am Rand bei den Codeblöcken unter „Variablen" die Schaltfläche „Neue Variable" aus. Jetzt könnt ihr der Variablen einen Namen geben, zum Beispiel „Richtung", und unter diesem Namen erscheint sie dann bei den Codeblöcken unten bei den anderen Variablen aufgelistet. Damit können wir der Krabbe jetzt also zusätzlich folgenden Programmcode zuweisen:

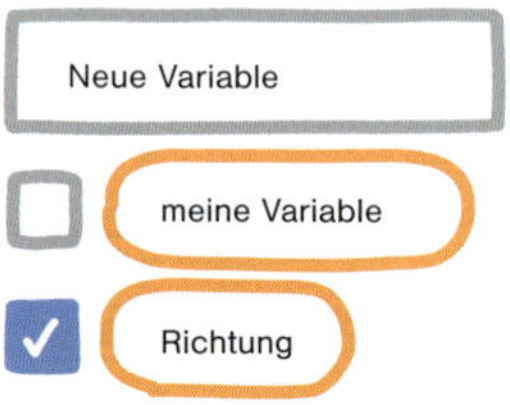

Noch steht die Krabbe ganz still. Trotzdem könnt ihr bereits schauen, ob eure Variable richtig erkannt wird. Startet dafür das Programm. Ihr werdet sehen, dass auf eurer Bühne das Feld „Richtung" angezeigt wird. Wenn ihr jetzt die rechte oder linke Pfeiltaste drückt, wird euch das hier angezeigt:

4. Damit sich die Krabbe nun auch bewegt, muss sie fortlaufend abfragen, ob die rechte oder die linke Pfeiltaste gedrückt wird. Dafür nutzt ihr eine Bedingungsabfrage. Diese Bedingung müsst ihr sowohl für das Drücken der linken als auch für das Drücken der rechten Taste abfragen. Um die Abfrage kontinuierlich zu wiederholen, bettet ihr sie noch in eine fortlaufende Schleife ein. Euer Code sollte jetzt so aussehen, fügt ihn an die bereits bestehenden Codeblöcke an:

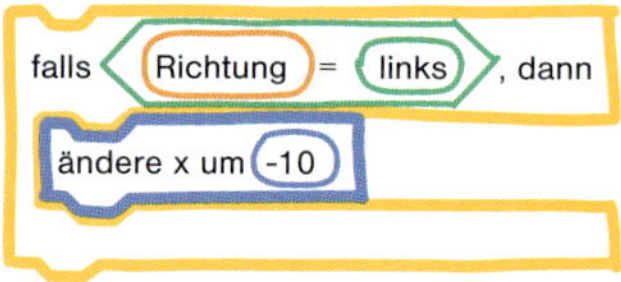

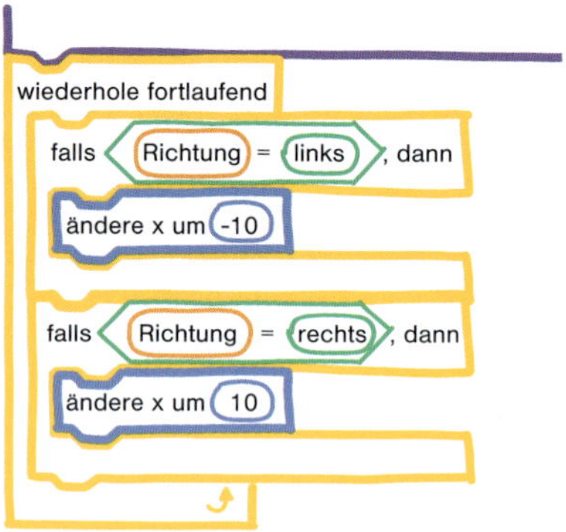

Testet euren Code. Wenn ihr die Pfeiltasten jetzt drückt, sollte sich die Krabbe auch entsprechend bewegen. Über die Zahlen in dem Codeblock „ändere x um …“ wird bestimmt, wie schnell sie sich bewegt. Verändert doch mal die Zahlen und seht, was passiert.

5. Um später auch die Punkte im Spiel zählen zu können, benötigen wir noch eine „Punkte-Variable“. Definiert sie wieder über das Feld „Neue Variable“ und setzt sie zu Beginn des Spiels auf 0. Dafür fügt ihr bei der Krabbe noch folgende Codeblöcke ein:

6. Jetzt benötigt ihr noch die Bälle, die die Krabbe einfangen soll. Fügt einen Ball als neue Figur hinzu und legt auch hier die Startposition fest. Die Bälle sollen immer von oben nach unten fallen, die y-Position steht also fest. Jedoch wollt ihr variieren, ob der Ball mal von rechts oder von links oder von der Mitte startet - oder von von allen möglichen Positionen dazwischen. Das könnt ihr am besten durch eine Zufallsvariable festlegen:

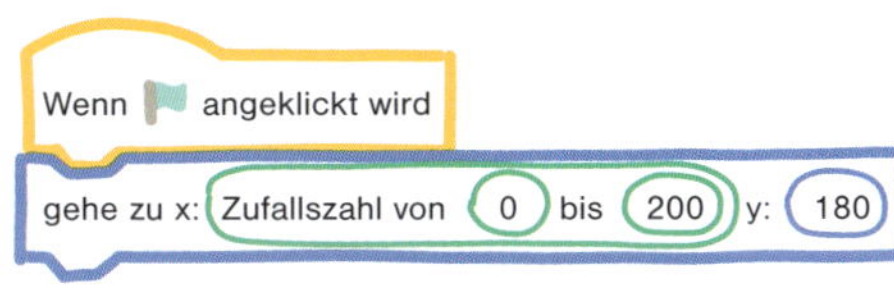

7. Damit der Ball sich jetzt auch nach unten bewegt, müsst ihr seine y-Position kontinuierlich verändern. Dafür könnt ihr den Codeblock „ändere y um …“ verwenden. Wenn ihr jetzt euer Programm testet, werdet ihr merken, dass der Ball schon herunterfällt, aber die Krabbe zu Beginn noch 2 Sekunden lang etwas erzählt. Um diese Verzögerung aufzufangen, könnt ihr noch einen „Warte“-Codeblock einfügen. Euer Programm sieht jetzt also so aus:

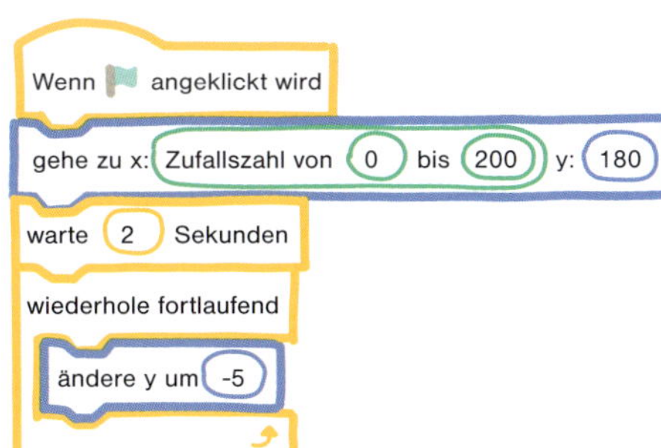

8. Als Nächstes fragt ihr ab, ob die Krabbe den Ball fängt. Ist das der Fall, wollt ihr den Punktestand um einen Punkt erhöhen. Dafür benutzt ihr den Fühlen-Codeblock links am Rand unter der Kategorie „Fühlen“: „wird … berührt“.

Anschließend soll gleich ein neuer Ball herunterfallen:

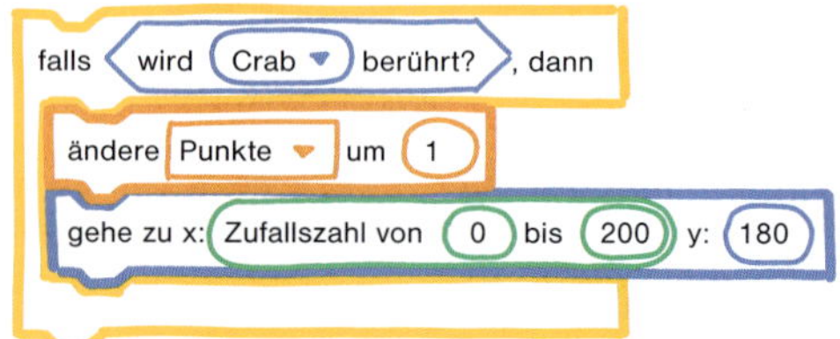

9. Aber was soll passieren, wenn die Krabbe den Ball nicht fängt? Wir wollen ihr dafür zwei Punkte abziehen. Auch dann soll der Ball, wenn er den Meeresboden berührt hat, wieder verschwinden und ein neuer Ball soll von oben herunterkommen. Der Code dafür sieht dann so aus:

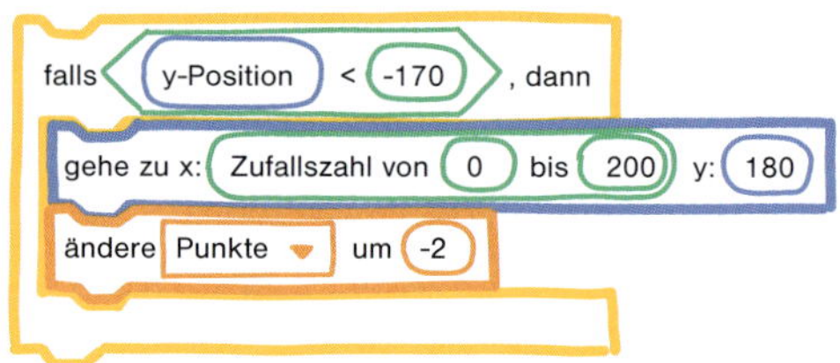

10. Jetzt fügt ihr die einzelnen Codeblöcke für den Ball zusammen. Das fertige Programm sieht dann zum Beispiel so aus:

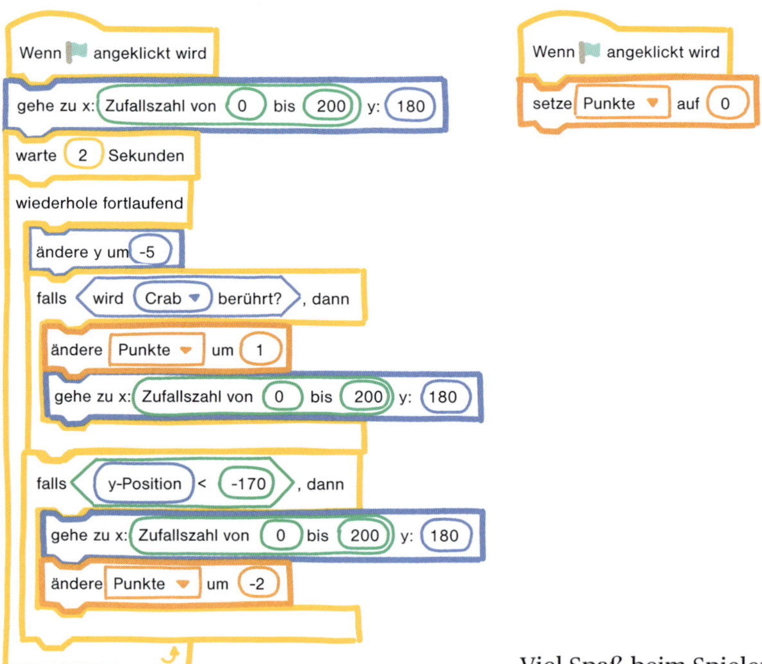

Viel Spaß beim Spielen!

Tipp von Nora Wie unterschiedlich sehen eure Bälle aus? Legt dafür verschiedene Kostüme bei der Figur „Ball“ an und verwendet den Codeblock „wechsle zu Kostüm“. Wenn ihr Lust habt, könnt ihr auch hier mehrere Kostüme anlegen und diese per Zufallsgenerator durchwechseln. Außerdem könnt ihr noch einen Timer einbauen. Wer nach Ablauf des Timers die meisten Punkte hat, hat gewonnen. Wenn ihr nachschauen wollt, wie wir es gelöst haben, findet ihr das fertige Programm in unserem Scratch-Studio: https://scratch.mit.edu/studios/28596614/.

50

Scratch
Zeitaufwand: ca. **30 Minuten**
1–2 Personen ★★☆☆

Zeichnen in Scratch

Mit der kostenfreien Programmierumgebung Scratch könnt ihr euer eigenes Computer-Zeichenprogramm erstellen. Wir zeigen euch, wie ihr das im Handumdrehen schafft. Vorerfahrungen in „Scratch - so funktioniert’s!“ (s. S. 215) sind von Vorteil.

Das braucht ihr dafür: 1 Laptop mit Internetverbindung, Scratch-Programmierumgebung (via Browser): https://scratch.mit.edu.

Und so geht’s:

1. Öffnet die Website https://scratch.mit.edu und klickt auf den Menüpunkt „Entwickeln“.
2. Die Katze ist bereits auf der Bühne. Für dieses Projekt braucht ihr sie aber nicht, sondern einen Stift. Daher könnt ihr sie in der Figurenbibliothek über das Papierkorbsymbol löschen und euch dort ebenfalls einen Stift als neue Figur auswählen. Wenn ihr in der Suche der Figurenbibliothek „pen“ eingebt,

findet ihr ihn schnell. Da der Stift recht groß für unsere Bühne ist, könnt ihr ihn verkleinern. Dafür wechselt ihr in die Ansicht „Kostüme" und macht ihn mit dem Auswahl-Werkzeug kleiner. Sucht ihr die Schaltfläche **Bibliothek mit Figuren (9)** oder **Kostüme (3)**, schaut in der Einführung (s. „Scratch - so funktioniert's!", S. 215) nach.

Info Wenn ihr mehr darüber erfahren wollt, was ihr in der Oberfläche „Kostüme" noch alles bearbeiten könnt, dann schaut euch das Projekt 41 „Figuren zeichnen in Scratch" an.

Achtet bei der Auswahl eures Stiftes auch darauf, wo sich der Mittelpunkt befindet (hier grau markiert). Verschiebt den Stift so, dass die Spitze direkt auf den Mittelpunkt zeigt.

Info Ihr könnt euch auch eine andere Figur als Stift auswählen oder einfach die Katze behalten.

3. Um mit dem Malstift in Scratch zu arbeiten, braucht ihr die entsprechenden Codeblock-Erweiterungen. Dafür klickt ihr unten links in der Bühne auf „Erweiterungen" und wählt den „Malstift" aus. Dadurch erweitert sich jetzt euer Skript-Menü um weitere Codeblöcke, die durch den Malstift als Icon gekennzeichnet sind.

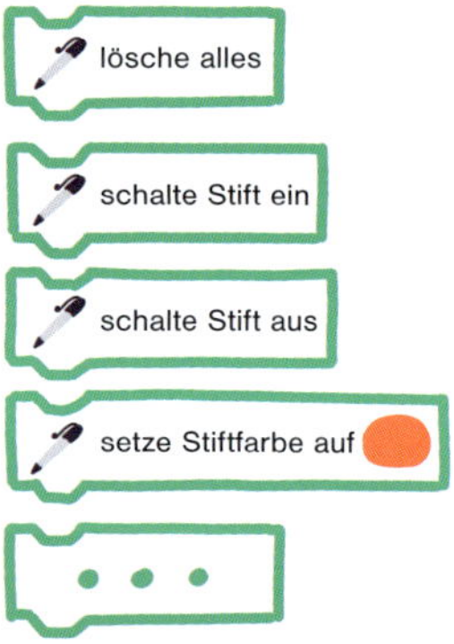

Info Über die Erweiterungen gelangt ihr zu spannenden weiteren Sammlungen von Codeblocks. Klickt sie an und schaut rein – eventuell entdeckt ihr einige interessante Funktionen für euer nächstes Projekt?

4. Um den Stift zu programmieren, wählt ihr das entsprechende Symbol aus der Figurenbibliothek aus und wechselt in das Skripte-Fenster. Als Erstes fügt ihr den Start-Ereignis-Block „Wenn grüne Fahne angeklickt wird" ein. Zu Beginn soll die Malfläche ja immer leer sein, deshalb wählt ihr den Befehlsblock „lösche alles" aus und definiert dann über den Block „setze Stiftfarbe auf" die Farbe, mit der ihr zeichnen wollt. Dafür klickt ihr auf das Farbfeld und stellt über die Schieberegler die gewünschte Farbe ein.

5. Der Stift soll eurer Bewegung mit der Maus folgen (die Funktion kennt ihr bereits aus dem Projekt 48 „Katz und Maus"). Wählt den Codeblock „gehe zu Mauszeiger". Damit der Stift das kontinuierlich macht, müsst ihr den Befehl in die Schleife „wiederhole fortlaufend" einbetten. Wenn ihr euer Programm jetzt testet, folgt der Stift immer der Maus.

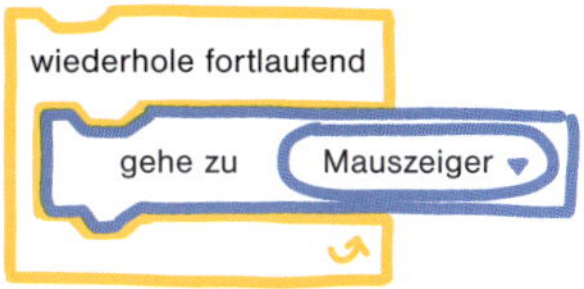

6. Nun braucht ihr noch eine Abfrage, um zu kontrollieren, ob ihr den Stift zum Zeichnen aufsetzt oder abhebt, um den Vorgang zu unterbrechen. Dafür verwendet ihr eine Falls-dann-Abfrage, genauer gesagt den „Falls-dann-sonst"-Block. Sucht dafür eine beliebige Taste aus, die ständig gedrückt sein soll, wenn ihr zeichnen wollt, zum Beispiel die Leertaste.

Info Falls-dann-Verzweigungen sind ein wichtiger Bestandteil in der Programmierung. Sie erlauben es, Zustände abzufragen und entsprechende Handlungen auszulösen. Dadurch könnt ihr festlegen, was als Nächstes zu tun ist. Die Blöcke innerhalb eines „Falls"-Codeblocks werden nur ausgeführt, wenn ein bestimmter Zustand zutrifft ist. Tut er das nicht, werden die Codeblöcke innerhalb des „Sonst"-Codeblocks ausgeführt.

Euer komplettes Programm sieht jetzt so aus:
Viel Spaß beim Malen!

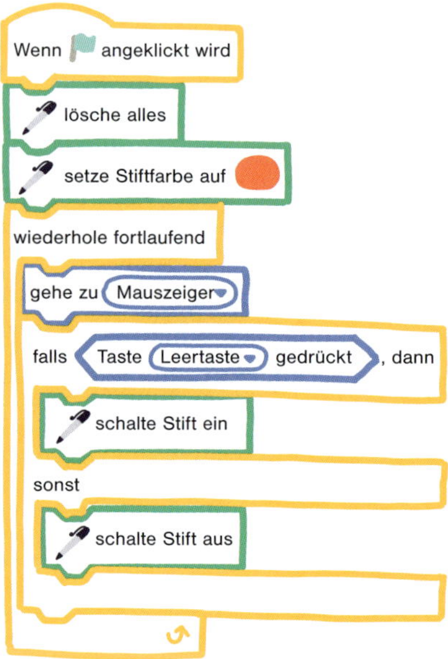

Info Auf den Geschmack gekommen? Dann legt doch darüber hinaus unterschiedliche Farben oder Strichstärken fest, die ausgewählt werden, wenn ihr eine bestimmte Taste drückt. Das kann dann so aussehen:

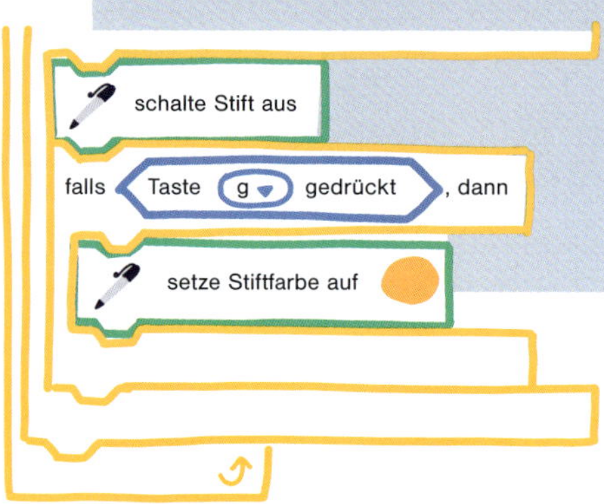

Viel Spaß beim Ausprobieren und Experimentieren.

Tipp von Carlotta Habt ihr Lust, euer Programm mit anderen zu teilen? Dann legt euch bei Scratch einen kostenfreien Account an. Speichert dort euer Projekt, veröffentlicht es auf der Seite von Scratch und schickt einen Link an eure Freunde. Wenn ihr noch mal nachschauen wollt, wie wir es gelöst haben, findet ihr das fertige Programm in unserem Scratch-Studio: https://scratch.mit.edu/studios/28596614/.

51

Scratch
Zeitaufwand: ca. **30 Minuten**
1–2 Personen ★★★☆

Geometrische Figuren zeichnen in Scratch

In diesem Projekt lernt ihr, wie ihr mit Scratch auf Knopfdruck geometrische Figuren zeichnet. Vorerfahrungen in Scratch sind nötig. Am besten schaut ihr euch dazu unsere Einführung (s. „Scratch -so funktioniert's!“, S. 215) an und macht zuerst das Projekt 41 „Figuren zeichnen in Scratch“.

Das braucht ihr dafür: 1 Laptop mit Internetverbindung, Scratch-Programmierumgebung (via Browser): https://scratch.mit.edu.

Und so geht's:

1. Öffnet die Website https://scratch.mit.edu und klickt auf den Menüpunkt „Entwickeln“.
2. Für dieses Projekt benötigt ihr wieder die Malstift-Bibliothek (s. Projekt 41) und den Stift. Beginnt mit einer neuen Programmierung für den Stift mit folgenden beiden Codeblöcken:

3. Jetzt erstellt ihr den Programmcode zum Zeichnen eines Quadrats. Dafür nutzt ihr die beiden Bewegungs-Codeblöcke „gehe x-er Schritt“ und „drehe dich um x Grad“. So zeichnet ihr eine Seite des Quadrats. Da das Quadrat vier Seiten hat, müsst ihr die beiden Codebefehle 4-mal wiederholen. Um die Zeichnung auch zu sehen, setzt den Stift ab. Euer Programm ist jetzt also um folgende Codeblöcke erweitert:

   Testet euer Programm, indem ihr auf die grüne Fahne klickt. So schnell lasst ihr euch ein Quadrat zeichnen!

Tipp Um besser sehen zu können, was passiert, fügt ihr einen „Warte x Sekunden"-Codeblock ein.

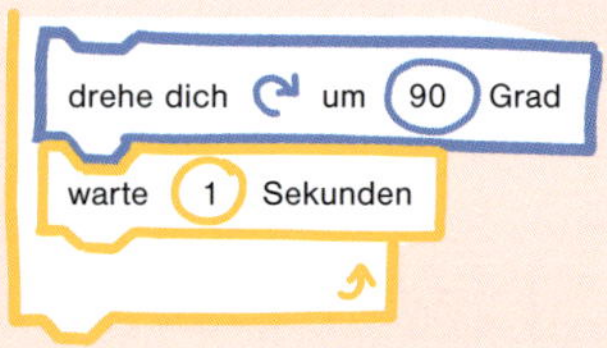

Info Versucht jetzt andere Formen zu zeichnen, zum Beispiel ein Dreieck oder ein Sechseck. Dafür verändert ihr einfach die Variablen. Für ein Dreieck und ein Sechseck sieht das folgendermaßen aus:

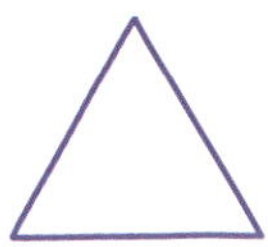

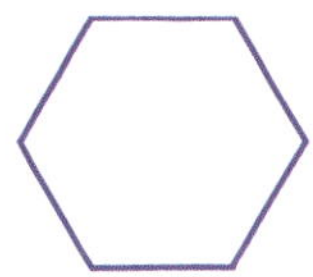

Info Wenn ihr euch eigene Formen überlegt, denkt daran, dass die Innenwinkelsumme einer geometrischen Figur immer 360 Grad beträgt. Um den nötigen Winkel für eure Figur zu errechnen, teilt ihr die Eckenanzahl durch 360. Für ein Sechseck heißt das: 360 : 6 = 60. Für ein Sechseck muss die Winkelgröße 60 Grad betragen.

5. Tolle Muster ergeben sich, wenn ihr eine Schleife in euren Code einbaut und dabei die Startposition immer um einen kleinen Winkel verändert. Auch hier muss das Produkt aus Wiederholung und Winkelgröße wieder 360 ergeben:

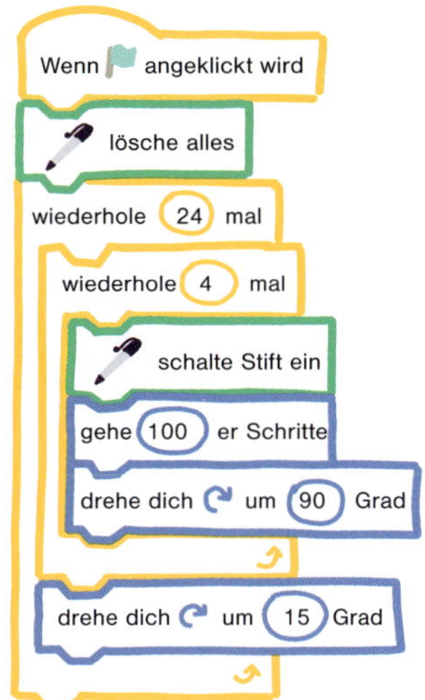

Tipp von Mailis Wenn ihr die Formen oder auch die Anzahl der Winkel und Wiederholungen variiert, könnt ihr verschiedene Muster erzeugen. Probiert es einfach mal aus. Experimentiert außerdem mit den anderen Befehlsblöcken des Malstifts. Beispielsweise könnt ihr die Farbe des Stifts oder die Strichstärke variieren. Testet auch das mal und schaut, was für unterschiedliche Figuren entstehen. Viel Spaß dabei! Wenn ihr noch mal nachschauen wollt, wie wir es gelöst haben, findet ihr das fertige Programm in unserem Scratch-Studio: https://scratch.mit.edu/studios/28596614/.

Scratch
Zeitaufwand: **60 Minuten**
1–2 Personen ★★★☆

52

Scratch-Grußkarte

Mit der kostenfreien Programmierumgebung Scratch könnt ihr Grußkarten für eure Freunde und Familien erstellen und digital versenden - zum Beispiel zum Geburtstag, zu Weihnachten oder Ostern. Das Gute daran ist: Da sie digital sind, könnt ihr sie auch noch in letzter Minute fertigstellen und per E-Mail versenden - sie kommen trotzdem noch pünktlich an.

Hier sind Vorerfahrungen in Scratch nötig. Am besten schaut ihr euch dazu unsere Einführung (s. „Scratch - so funktioniert's!", S. 215) an.

Das braucht ihr dafür: 1 Laptop mit Internetverbindung, Scratch-Programmierumgebung (via Browser): https://scratch.mit.edu.

Und so geht's:

1. Öffnet die Website https://scratch.mit.edu und klickt auf den Menüpunkt „Entwickeln".
2. Wie wollt ihr euren Kartengruß gestalten? In unserem Beispiel haben wir uns für eine Osterkarte entschieden, bei der der Osterhase eure Unterstützung zum Bemalen der Ostereier braucht. Dann hoppelt er über das Bild und wünscht frohe Ostern. Wie das genau aussehen kann, könnt ihr euch unter folgendem Link anschauen, da seht ihr, wie wir das Projekt umgesetzt haben: https://scratch.mit.edu/studios/28596614/.
3. Entsprechend eurem Anlass bestimmt ihr die Figuren, die auf die Karte kommen. Wählt sie über das Bedienfeld „Figuren" aus. Für unser Beispiel suchen wir einen Hasen und 3 Eier aus.

Tipp Wenn ihr in der Bibliothek nicht die richtige Figur findet, könnt ihr euch auch selbst eine malen oder ein Foto importieren.

Da in unserem Fall die Ostereier bunt sein sollen, wählen wir ein Ei aus der Figurenbibliothek aus und wechseln in das Menüfeld „Kostüme“. Hier können wir das Aussehen der Figur noch anpassen und verändern. Das Ei aus der Bibliothek hat bereits 5 weitere Kostüme zur Auswahl (ihr seht sie links am Rand), die für unsere Zwecke aber ungeeignet sind. Daher kopieren wir das erste Kostüm, indem wir mit der rechten Maustaste draufklicken und „Duplizieren“ auswählen. Jetzt haben wir ein weiteres Kostüm, dass wir einfärben können, zum Beispiel lila. Außerdem können wir unserem neuen Kostüm auch in dem Feld über der Füllfarbe einen Namen geben: „Ei lilafarben“. Dasselbe machen wir mit dem zweiten und dem dritten Ei. Diese können wir jeweils mit einer anderen Farbe einfärben.

4. Den Hintergrund wählen wir über das Bedienfeld „Bühne: Bühnenbild auswählen“, das sich rechts neben der Figurenbibliothek befindet. Wir haben uns für einen Wald-Wiesen-Hintergrund entschieden.
5. Jetzt programmieren wir die Figuren, in unserem Fall ist das zunächst der Hase. Dafür wählen wir den Hasen in der Figurenbibliothek aus. So weist man den Programmcode direkt der Figur zu: Jede Programmierung beginnt mit einem orangefarbenen Ereignis-Block. Wir entscheiden uns dafür, dass unser Programmcode starten soll, sobald wir die grüne Fahne anklicken, und wählen den entsprechenden Programmierblock aus. Außerdem müssen wir dafür sorgen, dass der Hase jedes Mal, wenn wir das Programm starten, an derselben Ausgangsposition sitzt. Dafür nutzen wir den Programmierblock „gehe zu x … y …“, den wir unter der blauen Kategorie „Bewegung“ finden. Wenn das Programm startet, wollen wir, dass der Hase etwas sagt. Dafür nutzen wir die Blöcke „sage x für x Sekunden“. Hier legen wir zwei Zeilen für den Text fest, der dann erscheinen wird. Außerdem legen wir 4 Sekunden Dauer fest, so lange soll der Text eingeblendet sein. Der Code sieht jetzt so aus:

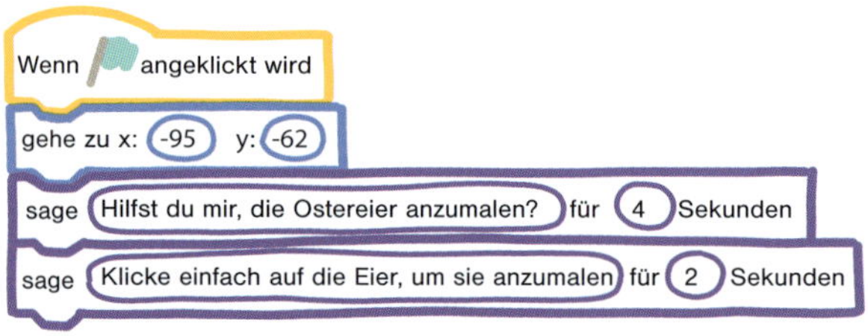

6. Jetzt programmieren wir die Ostereier. Sie sollen die Farbe verändern, sobald sie angeklickt werden. Dazu wählen wir zunächst ein Ei in der Figurenbibliothek aus. Wir nutzen den Ereignis-Block (gelb) „Wenn diese Figur angeklickt wird“. Danach fügen wir den Aussehen-Block (lila) „wechsle zu Kostüm“ hinzu. Über das Drop-down-Menü suchen wir das entsprechende Kostüm aus - in unserem Fall „farbiges-ei“. So verfahren wir auch mit dem zweiten und dem dritten Ei.

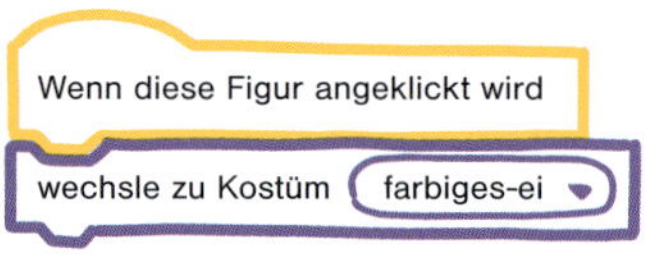

7. Das dritte Osterei soll zusätzlich noch „Frohe Ostern“ wünschen. Dazu nutzen wir wieder den Aussehen-Block (lila) „sage x für x Sekunden“. Außerdem soll uns der Hase jetzt zuzwinkern, wenn alle drei Eier ausgemalt sind. Dafür müssen wir den Zustand abfragen, sprich, ob das dritte Ei ausgemalt ist (also angeklickt wurde). Dies stellt sich heraus, wenn wir eine Nachricht versenden, sobald das dritte Ei angeklickt wurde. Zu diesem Zweck erstellen wir eine Nachricht über den Ereignis-Block (gelb) „Sende Nachricht“ - „Neue Nachricht“. Hier geben wir der Nachricht einen Namen, der selbsterklärend ist. Wir haben unsere Nachricht „ei-angeklickt“ genannt. So sieht jetzt euer Code des dritten Eis aus:

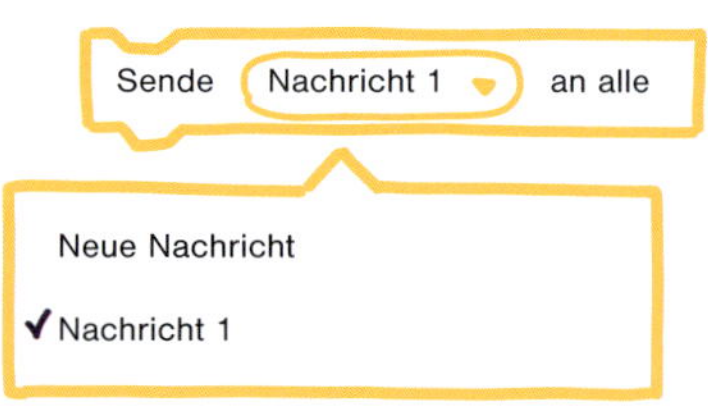

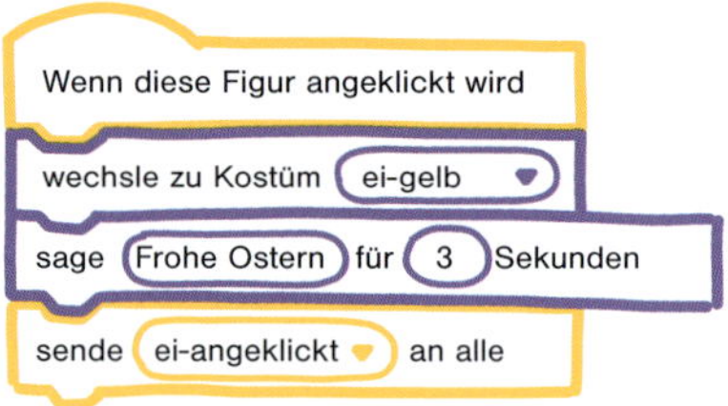

8. Damit der Hase uns zuzwinkert, wechseln wir wieder in den Programmiercode des Hasens. Dafür wählen wir den Hasen über die Figurenbibliothek aus. Jetzt fügen wir hier einen weiteren Aussehen-Codeblock hinzu: „wechsle zu Kostüm". Außerdem verändern wir auch noch das Bühnenbild. Dafür fügen wir einen weiteren Aussehen-Codeblock „wechsle zu Bühnenbild" ein. Unser zweiter Code-Abschnitt für den Hasen sieht jetzt so aus:

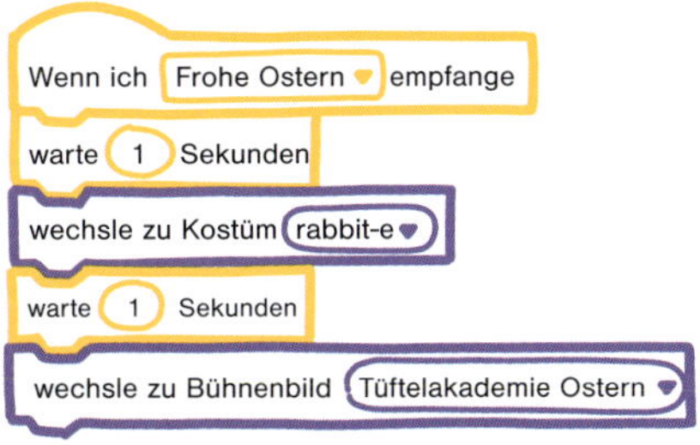

Info Das Bühnenbild „TüftelAkademie Ostern" haben wir selbst hochgeladen und importiert. Zum besseren Verständnis könnt ihr euch dazu unser Erklärvideo anschauen: https://www.youtube.com/watch?v=a7i7ZvSoAYg&t=4s. Ihr könnt aber auch einfach einen bestehenden Hintergrund aus der Bühnenbild-Bibliothek verwenden.

9. Bei dem Bühnenwechsel sollen die Eier verschwinden. Dafür müssen wir jetzt jedes Ei auswählen und den Aussehen-Block „verstecke dich" hinzufügen. Entsprechend brauchen wir auch den „zeige dich"-Block, wenn das Programm startet.

Die komplette Programmierung von Osterei 1 und 2 sieht entsprechend so aus:

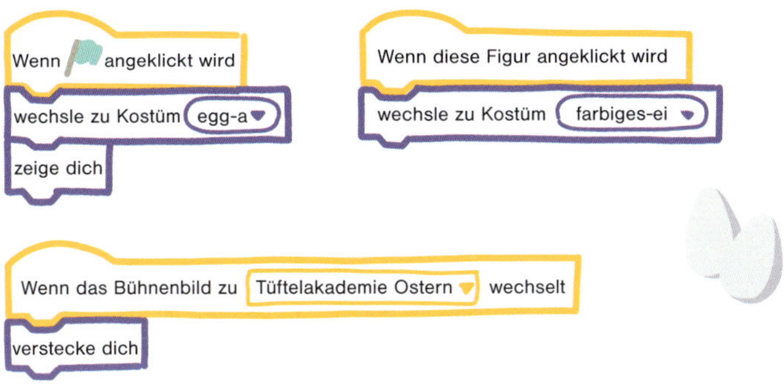

Die komplette Programmierung für Osterei 3 sieht so aus:

```
Wenn [Flagge] angeklickt wird
wechsle zu Kostüm (egg-a ▾)
zeige dich
```

```
Wenn [Flagge] angeklickt wird
wechsle zu Kostüm (farbiges-ei-grün ▾)
sage (Frohe Ostern) für (3) Sekunden
sende (Frohe Ostern! ▾) an alle
```

```
Wenn das Bühnenbild zu [Tüftelakademie Ostern ▾] wechselt
verstecke dich
```

Und die Programmierung für den Hasen sieht so aus:

```
Wenn [Flagge] angeklickt wird
wechsle zu Bühnenbild (Forest ▾)
wechsle zu Kostüm (rabbit-c ▾)
gehe zu x: (-95) y: (-62)
sage (Hilfst du mir, die Ostereier anzumalen?) für (4) Sekunden
sage (Klicke einfach auf die Eier, um sie anzumalen) für (2) Sekunden
```

```
Wenn ich [Frohe Ostern ▾] empfange
warte (1) Sekunden
wechsle zu Kostüm (rabbit-e ▾)
warte (1) Sekunden
wechsle zu Bühnenbild (Tüftelakademie Ostern ▾)
```

```
Wenn das Bühnenbild zu [Tüftelakademie Ostern ▾] wechselt
wechsle zu Kostüm (rabbit-b)
gleite in (1) Sek. zu x: (150) y: (76)
wechsle zu Kostüm (rabbit-d)
```

10. Glückwunsch! Jetzt habt ihr eine tolle digitale Grußkarte erstellt. Mit dem kostenfreien Account bei Scratch könnt ihr euer Projekt speichern, auf der Seite von Scratch veröffentlichen und den Link an eure Freunde versenden.

Tipp von Mailis Welche anderen Funktionen wollt ihr noch einfügen? Ich habe einen Programmcode auf die Bühne gelegt, sodass unsere Osterkarte auch noch musikalisch untermalt wird. Dafür habe ich die Bühne ausgewählt und folgenden Programmcode erstellt:

```
Wenn das Bühnenbild zu [Tüftelakademie Ostern ▾] wechselt
Spiele Klang (Bossa Nova ▾) ganz
```

Makey Makey

Wagt euch nun an die vielseitigen Projekte mit dem Makey Makey. Was das genau ist und wie ein Makey Makey funktioniert, haben wir euch schon erklärt (s. S. 224). Richtig viel Spaß macht das Tüfteln mit dem Makey Makey, weil es die analoge Welt und die Welt der Programmierung zusammenbringt.

Makey Makey
Zeitaufwand: ca. **5 Minuten**
1–2 Personen ★☆☆☆

53

Stromtest mit dem Makey Makey

Mit dem Projekt 3 „DIY Stromtest“ habt ihr euch bereits eine Vorrichtung gebaut, um zu überprüfen, welche Objekte leitfähig sind und welche nicht. Auch mit dem Makey Makey könnt ihr herausfinden, was Strom leitet.

Das braucht ihr dafür: 1 Makey Makey, 1 Computer, 1 Klemmbrett, Krokoclips, verschiedene Testobjekte.

Und so geht's:

1. Markiert euch auf dem Klemmbrett die Flächen für das Makey Makey und das Testobjekt.
2. Befestigt das Makey Makey auf dem Klemmbrett und schließt es über die USB-Verbindung an euren Computer an.
3. Verbindet nun einen schwarzen Krokoclip mit der Erdung und einen bunten Krokoclip zum Beispiel mit der „Leertaste“ des Makey Makeys.

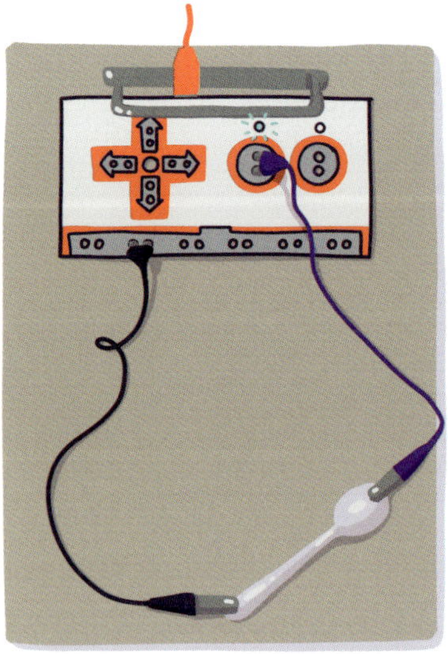

4. Sucht nach Materialien und Gegenständen, die Strom leiten könnten. Befestigt das Material oder den Gegenstand zwischen den beiden offenen Krokoclipenden, also dem schwarzen und dem bunten Ende.
5. Wenn jetzt am Makey Makey das grüne Licht leuchtet, ist der Stromkreis geschlossen und das Material leitet Strom. Wenn das Licht nicht leuchtet, leitet es keinen Strom, weil der Stromkreis dann nicht geschlossen ist.

Tipp von Giulia Auch wir Menschen leiten Strom, aber unsere Kleidung nicht. Probiert es einfach aus, indem ihr die beiden Krokoclipenden in die Hände nehmt. Wichtig ist, dass ihr sie an den metallischen Spitzen anfasst. Jetzt haltet mal einen T-Shirt-Ärmel dazwischen. Was passiert nun?

54

Makey Makey
Zeitaufwand: ab **15 Minuten**
1–2 Personen ★★☆☆

Makey Makey - Obst-Piano[13]

Ein Piano aus Früchten? Mit Makey Makey ist es möglich - und zwar ganz einfach. In diesem Projekt baut ihr im Handumdrehen euer eigenes Klavier aus Bananen und Mandarinen. Die erstaunten Gesichter eurer Eltern und Freunde sind euch gewiss!

Das braucht ihr dafür: 1 Makey Makey, 1 Laptop mit Internetverbindung, verschiedene Obst- oder Gemüsesorten.

Und so geht's:

1. Öffnet als Erstes die Website http://apps.makeymakey.com/piano/ auf eurem Laptop oder Computer.
2. Verbindet jetzt über das USB-Kabel das Makey Makey mit eurem Rechner wie oben beschrieben.
3. Verbindet einen Krokoclip mit der **Erdung (7)** des Makey Makeys.
4. Verbindet 5 Krokoclips mit den Pfeiltasten und der Leertaste des Makey Makeys.
5. Steckt das Ende eines Krokoclips in ein Stück Obst, zum Beispiel eine Banane, einen Apfel, eine Birne oder eine Gurke.
6. Nehmt die Erdung in die eine Hand und berührt mit der anderen Hand nun die jeweiligen Obststücke. Bei jeder Berührung sollte ein unterschiedlicher Ton erklingen. Viel Spaß beim Musizieren!

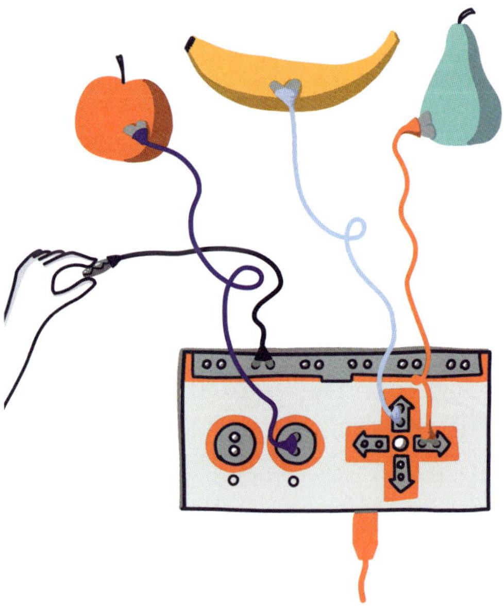

Info Obst enthält Wasser und dieses ist leitfähig. Das heißt, dass die Obst- oder Gemüsestücke leitfähig sind und so mithilfe des Makey Makeys in Tasten verwandelt werden können.

Tipp von Juliane Nicht nur Obst funktioniert bei diesem Projekt. Mein Tipp für kleine Naschkatzen: Versucht es doch mal mit Gummibärchen. Wenn dabei das ein oder andere im Magen verschwindet, muss man eben wieder für Ersatz sorgen. Schließlich sind ja mehr als 5 Gummibärchen in einer Tüte.

55

Makey Makey
Zeitaufwand: ab **15 Minuten**
Ab **2 Personen** ★☆☆☆

Makey Makey - Bleistift-Bongos

Bei diesem Projekt fertigt ihr eine Bleistiftzeichnung an, mit der ihr trommeln könnt. Ihr glaubt es nicht? Dann probiert es am besten gleich aus und überzeugt euch selbst!

Das braucht ihr dafür: 1 Makey Makey, 1 Laptop mit Internetverbindung, Papier, Bleistifte.

Und so geht's:

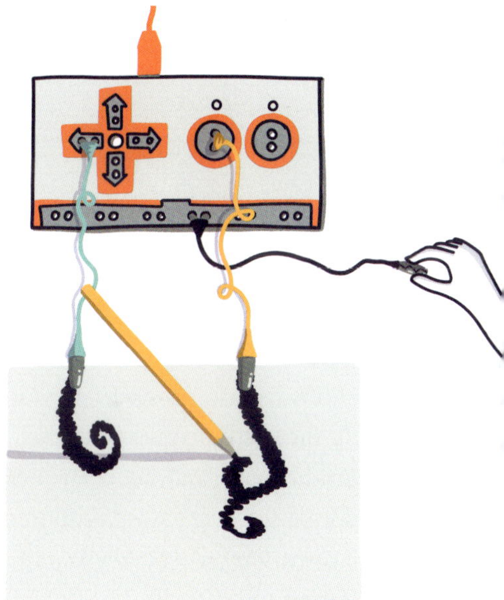

1. Zeichnet auf ein DIN-A4-Papier mit dem Bleistift ein Bild, auf dem zwei Flächen komplett mit Bleistift ausgefüllt sind. Diese Flächen sollten bis zum Blattrand reichen. Untereinander dürfen die Flächen aber nicht verbunden sein.
2. Öffnet als Nächstes die Website https://apps.makeymakey.com/bongos/ auf eurem Laptop oder Computer.
3. Verbindet jetzt über das USB-Kabel das Makey Makey mit eurem Rechner wie oben beschrieben.
4. Verbindet einen Krokoclip mit der Erdung des Makey Makeys.
5. Verbindet 2 Krokoclips mit den beiden Bleistift-Flächen, die den Rand berühren. Die anderen Enden der Krokoclips kommen ans Makey Makey (Pfeiltaste links und Leertaste).
6. Haltet den Krokoclip für die Erdung in einer Hand, sodass ihr das Metallteil der Klemme berührt.

7. Nun könnt ihr mit euren Fingern der noch freien Hand die einzelnen Flächen auf eurem Blatt berühren und die Bongotöne erklingen. Viel Spaß beim Trommeln!

Info Wenn sich die einzelnen Formen auf eurem Blatt berühren oder kreuzen, funktioniert es nicht.

Tipp von Yasin Anstelle der Bongo-Website könnt ihr auch eure eigenen Geräusche in Scratch aufnehmen und mit dem Makey Makey verbinden. Schaut euch dafür auch das Projekt 40 „Klangmaschine“ an. Hier erfahrt ihr genau, wie es geht!

Makey Makey
Zeitaufwand: ca. **45 Minuten**
Ab **1 Person** ★★★☆

56

Makey Makey - Katzenmusik

In diesem Projekt bastelt ihr eine Stoffkatze, die zu singen beginnt, wenn ihr ihre Schnurrhaare berührt. Erste Erfahrungen im Nähen, Grundlagen in der Bedienung eines Computers, Grundlagenwissen von Makey Makey sind von Vorteil.

Das braucht ihr dafür: 1 Laptop, 1 Makey Makey, 1 Metallschwamm, Nähgarn, Schere, 2 Druckknöpfe, 2 Büroklammern, 1 Nähnadel, Füllwatte, Papier, Filzstück (1-2 mm dick), 1 Stift, ggf. einen Tacker, leitfähiges Garn.

Tipp Falls ihr keinen Filz habt, könnt ihr auch festen Stoff verwenden.

Und so geht's:

Den Katzenkopf anfertigen

1. Vorlage zeichnen: Zuerst bastelt ihr den Katzenkopf. Zeichnet hierfür eure eigene Vorlage auf Papier. Das kann ein Katzenkopf sein wie in unserem Beispiel. Ihr könnt euch aber auch eure eigene Form ausdenken. Wie wär's zum Beispiel mit einem Monster, Fisch oder Wurm? Wichtig ist nur, dass die Form recht einfach ist, damit ihr sie nachher gut vernähen könnt.
2. Vorlage ausschneiden: Schneidet die Form vorsichtig aus dem Papier aus. Ihr braucht die Vorlage 2-mal für die Vorder- und Rückseite des Kopfes.
3. Vorlage übertragen: Übertragt die Vorlage auf den Filz. Am besten zeichnet ihr auf die Rückseite des Filzes, sodass später keine Stiftspuren auf dem fertigen Katzenkopf zu sehen sind.
4. Formen ausschneiden: Schneidet die beiden Formen aus dem Filz aus. Besonders gut geht das mit einer Stoffschere.

Tipp Ihr könnt den Filz auch einfach doppelt übereinanderlegen und zwei Lagen gleichzeitig ausschneiden. Falls ihr Stoff benutzt, achtet darauf, dass die beiden rechten (= schöneren) Seiten des Stoffes direkt aufeinanderliegen.

5. Nähen: Schneidet euch ein längeres Stück Garn ab, fädelt den Faden durch das Nadelöhr und macht am Ende des Fadens einen Knoten.

Tipp Der Knoten muss dick genug sein, dass das Ende des Fadens im Filz stecken bleibt. Daher könnt ihr einfach zwei bis drei Knoten übereinander machen. Alternativ könnt ihr den Faden auch einfach verstechen.

Näht die beiden Filzlagen zusammen. Dafür legt ihr die beiden Filzformen so übereinander, dass die schönen Seiten außen sind und die Kanten genau übereinanderliegen. Führt die Nadel zwischen die beiden Lagen und pikst sie am Rand durch eine der beiden Lagen Filz. Der Knoten ist nun zwischen den Filzlagen versteckt. Näht die beiden Formen ringsum zusammen, aber lasst an einer Seite etwa 5 cm offen.

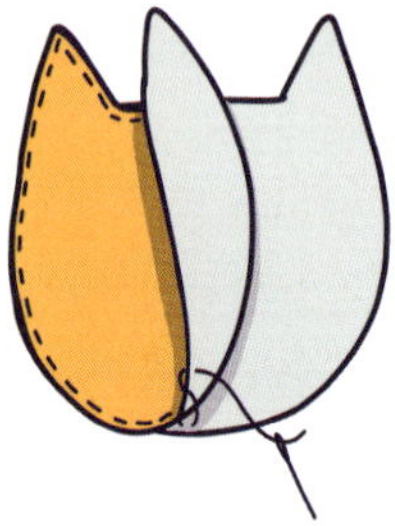

Tipp Falls ihr nicht nähen mögt, könnt ihr die beiden Stofflagen mit einem Tacker auch einfach zusammentackern.

6. Watte auffüllen: Jetzt könnt ihr den Katzenkopf mit Watte befüllen. Stopft immer ein wenig nach, bis oben in die Ohren. Nutzt dafür einen stumpfen Gegenstand, wie das hintere Ende eines Stiftes.
7. Zunähen: Näht das letzte Stückchen zu und verknotet den Faden doppelt. Schneidet das Ende ab.

Den Katzenkopf vorbereiten

1. Jetzt braucht ihr nur wenige Stiche, um 2 bis 4 leitfähige Elemente anzunähen, sodass sie gut halten. Ihr könnt alles benutzen, was leitfähig ist. Aus Druckknöpfen können Augen werden; ein Stückchen vom Metallschwamm wird zu Drahthaaren und Büroklammern bilden die Schnurrhaare.
2. Jetzt kommt ein ganz wichtiger Schritt: Damit ihr später eine Verbindung zwischen den leitfähigen Elementen und dem Makey Makey herstellen könnt, müsst ihr alle Elemente mit leitfähigem Garn verbinden. Fädelt das leitfähige Garn durch das Nadelöhr und stecht die Nadel von der Rückseite des Katzenkopfes bis auf die Vorderseite durch. Näht jedes Element so fest, dass an der Rückseite jeweils zwei Zipfel leitfähiges Garn überstehen. Wichtig ist, dass das leitfähige Garn die Augen und Schnurrhaare (also die leitfähigen Elemente im Katzengesicht) berührt.
3. Schneidet das leitfähige Garn an der Rückseite nach etwa 4 cm ab und knotet alle Enden mit je einem Doppelknoten fest zusammen.

Den Katzenkopf zum Klingen bringen

1. Gleich kann es losgehen! Startet euren Computer und verbindet das Makey Makey (s. „Makey Makey - So funktioniert's!“, S. 224)
2. Schließt den schwarzen Krokoclip unten an die Erdung des Makey Makeys an. Schließt bis zu 4 weitere Krokoclips an die Pfeilanschlüsse an (also so viele Krokoclips, wie ihr einzelne leitfähige Elemente habt).

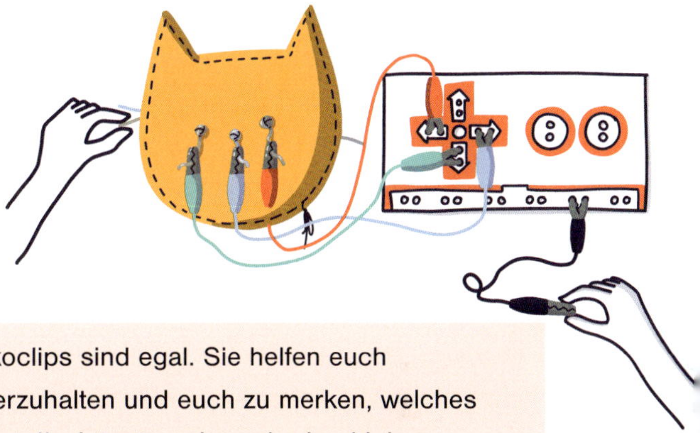

Tipp Die Farben der Krokoclips sind egal. Sie helfen euch nur, die Kabel auseinanderzuhalten und euch zu merken, welches Kabel womit verbunden ist. Ihr könnt euch auch eine kleine Zeichnung machen, um euch zu notieren, wohin welches Kabel führt.

3. Schließt nun die bunten Krokoclips an die leitfähigen Garnfäden auf der Rückseite des Katzenkopfes an. Die einzelnen Garnstränge dürfen sich dabei nicht berühren! Am besten rollt ihr die Garnenden etwas zusammen, bevor ihr den Krokoclip befestigt, sodass sich ihre Enden nicht berühren. Jetzt ruft ihr über die Website https://apps.makeymakey.com/piano/ das Makey-Makey-Piano auf. Alternativ könnt ihr auch eure eigenen Töne über Scratch programmieren (s. „Scratch - So funktioniert's!“, S. 215). Nehmt den schwarzen Krokoclip in die eine Hand und berührt die Augen, Drahthaare und die Büroklammern-Schnurrhaare mit der anderen Hand. Jedes Element spielt eine andere Taste am Makey-Makey-Piano. Viel Spaß beim Musizieren!

Tipp von Julia Habt ihr Lust auf so richtige Katzenmusik? Dann nehmt eure eigenen Sounds in Scratch auf und verändert sie mit Effekten. In dem Projekt 40 „Klangmaschine“ bekommt ihr dafür Anregungen.

Makey Makey
Zeitaufwand: **45 Minuten**
2–4 Personen ★★☆☆

57

Makey Makey - singende Pinsel

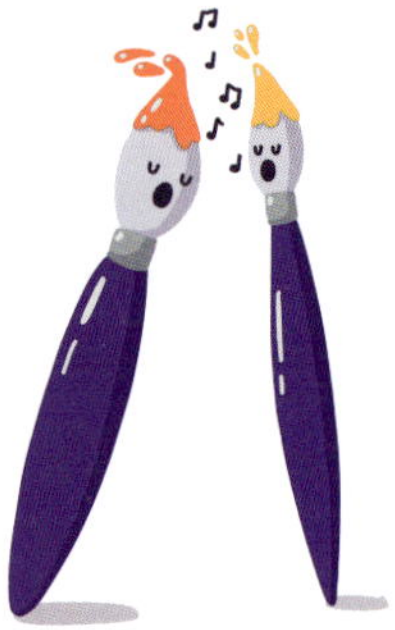

Die singenden Pinsel sind eine tolle Kombination aus musischem Arbeiten und Programmierung. Ihr nutzt Farbe und Musik und bringt diese durch Programmierung zusammen. Noch nie hat eine Farbe so schön geklungen.

Das braucht ihr dafür: 1 Makey Makey mit USB-Kabel und Krokoclips, 1 Laptop mit Internetverbindung, 1 Pinsel (bei dem die Pinselhaare mit einer Metallfassung vorne gehalten werden), 4 Acrylfarbgläschen, Litze, Entmantelzange, Alufolie, ggf. Multimeter für das Debugging.

Und so geht's:

1. Arbeitet an einem Tisch, der euch genügend Platz für alle Materialien und den Laptop bietet. Bei diesem Projekt müsst ihr sehr darauf achten, dass alles sicher steht, da ihr mit Laptop und Farbe bzw. Wasser an einem Tisch arbeitet.
2. Beginnt mit der Programmierung eurer 4 Pinsel. Dafür programmiert ihr in Scratch die Belegung der Pfeile mit jeweils einem individuellen Sound. Die fertige Programmierung kann so aussehen:

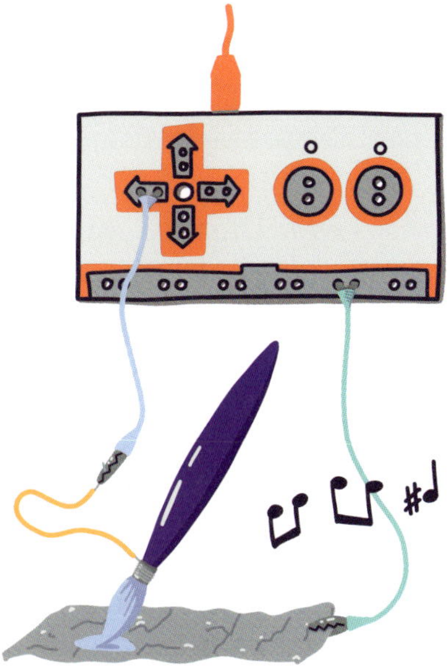

3. Verbindet nun jeden Pinsel an der Metallspange mit einer Litze. Entmantelt dafür ein ca. 10 cm langes Stück am Ende der Litze. Wickelt den Draht um die Metallspange des Pinsels. Dann schneidet ihr die Litze nach ca. 50 cm ab und entmantelt auch das zweite Ende. Dieses verbindet ihr mit einem Krokoclip. Das zweite Ende des Clips klemmt ihr in eine der Pfeiltasten des Makey Makeys. Genauso verfahrt ihr mit allen vier Pinseln.
4. Die Erdung verbindet ihr mit einem großen Stück Alufolie, das ihr als Malfläche nutzen werdet. Verbindet dafür die Alufolie mithilfe eines Krokoclips mit dem Makey Makey.
5. Wenn ihr nun das Makey Makey mit dem Laptop verbindet, geht's auch schon los. Sobald der von der Farbe nasse Pinsel die Alufolie berührt, wird der Stromkreis geschlossen und der Sound des jeweiligen Pinsels (der der Pfeiltaste zugeordnet ist) erklingt.

Troubleshooting-Tipp Wenn kein Ton erklingt, dann

- testet als Erstes, ob die Lautstärke am Laptop angeschaltet ist;
- überprüft, ob der Pinsel auch nass genug ist, sodass der Strom zwischen Pinselspitze und Litze fließen kann, also eine Verbindung da ist. Taucht ggf. den Pinsel noch einmal tiefer in die Farbe.

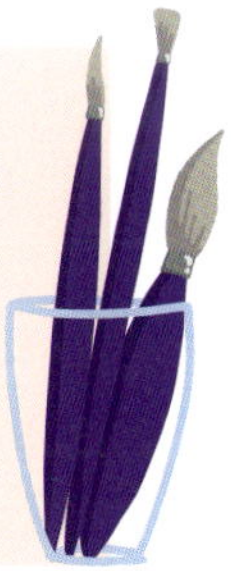

Tipp von Franzi Ihr könnt mit den Tönen experimentieren und verschiedene Kombinationen testen. Auch eigene Töne können bei Scratch aufgenommen werden. Vielleicht wollt ihr ein Lied einsingen? Falls ihr einen zweiten Laptop zur Verfügung habt, dann könnt ihr mit noch mehr Tönen gleichzeitig tüfteln.

Makey Makey
Zeitaufwand: ab **30 Minuten**
Ab **2 Personen** ★★☆☆

58

Let's Dance - Makey-Makey-Tanzmatte[14]

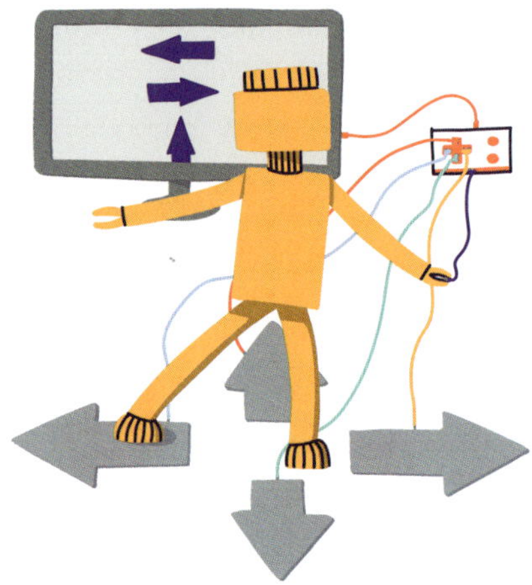

Bei diesem Projekt baut ihr mithilfe eures Makey Makeys eine Spielkonsole. Doch diesmal wird nicht mit den Händen gespielt, sondern mit den Füßen - und zwar zu zweit. Erste Erfahrungen mit Makey-Makey-Projekten sind von Vorteil.

Das braucht ihr dafür: 1 Makey Makey mit USB-Kabel und Krokoclips, 1 Laptop mit Internetverbindung, Gewebeklebeband (ggf. auch Klebeband), Litze, Alufolie, 4 Pappen (für eure Spielfelder), Stifte und Sticker zum Dekorieren, Entmanteler, Kabelschneider, Cutter, Schere, Lineal, Folienstift, Multimeter für das Debugging.

Und so geht's:

1. Sucht euch zuerst im Internet bei Scratch ein browserbasiertes Spiel aus, das ihr gemeinsam spielen wollt. Der Klassiker ist natürlich Dance Dance Revolution - hier findet ihr ihn: https://scratch.mit.edu/projects/163348168/remixes/.

Tipp Ein Tipp von uns ist das zeitlose Retro-Spiel Pac-Man, das bei allen Generationen für Begeisterung sorgt. Einen geeigneten Remix findet ihr zum Beispiel hier: https://scratch.mit.edu/projects/178874299/.

2. Für die 4 Fußfelder-Tasten schneidet ihr aus dem Karton 4 Felder aus. Ihr könnt sie entweder rechteckig machen (zum Beispiel in DIN-A4-Größe) oder sie auch gleich als Pfeilform ausschneiden. Wichtig ist, dass sie so groß sind, dass ihr mit euren Füßen darauf stehen könnt.

3. Jetzt schlagt ihr jedes der 4 Felder einzeln komplett in Alufolie ein. Achtet darauf, dass die Alufolie nicht reißt, umso besser ist dann eure Verbindung.
4. Jetzt braucht ihr 4 Stück Litze. Wie lang diese jeweils sind, hängt davon ab, wie weit weg euer Computer vom Spielfeld steht. Eine Länge von ca. 50 cm pro Litze sollte ausreichen. Entmantelt die 4 Litzen jeweils ca. 2 cm an beiden Enden. Mit dem Gewebeband klebt ihr je ein Ende der Litze an die Unterseite eines Fußfeldes. Legt die 4 Felder jetzt so hin, wie euer Spiel später sein soll, und befestigt sie mit Gewebeband auf dem Boden. Die Felder dürfen nicht verrutschen.

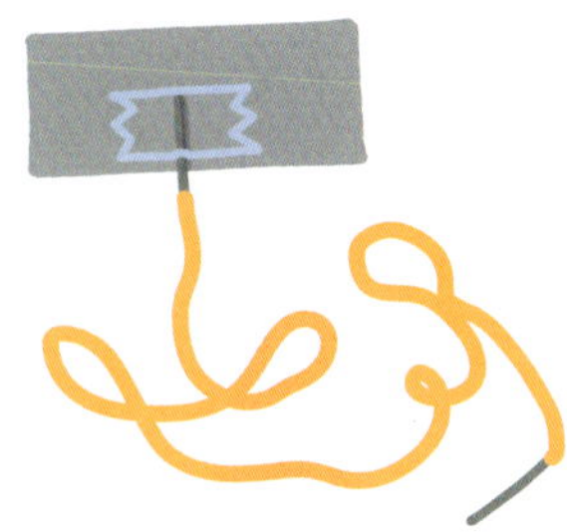

5. Steckt 4 Krokoclips in die Pfeiltasten des Makey Makeys und verbindet je einen Clip mit einem Litzen-Ende.
6. Außerdem verbindet ihr noch einen Krokoclip mit der Erdung. Das zweite Ende des Clips haltet ihr einfach in der Hand.
7. Ladet euer Lieblingsspiel im Browser und schließt das Makey Makey an den Computer an. Viel Spaß beim Spielen!

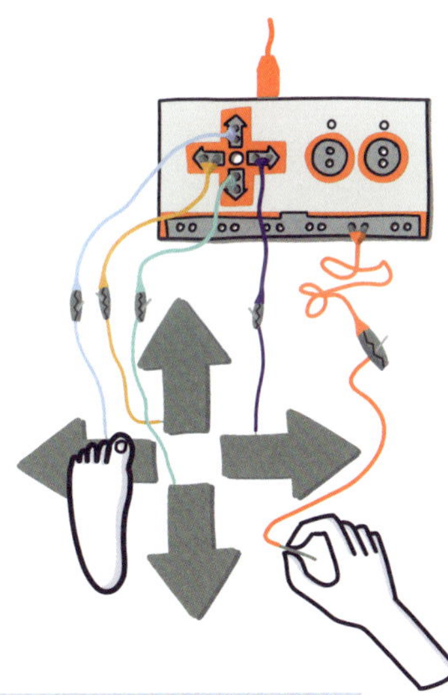

Info In diesem Projekt werdet ihr selbst zum Teil des Stromkreises. Indem ihr das Erdungskabel in der Hand haltet und dann mit euren Füßen ein Fußfeld berührt, schließt sich der Stromkreis und der Computer erhält die Information „Pfeiltaste gedrückt“. Wenn ihr zu zweit spielt, ist es wichtig, dass ihr euch an den Händen fasst bzw. über einen leitenden Gegenstand miteinander verbunden seid, um den Stromkreis zu schließen. Alternativ kann auch jeder und jede, die mitmacht, eine Erdung halten.

Tipp Das Spiel funktioniert am besten, wenn ihr barfuß seid oder in Socken, denn Schuhsohlen können isolierend sein. Überlegt euch eine gemeinsame Strategie: Wer übernimmt welche Tasten? Wie könnt ihr am meisten Punkte sammeln? Wenn ihr einen großen Monitor habt, dann könnt ihr euch eine bessere Spielumgebung bauen und es macht noch mehr Spaß.

Wenn ihr auf den Geschmack gekommen seid, probiert doch noch weitere Spiele aus. Ihr könnt entweder in der Projektbibliothek von Scratch stöbern (https://scratch.mit.edu/explore/projects/all) oder ihr programmiert euer eigenes Spiel in Scratch.

Troubleshooting-Tipp Sollte eure Tanzmatte nicht wie erwartet funktionieren, geht auf Fehlersuche und probiert systematisch eine Fußfeld-Taste nach der anderen aus. Um zu testen, ob eure Verbindung gut funktioniert, könnt ihr auch erst mal mit dem Piano-Programm testen, ob auch bei allen vier Tasten ein Sound herauskommt (und ob es jeweils der richtige ist – also ob die Pfeiltasten richtig belegt sind). Sollte eine Taste nicht funktionieren, prüft Schritt für Schritt die einzelnen Verbindungen: von der Taste (Alufolie) zur Litze – von der Litze zum Krokoclip sowie die Erdung. Hier ist das Multimeter eine große Hilfe (s. „Multimeter“, S. 103).

Tipp von Juliane Wenn ihr tanzt und euch bewegt, kann der Krokoclip für die Erdung vielleicht zu kurz sein. Verlängert ihn einfach mit einem Stück Litze. Die Litze muss dazu entsprechend lang sein. Entmantelt das vordere Ende um 10 bis 15 cm und wickelt es euch dann wie einen Ring um den Finger. Damit habt ihr jetzt genügend Bewegungsfreiheit und immer die Hände frei.

59

Makey Makey
Zeitaufwand: **60 Minuten**
1–2 Personen ★★☆☆

Upcycling Gamecontroller

Hier könnt ihr euren eigenen Gamecontroller bauen, um eure Scratch-Spiele zu steuern. Erste Erfahrungen mit Makey-Makey-Projekten sowie mit Scratch solltet ihr bereits gesammelt haben.

Das braucht ihr dafür: 1 Makey Makey mit USB-Kabel und Krokoclips, 1 Laptop mit Internetverbindung, leere Eierkartons für 4 Eier - oder ihr schneidet aus einem größeren Karton 4 Ausbuchtungen aus, Musterbeutelklammern, leitende Gegenstände (wie Kronkorken), Dekomaterial, Alufolie, Kleber.

Und so geht's:

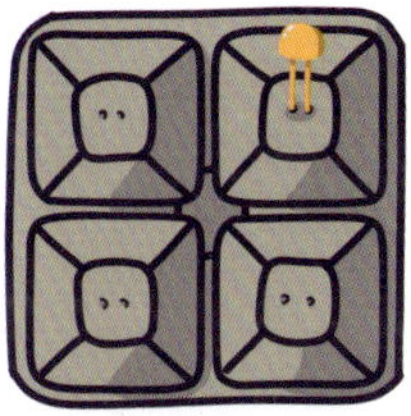

1. Der Eierkarton wird euer Grundkörper des Gamecontrollers. Dreht ihn dafür so herum, dass die Ausbuchtungen nach oben zeigen.
2. Ihr braucht 4 Musterbeutelklammern. Stecht durch jede Ausbuchtung eine. Sie soll so angebracht sein, dass der Kopf der Klemme oben auf dem Eierkarton aufliegt und die Beinchen durch den Karton ins Innere gestochen sind. Die vier Klammern werden später jeweils mit einer Pfeiltaste im Scratch-Spiel belegt.

Tipp Achtet beim Einstechen der Klammern darauf, dass ihr den Karton später in den Händen haltet und mit euren Daumen noch gut an die Klammern auf den Ausbuchtungen kommt.

3. Verziert euren Gamecontroller nach Herzenslust.
4. Jetzt geht's ans Verkabeln. Klemmt jeweils einen Krokoclip an die Beinchen einer Musterbeutelklammer auf der Innenseite des Eierkartons.

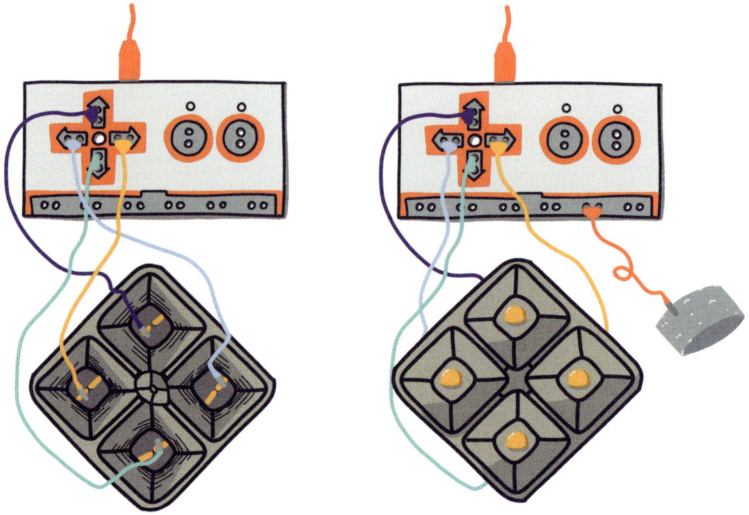

5. Das jeweils offene Ende des Krokoclips kommt am Makey Makey an eine Pfeiltaste.
6. Befestigt einen weiteren Krokoclip am Makey Makey für die Erdung. Bastelt euch aus Alufolie ein Armband, legt es ums Handgelenk und verbindet das offene Ende des Erdungskabels damit.
7. Falls ihr selbst schon ein Spiel in Scratch programmiert habt, dann nutzt doch dieses. Oder ihr nehmt beispielsweise dieses hier, das ihr einfach im Internet-Browser auf eurem Rechner spielen könnt: https://scratch.mit.edu/projects/977237/.
8. Sobald ihr euer Spiel fertig programmiert oder ausgewählt habt, schließt ihr euren gestalteten Gamecontroller an. Das Makey Makey wird über das USB-Kabel mit dem Rechner verbunden. Dann klemmt ihr das Ende des Erdungskabels an euer Armband. Wenn ihr den Gamecontroller in der Hand habt und alles verbunden ist, klickt ihr auf die grüne Fahne auf dem Bildschirm, um mit dem Gamecontroller das Spiel zu steuern. Durch das Drücken auf die leitenden Musterbeutelklammern schließt sich der Stromkreis und die dazugehörige Taste, die am Makey Makey mit der jeweiligen Klemme verbunden ist, wird „gedrückt".

Tipp von Lukas Es gibt noch viel mehr Scratch-Projekte, die ihr mit eurem Gamecontroller spielen könnt. Sucht doch auf https://scratch.mit.edu/ im Suchfeld oben mal nach Jump and Run, das sind Spiele, bei denen man rennen und hüpfen muss.

60

Makey Makey
Zeitaufwand: ca. **90 Minuten**
1–3 Personen ★★★☆

Sprechendes Poster mit Makey Makey

Ein Poster, das spricht oder Musik macht? Wir zeigen euch, wie es geht! Für welches Thema ihr euch entscheidet, ist euch überlassen. Ist es ein Poster von eurer Lieblingsband oder vielleicht eine Postkarte, die euch an einen schönen Urlaub erinnert? Wir haben uns für das Projekt für ein Poster zum Thema Nachhaltigkeit entschieden. Hier erklären wir euch, wie das sprechende Poster gebastelt wird.

Erfahrungen mit Makey-Makey- und Scratch-Projekten sind sinnvoll. Macht vorher das Projekt 42 „Kinder-Stromkreisspiel“ (Makey Makey) und das Projekt 40 „Klangmaschine“ (Scratch).

Das braucht ihr dafür:

1 Makey Makey, 1 Laptop mit Internetverbindung, Krokoclips, Litze, Kupferklebeband, Tonpapier, Bastel- und Dekomaterialien (in unserem Fall: schöner Müll, leitfähige Gegenstände), Schere, Multimeter für das Debugging.

Und so geht's:

1. Legt euer Thema für das Poster fest. Was möchtet ihr mit dem Poster sagen? Bei unserem Aufbau könnt ihr bis zu fünf Audiodateien auf einem Poster verwenden. Wir haben uns bei diesem Projekt für die Frage entschieden: „Wie lange bleibt der Müll im Meer?" Dazu haben wir zu fünf verschiedenen Gegenständen die jeweiligen Zeiten recherchiert, die es braucht, bis sie vollkommen abgebaut sind.

Tipp Auf folgender Internetseite findet ihr nützliche Informationen zu dem Thema: https://tueftelakademie.de/fuer-lehrende/unterrichtsmaterialien/digital-literacy-lab/plastik-nein-danke/plastikkonsum-erforschen/.

2. Jetzt nehmt ihr mit Scratch unter der Option „Klänge" bis zu fünf Audiodateien auf und belegt sie mit den vier Pfeiltasten sowie der Leertaste (s. Projekt 40 „Klangmaschine"). Macht euch auch einen Belegungsplan (Vorlage „Belegungsplan" zum Ausdrucken auf https://tueftelakademie.de/gemeinsamtuefteln), damit ihr die Zuordnung immer griffbereit habt.

Tipp In einem Belegungsplan vermerkt ihr euch, welcher Krokoclip des Makey Makeys mit welchem Gegenstand verbunden wird. So behaltet ihr gut den Überblick in eurem Projekt.

3. Nun gestaltet ihr euer Poster. Überlegt euch, was auf eurem Poster abgebildet werden soll. Wir haben uns dafür entschieden, die fünf Gegenstände Plastiklöffel, Apfel, Plastiktüte, Styropor und Salatverpackung abzubilden.
4. Die fünf Gegenstände sollen gleichzeitig die Taste darstellen. Wenn sie berührt werden, startet die jeweilige Audiodatei, die Auskunft darüber gibt, wie lange der jeweilige Gegenstand benötigt, um vollkommen im Meer abgebaut zu werden. Dafür benutzt ihr am besten leitendes Klebeband und stellt damit eine Verbindung her vom Gegenstand bis

zum unteren Ende des Posters. Dort befestigt ihr einen Krokoclip, den ihr wiederum mit einer Taste des Makey Makeys belegt.

Tipp Der Stromkreis darf nicht unterbrochen werden. Achtet also bei eurem leitenden Klebeband darauf, dass es keine Unterbrechung gibt (s. „Leitendes Klebeband“, S. 123).

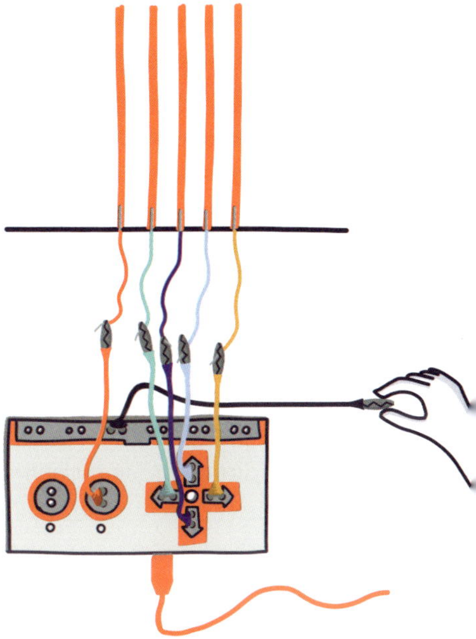

Wenn euch die Verbindung zwischen Makey Makey und Poster zu kurz ist, könnt ihr mit einem Stück Litze die Leitung verlängern. In diesem Fall klebt ihr also ein Stück Litze mit Gewebeband an das leitende Klebeband. Am freien Ende der Litze befestigt ihr dann den Krokoclip, der wiederum mit dem Makey Makey verbunden ist.

5. Verbindet einen Krokoclip mit der Erdung des Makey Makeys. Verbindet nun über das USB-Kabel das Makey Makey mit dem Computer.
6. Wenn ihr jetzt die Erdung in der einen Hand haltet und mit der anderen einen Gegenstand auf dem Poster berührt, sollte dieser zu sprechen anfangen. Haltet die Erdung in der Hand und überprüft, ob ihr alle Audiodateien in Scratch der richtigen Taste auf dem Makey Makey bzw. auf dem Poster zugeordnet habt. Prüft auch, ob alle Verbindungen funktionieren.

Info Der Stromkreis wird geschlossen, wenn ihr mit der einen Hand die Erdung berührt und mit der anderen Hand eine Taste. Ihr schließt so über euren Körper den Stromkreis.

Es läuft nicht? Schaut doch mal in die Troubleshooting-Tipps (s. S. 303-307).

Tipp von Marlen Probiert doch auch andere leitende Materialien für euer Poster aus. Ihr könnt zum Beispiel auch Alufolie oder Stahlwolle auf das Poster kleben.

Makey Makey
Zeitaufwand: ca **90 Minuten**
2–12 Personen ★★★☆

61

Abenteuerpfad mit Makey Makey[15]

In diesem Projekt baut ihr die Level eines Computerspiels in eurem Zimmer nach. Das Spiel ist in Scratch programmiert, ihr steuert es über den Makey Makey. Dazu benutzt ihr eure Füße, also ähnlich wie im Projekt 58 „Tanzmatte". Nur diesmal bleibt ihr nicht auf der Stelle, sondern baut euch einen zweispurigen Labyrinthpfad im Zimmer. Dabei sind eurer Kreativität keine Grenzen gesetzt: Ihr entscheidet selbst, welche Hindernisse ihr einbaut und wie die Schätze aussehen, die ihr auf jedem Level einsammeln müsst. Erste Erfahrungen mit Makey-Makey-Projekten, wie „Tanzmatte", sind sinnvoll.

Bei diesem Spiel ist Teamgeist gefragt, denn nur zu zweit könnt ihr die Level meistern. Dabei läuft die eine Person auf einem Pfad des Labyrinths, wobei sie permanent mit der anderen Kontakt halten muss. Verliert ihr die Verbindung zueinander, habt ihr verloren. Dafür könnt ihr euch ganz einfach an den Händen halten. Doch baut ihr den Abenteuerpfad so, dass sich die beiden Pfade zu weit voneinander entfernen, könnt ihr euch auch eine Verlängerung überlegen, die ihr auf dem Weg durch das Labyrinth einsammelt. Das kann zum Beispiel ein Kabel sein, eurer Fantasie sind also keine Grenzen gesetzt. Los geht's!

Das braucht ihr dafür: 1 Makey Makey, 1 Laptop mit Internetverbindung, Krokoclips, Kabel, Kupferklebeband, Bastel- und Dekomaterialien (in unserem Fall: schöner Müll, aber leitfähige Gegenstände), Alufolie, Schere, Gewebeband, Klebestreifen, Multimeter für das Debugging.

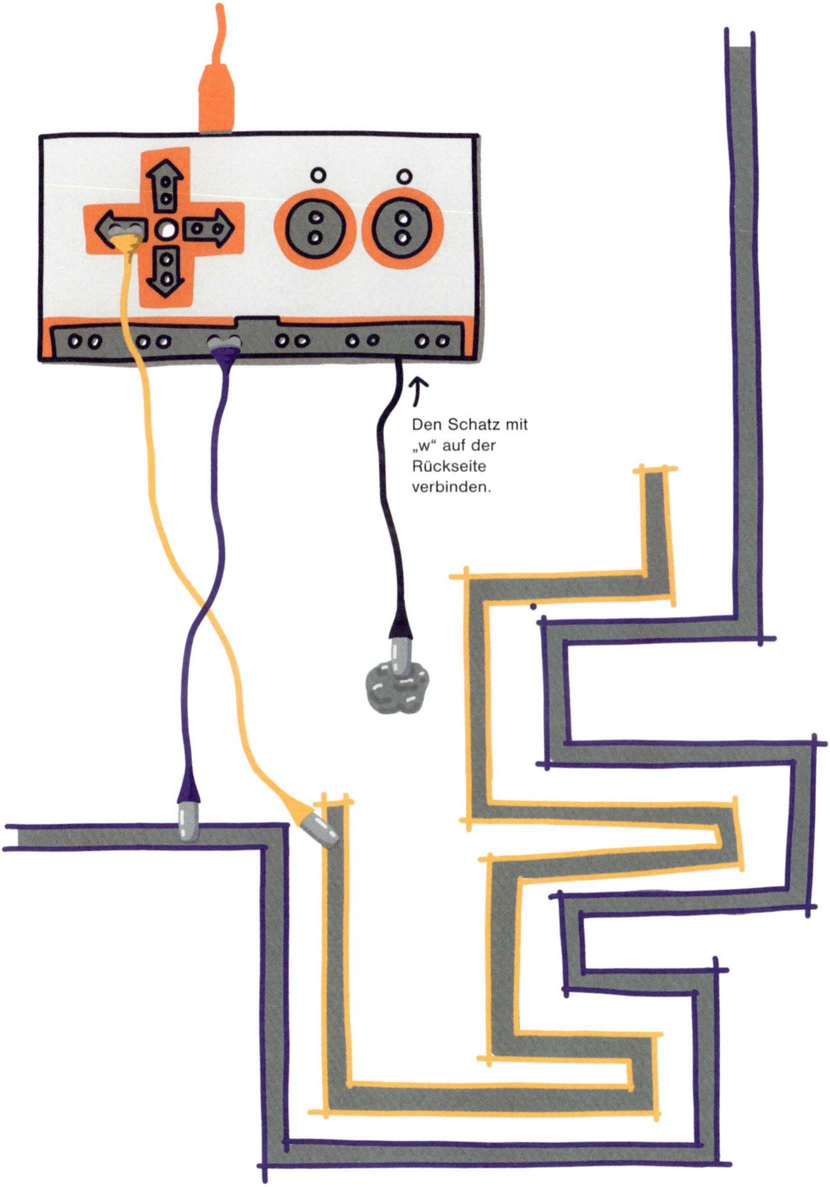

Und so geht's:

1. Öffnet im Internet das in Scratch programmierte Spiel Makey Journey https://scratch.mit.edu/projects/11802069/#fullscreen.
2. Überlegt euch zunächst, wo und wie ihr euer Spiel-Level im Raum aufbauen wollt. Wichtig dabei ist, dass ihr pro Level 2 Pfade aus Alufolie habt. Die Idee ist, dass immer 2 Personen gemeinsam ein Level durchlaufen und stets miteinander verbunden bleiben müssen. Verliert ihr die Verbindung, so ertönt ein Alarmsignal am Computer und ihr müsst das Level erneut beginnen. Es können bis zu 4 Level gebaut werden. Wenn ihr also 12 Personen seid, dann konstruieren je 3 Personen 1 Level. Wenn ihr nur zu zweit seid, könnt ihr 1 Level bauen - aber wenn ihr Lust habt natürlich auch alle 4.

Tipp Um das Level abwechslungsreich zu gestalten, baut Hindernisse in euren Pfad ein, über die ihr drüberklettern oder durch die ihr krabbeln müsst, und überlegt euch Herausforderungen, etwa, wie sie die Verbindung halten, auch wenn die beiden Pfade weit voneinander laufen.

3. Für die Verkabelung des Alupfades verbindet ihr den einen mit der Erdung des Makey Makeys. Am besten, ihr befestigt an der Alufolie ein Stück Litze und dieses wiederum an einem Krokoclip, der mit dem Makey Makey verbunden ist. Den zweiten Pfad verbindet ihr mit einer der 4 Pfeiltasten des Makey Makeys. Baut auch alle weiteren 3 Levels auf. In der Scratch-Datei sind die 4 Level des Spiels durch

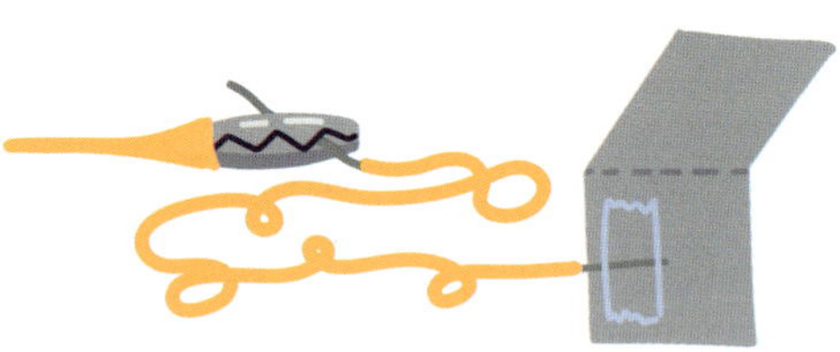

unterschiedliche Figuren (Affe, Seestern, Ritter, Pico) gekennzeichnet. So erkennt ihr immer, in welchem Level ihr seid.

Dabei gilt folgende Zuordnung:

- Level 1: Steuerung des Affen über „Pfeil nach links“
- Level 2: Steuerung des Seesterns über „Pfeil nach oben“
- Level 3: Steuerung des Ritters über „Pfeil nach unten“
- Level 4: Steuerung von Pico über „Pfeil nach rechts“

Startscreen des Scratch-Spiels mit Abbildung der Zuordnung von Figuren je Level und Schätzen, die in jedem Level eingesammelt werden können

4. Außerdem könnt ihr in jedem Level einen Schatz einsammeln. Dabei gilt folgende Zuordnung:
   - Level 1: Bananen einsammeln über Taste „a“
   - Level 2: Krabbe einsammeln über Taste „w“
   - Level 3: Hut einsammeln über Taste „s“
   - Level 4: Rakete einsammeln über Taste „d“

   Die Buchstaben (a, w, s, d) entsprechen den „Schätzen“, die ihr auf jedem Level einsammeln könnt. Um diese anzusteuern, benötigt ihr die Rückseite des Makey Makeys. Hier verbindet ihr die 4 gekennzeichneten Buchstabenfelder über Steckbrücken (auch Jumper Wire genannt) und Litze mit leitfähigen Objekten. Diese müsst ihr im Spiel dann in dem Level „einsammeln“ bzw. berühren, um den Schatz zu bekommen. Als Schatz eignet sich jede Form von Gegenstand, die leitfähig und über Litze und Steckbrücke mit dem jeweiligen Buchstaben verbunden ist.
5. Wenn ihr alles miteinander verbunden habt, prüft mittels des Multimeters, ob eure Verbindungen auch alle wie geplant funktionieren.

6. Schließt dann das Makey Makey an den Computer an, dreht den Ton an und der Spielspaß kann beginnen! Zum Start drückt ihr einfach auf einen der 4 Pfeile und schon geht es los! Achtung: Kommt ihr von eurem Weg ab oder verliert ihr eure Verbindung, dann startet der Timer, und zwar so lange, bis ihr wieder beisammen seid. Jetzt wieder zurück zum Anfang und erneut beginnen. Das Team, das am schnellsten durchkommt und alle 4 Schätze eingesammelt hat, gewinnt!

Tipp Beim Wechsel von einem Level in das nächste muss sich die Person, die auf dem nicht geerdeten Pfad steht, mit einem Bein noch in dem alten Level befinden und mit dem zweiten Bein das neue Level berühren, damit der Übergang gelingt. Das Spiel funktioniert am besten, wenn ihr barfuß seid oder in Socken, denn Schuhsohlen können isolierend wirken. Wenn ihr einen großen Monitor habt, dann könnt ihr euch eine bessere Umgebung bauen und das Spielen macht noch mehr Spaß.

Info In diesem Projekt werdet ihr selbst zum Teil des Stromkreises. Indem ihr das Erdungskabel berührt und dann mit euren Füßen ein Feld aus Alufolie berührt, schließt sich der Stromkreis und die Taste wird gedrückt. Wenn ihr zu zweit spielt, ist es wichtig, dass ihr euch an den Händen fasst bzw. über einen leitenden Gegenstand miteinander verbunden seid, um den Stromkreis zu schließen.

Tipp von Franz Ich habe es noch nie erlebt, dass ein Abenteuerpfad sofort funktioniert hat, aber bisher habe ich das Ganze immer noch zum Laufen bekommen. Weil es so viele Verbindungen gibt, müsst ihr wiederholt sorgfältig prüfen, ob auch wirklich alle Verbindungen stabil sind. Und die Ausdauer lohnt sich: Es ist ein Mega-Spielvergnügen!

Stop Motion

Selbst eigene Filme erstellen könnt ihr mit der Stop-Motion-Technik. Schaut euch davor das Einführungsprojekt (Projekt 44 „Stop-Motion-Film") an.

Für umfangreiche Filmprojekte ist es sinnvoll, dass ihr euch, zunächst einen Plan macht. In dem Projekt 62 „Storyboard" erklären wir euch wie. Außerdem leben gute Filme von ihren Effekten. Probiert verschiedene Techniken aus und seht, was für einen Effekt sie erzeugen. Viel Spaß beim Tüfteln!

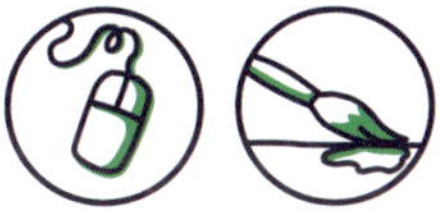

62

Stop Motion Studio
Zeitaufwand: ab **30 Minuten**
Ab **1 Person** ★☆☆☆

Storyboard für deinen Stop-Motion-Film

Mit diesem Projekt seid ihr auf dem richtigen Weg, echte Filmprofis zu werden, denn vor dem Film steht immer zunächst die Idee. Hier zeigen wir euch, wie ihr euren Film gut plant und somit das Handwerkszeug habt, um auch größere Produktionen umzusetzen.

Das braucht ihr dafür: Vorlage „Storyboard" zum Ausdrucken (auf https://tueftelakademie.de/gemeinsamtuefteln), Stifte, Papier.

Und so geht's:

1. Druckt die Vorlage 6- bis 7-mal aus. Nehmt euch eine Vorlage und einen Stift und überlegt euch, was in eurem Film passieren soll. Im Storyboard legt ihr die Handlung eurer Geschichte fest. Dazu fertigt ihr eine Skizze der einzelnen Bilder an. Das kann so aussehen:

Die Lampe funktioniert nicht, weil der Stecker nicht in der Steckdose steckt.

2. Beim Aufbau eurer Geschichte könnt ihr grob folgender Struktur folgen:
   a) Problem/Herausforderung: Zuerst erzählt ihr, was euch bewegt. Also vor welcher Herausforderung steht die Heldin oder der Held in eurer Geschichte? Welches Problem müssen sie lösen?
   b) Idee: Dann stellt ihr dar, was sie tun will, um die Situation zu ändern.
   c) Umsetzung: Wie wollt ihr darstellen, dass die Heldin das Problem löst? Wenn es nicht klappt, könnt ihr zu b) zurückkehren. Welchen weiteren Weg schlägt sie jetzt ein?
   d) Auflösung: Findet sie eine Lösung oder scheitert sie? Ihr entscheidet!

   Dabei könnt ihr eure Story natürlich noch mit weiteren Figuren ausschmücken. Der hier grob skizzierte Ablauf hilft euch, den Spannungsbogen in eurer Geschichte zu halten, und sorgt dafür, dass die Geschichte für die Zuschauer verständlich ist.
3. Auf den Linien unter dem Bild könnt ihr weitere Informationen notieren. Welche Materialien und Requisiten braucht ihr? Welcher Ton soll hier später noch drübergelegt werden? So habt ihr einen guten Überblick und könnt vor dem Drehbeginn erst mal alles zusammensuchen, was ihr braucht. Umso flüssiger könnt ihr dann euren Film produzieren. Viel Spaß dabei!

Tipp von Elisabeth Um ein Storyboard zu zeichnen, müsst ihr keine großen Künstlerinnen oder Designer sein. Jeder Mensch kann zeichnen! Hier kommt es vor allem darauf an, dass ihr die Kernidee in einem Bild festhaltet, besonders gut aussehen muss das nicht. Gern könnt ihr noch ergänzende Notizen aufschreiben.

63

Stop Motion Studio
Zeitaufwand: ab **30 Minuten**
Ab **1 Person** ★★☆☆

Stop Motion und Greenscreen

Die Greenscreen-Methode wird in vielen Filmen angewendet, um Figuren in ganz anderen Umgebungen auftauchen zu lassen, als sie in Wirklichkeit sind. Dafür wird vor einem grünen Hintergrund gedreht. Alles, was grün ist, kann dann später aus dem Bild entfernt und durch einen anderen Hintergrund ersetzt werden. So könntet ihr zum Beispiel eure Figur überallhin „teleportieren". Habt ihr Lust? Dann geht's los. Für dieses Projekt solltet ihr bereits erste Erfahrungen in Stop Motion haben. Macht vorher das Projekt 44 „Stop-Motion-Film".

Das braucht ihr dafür: Stop-Motion-Studio-App (im AppStore oder im PlayStore in der kostenpflichtigen Pro-Version verfügbar) mit „Greenscreen"-Funktion (Kosten etwa 6 Euro), 1 Tablet oder Smartphone mit der installierten App, 1 Tabletständer (s. Projekt 43), grüner oder blauer Tonkarton, gegebenenfalls Storyboard (s. Projekt 62), Requisiten und Materialien für euren Film, Tischlampe.

Und so geht's:

1. Zuerst überlegt ihr euch, wie eure Figur vor dem geplanten Hintergrund platziert sein soll. Wenn der gesamte grüne Hintergrund später entfernt werden soll, biegt ihr den Tonkarton so, dass eine Hohlkehle (siehe unten) entsteht. Falls ihr später nur eine Fläche entfernt haben wollt, also zum Beispiel den Boden oder Teile des Hintergrunds, dann legt ihr den farbigen Karton einfach nur an die jeweilige Position.

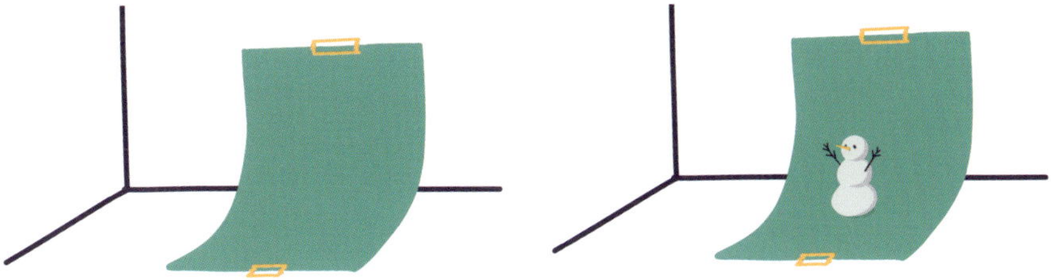

Tipp Testet, ob Schatten um eure Figur herum entstehen. Falls ja, versucht die Szene mit der Tischlampe so auszuleuchten, dass die Schatten verschwinden. Je weniger Schatten ihr habt, umso besser wird die Figur später ausgeschnitten und in den neuen Hintergrund eingebettet.

2. Jetzt wählt ihr in der Stop-Motion-App die Funktion „Greenscreen“ aus, die sich direkt bei dem Kamera-Menü befindet. Damit seht ihr, wie es aussieht, wenn der Hintergrund ersetzt wird.

3. Über die Skala stellt ihr die Toleranz ein. Das hilft euch, noch vorhandene Schatten gut auszuschneiden. Aber passt auf, dass die Toleranz nicht zu hoch ist, sonst ist eure Figur auch mit ausgeschnitten!

Tipp Wenn eure Figur die Farbe Grün enthält, ist es schwierig das Grün auszuschneiden. In dem Falle wählt ihr anstelle des grünen Tonkartons den blauen und wechselt unten im Kontextmenü von Grün auf Blau. Jetzt wird alles ausgeschnitten, was blau ist.

4. Jetzt fügt ihr euren Wunschhintergrund ein. Dafür wählt ihr im Kontextmenü „Hintergründe“ eine Vorlage aus. Wenn euer gewünschter Hintergrund nicht dabei ist, könnt ihr auch ein eigenes Foto über die Fotobibliothek importieren.
5. Wenn ihr mit eurem Hintergrund zufrieden seid, könnt ihr jetzt beginnen, euren Film aufzunehmen. Wenn ihr noch mal schauen wollt, wie das geht, dann blättert zu Projekt 44. Viel Spaß mit eurem Film!

Tipp von Elisabeth Je feiner und kleiner ihr die Bewegungen zwischen den einzelnen Bildern macht, desto flüssiger wirken sie im Film.

CoSpaces

Mit CoSpaces gestaltet ihr eure eigenen Welten in der virtuellen Welt. Entweder sehr realitätsnah oder super fantasievoll - ihr entscheidet. Eurer Kreativität sind hier keine Grenzen gesetzt. Schaut euch zur Einführung noch mal das Projekt 45 „Zoo anders" an. Mit der selbst gebauten „VR-Brille" (Projekt 66) könnt ihr dann auch richtig tief in eure Welten eintauchen.

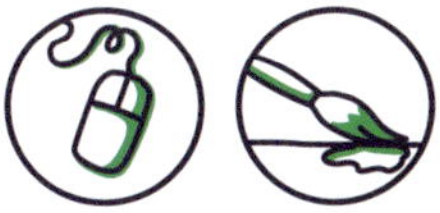

64

CoSpaces
Zeitaufwand: ab **60 Minuten**
Ab **1 Person** ★★☆☆

CoSpaces Naturwelten

In diesem Projekt baut ihr eure ideale Naturwelt und lernt dabei, wie ihr Welten in CoSpaces erweitern könnt, also wie ihr sie in mehrere Szenen aufteilt, um sie zu gestalten. Außerdem erfahrt ihr, wie ihr Animationen in eure Welt integriert und mithilfe von Programmierung eure Szenen lebendiger gestaltet. Vorerfahrungen in CoSpaces sind von Vorteil. Macht am besten vorher das Projekt 45 „Zoo anders".

Das braucht ihr dafür: 1 Laptop mit Internetverbindung, CoSpaces im Browser (https://cospaces.io/edu/), 1 Tablet oder Smartphone, gegebenenfalls 1 VR-Brille (s. Projekt 66).

Und so geht's:

Kontextmenü für „Bausteine" in der Objektbibliothek

1. Zunächst unterteilt ihr eure Welt in zwei Szenen, den Außen- und den Innenbereich, und gestaltet sie ganz individuell. Um mehrere Szenen anzulegen, klickt ihr einfach links am Rand auf das „Szenen-Symbol" und könnt eine weitere Szene hinzufügen. Zwischen den beiden Szenen könnt ihr dann mittels Programmierung hin- und herwechseln. Für den Innenbereich öffnet ihr die Objektbibliothek und wählt die Rubrik

„Bausteine“ aus. Zieht Ziegelmauern in die Szene und gestaltet damit den Innenbereich.

2. Um die Außenbereiche, also die Natur zu gestalten, findet ihr in der Bibliothek in den Rubriken „Natur“ und „Tiere“ passende Objekte. Wählt hier eure Wunschfiguren aus und gestaltet die Bereiche nach eurem Geschmack.
3. Mit „Animationen“ könnt ihr eurer Szene noch mehr Leben einhauchen. Dafür klickt ihr mit der rechten Maustaste auf eure Figur und wählt unter dem Punkt „Animation“ eine passende Bewegung aus. Lasst zum Beispiel eure Tiere schlafen, aufwachen, etwas sagen oder etwas machen.
4. Außerdem könnt ihr die Animationen auch in der Programmierung verwenden und eure Szene noch anschaulicher gestalten. Dafür wählt ihr mit dem rechten Mausklick auf die Figur die Option „Code“ aus und aktiviert die Funktion „In CoBlocks verwenden“. Dann wählt ihr oben rechts die Funktion „Code“ aus und wechselt in den CoBlocks-Modus (nicht in den Script-Modus).

Im Untermenü „Bausteine“ findet ihr die Ziegelmauer.

Kontextmenü Animation

Kontextmenü Programmierung

Auswahl: Programmierung mit Codeblöcken

Info Die Oberfläche kommt euch vielleicht aus Scratch bekannt vor, denn in CoBlocks wird genau wie in Scratch mit Blöcken programmiert.

Jetzt fügt ihr eure Programmierung ein. Das kann so aussehen, dass der Fuchs schläft und, wenn er angeklickt wird, aufwacht:

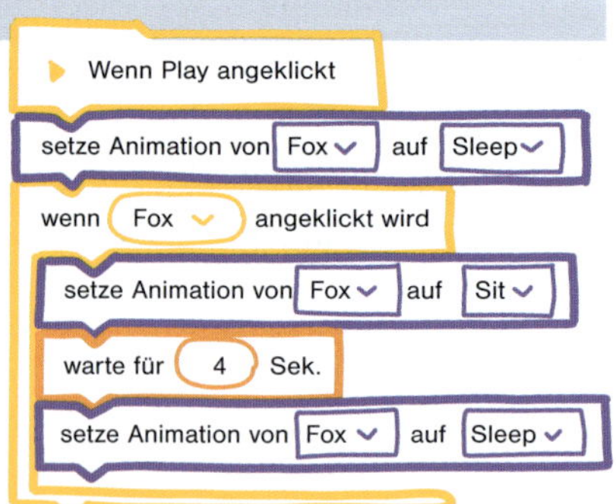

5. Oder ihr lasst die Figuren etwas über sich selber erzählen.
   - Wie sieht das Tier aus?
   - Wie alt kann es werden?
   - Wo und wie lebt es?
   - Was frisst es gerne?
   - Hat es Feinde?

Das kann dann zum Beispiel so lauten: „Hallo, ich bin ein Fuchs. Ich werde bis zu 70 cm lang. Ich ernähre mich von wirbellosen Tieren, kleinen Vögeln und deren Eiern und Aas."

Auch diese Info könnt ihr als Text in eure Programmierung mit integrieren. Dafür verwendet ihr den „... sage ... für ... Sek."-Codeblock.

6. Nun fügt ihr noch den Szenenwechsel ein. Dafür verwendet ihr den Codeblock „wechsle zur Szene". Damit könnt ihr zwischen der Außenszene und dem Innern im Fuchsbau hin- und herwechseln.

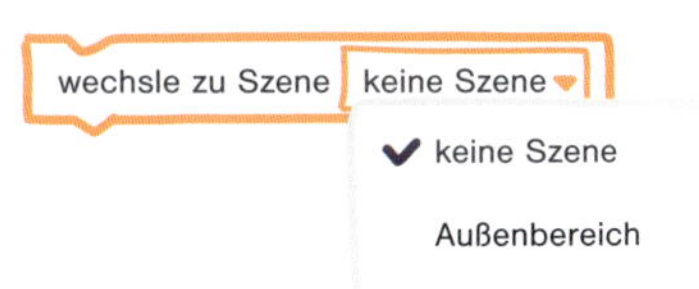

Info Wenn ihr herausgefunden habt, in welcher Umgebung euer Tier lebt, könnt ihr die Szene dementsprechend weiter ausgestalten, also dem Tier den idealen Lebensraum bauen.

7. Seid ihr mit dem Bauen der Naturwelt fertig und mit dem Ergebnis zufrieden? Dann geht's jetzt darum, wie ihr die Welt erleben könnt. Ladet euch dafür die CoSpaces-App auf euer Smartphone oder Tablet

und öffnet sie. Taucht mithilfe einer VR-Brille (s. Projekt 66) in sie hinein.

Tipp von Markus Dieses CoSpaces-Projekt ist eine fantastische Möglichkeit, um die eindrücklichsten Erlebnisse nach einem Waldspaziergang oder Zoobesuch nachzubauen. Also, wenn ihr die Möglichkeit habt, dann geht erst mal raus und erfahrt mehr über die Tiere, die ihr in eure Naturwelt einbauen wollt.

CoSpaces
Zeitaufwand: ab **3 Stunden**
1–3 Personen ★★★☆

65

CoSpaces Zukunftswelten

Bei diesem Projekt überlegt ihr euch, wie für uns Menschen die Zukunft aussehen könnte. Diese Zukunftsszenarien erstellt ihr mithilfe der Programmierumgebung CoSpaces im virtuellen Raum, sodass ihr und andere sie selbst erleben könnt. Ihr benötigt erste Erfahrungen im Umgang mit PC und Maus, lest die Einführung (s. „CoSpaces - so funktioniert's!“, S. 235); gegebenenfalls habt ihr auch schon das Projekt 64 „Naturwelten“ gemacht.

Das braucht ihr dafür: 1 Laptop mit Internetverbindung, CoSpaces im Browser (https://cospaces.io/edu/), 1 Tablet oder Smartphone, 1 VR-Brille (s. Projekt 66), selbsthaftende Notizzettel, Stifte und Papier.

Und so geht's:

1. Zu Beginn stellt ihr euch vor, wie ein Ort in der Zukunft aussehen könnte.
   - Wo werden wir in Zukunft leben (auf dem Mars oder unter Wasser)?
   - Wie werden wir uns fortbewegen?
   - Wo werden wir wohnen?
   - Gibt es Häuser? Wenn ja, wie sehen sie aus?
   - Wird es Tiere geben? Welche und wo wohnen sie?
   - Wird es Roboter geben, die uns im Alltag begleiten?
   - Was werden wir essen?
   - Welche Kleidung werden wir tragen?
   - Wo lernen und arbeiten wir?
   - Wie werden wir aussehen?

So könnte ein Haus der Zukunft aussehen.

Notiert euch eure Antworten auf Notizzettel. Schreibt erst mal alles auf, was euch einfällt, und erstellt eine bunte Ideensammlung. Vielleicht fertigt ihr kleine Skizzen oder Bilder dazu an. Nehmt euch Zeit dafür und sprecht über eure Ideen, um sie gemeinsam weiterzuentwickeln. Je detaillierter ihr euch eure Welt in der Zukunft vorstellt und sie gedanklich ausschmückt, umso leichter fällt es euch, sie in CoSpaces umzusetzen.

Was kommt in Zukunft bei euch auf den Teller?

2. Wenn ihr eine klare Idee von eurer Zukunftswelt habt, könnt ihr sie jetzt in CoSpaces bauen. Hierfür öffnet ihr das Programm und wählt als Erstes die passende Umgebung aus. Ihr könnt auch eigene Bilder malen und diese zum Beispiel als Untergrund in die Umgebung integrieren. Dafür wählt ihr im unteren Menü „Umgebung“ aus und dann die Option „Boden-Bild“

3. Fügt erste Gebäude und Objekte hinzu. Um Objekte selber zu bauen, wählt ihr aus der Bibliothek unten links die Rubrik „Bausteine“ aus. Hier zieht ihr jetzt die Objekte heraus, die ihr für euren Bau benötigt, und setzt eure gewünschten Objekte in der Szene zusammen.

Info Wenn euch die Farben oder Texturen der Bausteine aus der Bibliothek nicht gefallen, könnt ihr sie ändern. Klickt dazu mit der rechten Maustaste auf das Objekt und nutzt die Schaltfläche „Material“. Danach wählt ihr die gewünschte Farbe und Textur aus.

4. Wenn ihr in der CoSpaces-Bibliothek nicht fündig werdet, könnt ihr auch in der integrierten Web-Suche nach 3-D-Modellen aus dem Internet schauen und auf sie zugreifen. Integriert sie über die Schaltfläche „Upload“.

Info Die integrierte Web-Suche versteht am besten englische Wörter. Ihr könnt aber auch selbst 3-D-Modelle aus anderen Datenbanken aus dem Internet, wie bei Thingiverse, suchen und dann über die Funktion „Upload > Hochladen“ integrieren.

5. Um Ordnung in euren Zukunftsort zu bringen, könnt ihr die Objekte auch miteinander verknüpfen. Hierfür klickt ihr mit der rechten Maustaste auf das aktive Objekt und drückt dann auf die Schaltfläche „anbringen“. Wählt jetzt einen Ankerpunkt aus,

an dem euer Objekt angebracht werden soll (beispielsweise ein zweites Objekt).

Info Angebrachte Objekte folgen nun allen Aktionen, sogar Animationen, des sogenannten Eltern-Objekts und werden in der Übersicht als Kind-Objekt angezeigt (Näheres zu Animationen erfahrt ihr im Projekt 64 „Naturwelten").

Tipp Ihr könnt Objekte auch gruppieren. Wählt hierfür beide Objekte aus, klickt mit der rechten Maustaste und wählt die Schaltfläche „gruppieren" aus.

Beachtet, dass beim Gruppieren keine Aktionen nachvollzogen werden. Gerade wenn ihr viele Objekte in der Szene habt, solltet ihr einige in Gruppen zusammenfassen, um die Szene zu ordnen.

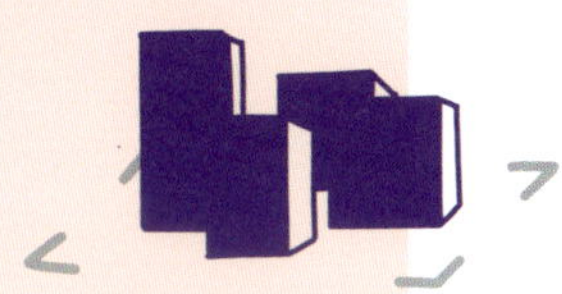

6. Außerdem könnt ihr für die eingefügten Objekte auch Verhaltensweisen programmieren und somit eurem Zukunftsort noch mehr Leben einhauchen (mehr Infos zum Programmieren in CoSpaces erhaltet ihr im Projekt 64 „Naturwelten").
7. Seid ihr mit dem Bauen eurer Welt fertig und mit dem Ergebnis zufrieden? Dann könnt ihr im nächsten Schritt in euren Zukunftsort eintauchen. Ladet euch dafür die CoSpaces-App auf euer Smartphone, meldet euch mit eurem Log-in an und die Projekte erscheinen, von denen aus ihr dann eure Welt öffnen könnt. Schaut eure Welt nun mithilfe einer VR-Brille an und taucht in sie hinein.

8. Außerdem könnt ihr euren Ort in der Zukunft auch mit anderen teilen. Veröffentlicht dafür euer Projekt online, indem ihr in der oberen Menüleiste die Funktion „Teilen“ auswählt. Diesen Link verschickt ihr, damit sich die anderen eure Projekte anschauen können.

Tipp von Felix Wenn ihr Lust habt, noch tiefer in das Gestalten von dreidimensionalen Objekten und Welten einzusteigen, dann schaut euch Tinkercad an: Hier könnt ihr 3-D-Objekte gestalten, die ihr dann wieder in CoSpaces integrieren könnt. Viel Spaß beim Bauen!

CoSpaces
Zeitaufwand: ca. **90 Minuten**
1–3 Personen ★☆☆☆

66

VR-Brille selber bauen[16]

Bei diesem Projekt baut ihr euch aus Pappe eine eigene Halterung für euer Handy, sodass ihr über die VR-App CoSpaces eure selbst gebauten virtuellen Welten erleben könnt. Bei der Arbeit mit dem Cutter müsst ihr als Eltern die Kinder gegebenenfalls unterstützen.

Das braucht ihr dafür: Vorlage mit Bastelanleitung „VR-Brille“ zum Ausdrucken (auf https://tueftelakademie.de/gemeinsamtuefteln), Kunststoff-Linsen, Schere oder Cutter, Pappe in A3 oder 2-mal A4, Kleber, Lineal, Schneideunterlage, 2 selbstklebende Klettverschlusspunkte, optional: Stifte.

Und so geht’s:

1. Druckt euch als Erstes die Vorlage für eure VR-Brille aus und klebt sie mit der bedruckten Seite nach oben auf den Pappkarton.
2. Schneidet nun entlang der Schnittlinien die einzelnen Teile der VR-Brille aus dem Karton aus.

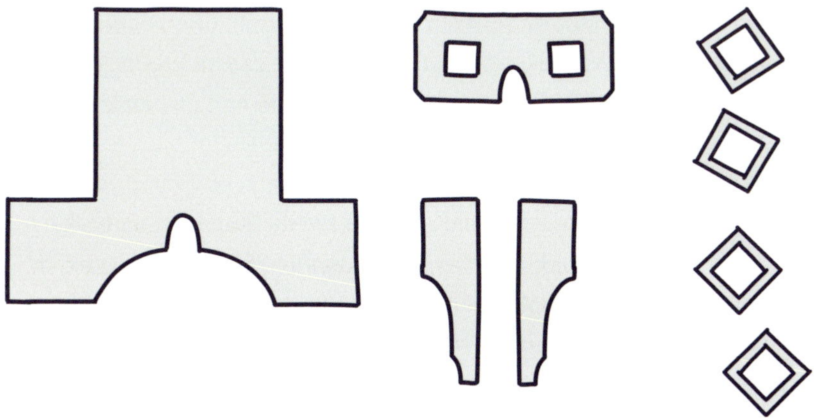

3. Ritzt die markierten Falzlinien mit dem Cutter vorsichtig an. Dafür nutzt ihr das Lineal und fahrt die Falzlinien mit dem Cutter leicht nach. Damit wird es später leichter, die Pappe zu knicken. Passt dabei auf, dass ihr nicht zu stark mit dem Cutter aufdrückt, sonst trennt ihr die Teile versehentlich durch.
4. Klebt die markierten Teile auf und befestigt die Linsen. Achtet dabei darauf, dass beide Linsen mit der Wölbung in dieselbe Richtung zeigen.
5. Folgt nun den Schritten der Anleitung zum Falten und Fertigstellen der Brille wie auf der Vorlage beschrieben. Bringt zum Schluss noch die beiden Klettverschlusspunkte auf, um die Brille leicht öffnen und schließen zu können und damit ihr das Smartphone leicht einlegen bzw. herausnehmen könnt.

6. Abschließend könnt ihr nun eure Brille noch mit Stiften anmalen und nach Belieben dekorieren. Damit ist eure eigene VR-Brille fertig, mit der ihr in eure selbst gestalteten VR-Räume eintauchen könnt.

Tipp von Felix Wenn ihr die Brille aufsetzt und durch den Raum lauft, solltet ihr immer eine zweite Person in eurer Nähe haben, die euch gegebenenfalls führt bzw. aufpasst, dass ihr nirgendwo gegenstoßt. Wenn ihr allein seid, dann setzt euch am besten hin und bewegt den Kopf langsam hin und her. Oder ihr räumt das Zimmer leer, damit ihr euch dort gefahrenfrei bewegen könnt.

Troubleshooting-Tipps

Dass etwas nicht funktioniert, ist wesentlicher Bestandteil des Tüftelns. Nur selten klappt immer alles gleich auf Anhieb, das ist aber auch das Schöne daran. Durch Ausprobieren und das Aufspüren von Fehlern versteht ihr, wie die Dinge zusammenhängen, und kommt auf viele neue Ideen. Außerdem ist es so ein erhebendes Gefühl, wenn sich das Fragezeichen im Gesicht plötzlich in ein klares „Aha!" verwandelt. Das bringt so viel Energie, dass ihr mit Sicherheit gleich das nächste Projekt in Angriff nehmen wollt!

Damit es euch leichter fällt, den Fehler zu finden, haben wir euch hier unsere wichtigsten Troubleshooting-Tipps, die Tricks, um ein Problem zu beheben, zusammengefasst.

- **Sprecht laut aus, wo das Problem liegt.** Wenn ihr an einer Stelle nicht mehr weiterkommt, ist es gut, jemanden zu haben, der euch einfach nur zuhört. Meist bekommt ihr beim Erklären des Projekts und des Problems eine Idee, wo es hakt und wie ihr euer Projekt weiterentwickeln könnt. Wie seid ihr vorgegangen? Was habt ihr gebaut? Dabei denkt ihr nämlich selbst noch mal die einzelnen Schritte durch und meist kommt ihr dann von ganz allein darauf, wie ihr das Problem lösen könnt.

- **Fragt jemanden.** Wenn ihr ein Problem habt und an einer Stelle nicht weiterkommt, dann ist schon das Gefühl sehr tröstlich zu wissen, dass es jemanden gibt, der euch zuhört. Wem könnt ihr erzählen, wo es klemmt? Versucht mit dieser Person gemeinsam, das Problem zu lösen. Dabei ist es nicht wichtig, ob die Person selbst die Lösung weiß, sondern vielmehr, ob sie euch weiterhelfen kann. Eventuell kennt sie jemanden oder ihr sucht gemeinsam in einem Buch oder im Internet nach der Antwort auf eure Frage. Vielleicht könnt ihr auch jemanden anrufen? Ansonsten gibt es im Internet oft Foren, in denen man seine Frage hinterlassen kann. Sehr oft bekommt man da auch richtig gutes Feedback. Also, traut euch und fragt. Danach seid ihr immer schlauer.

- **Versucht, eure Perspektive zu verändern.** So verrückt es klingt, hilft es manchmal, wenn ihr einfach die Perspektive ändert - ganz wörtlich gemeint. Also legt euch auf den Boden und betrachtet eure Werkstatt (oder den Küchentisch) mal von unten ... oder von einer anderen Seite. Lauft um das Projekt herum oder dreht es auf den Kopf - natürlich ganz vorsichtig. Manchmal fällt bei euch dadurch der Groschen und ihr bekommt eine Idee, was ihr ändern könnt.

- **Verändert einzelne Elemente.** Um einen Fehler zu finden, hilft es auch, einzelne Teile nach und nach auszuwechseln. Wichtig: Wechselt immer nur ein Teil aus, nicht mehrere gleichzeitig, und probiert jedes Mal, ob es jetzt funktioniert - nur so könnt ihr den Fehler finden. Am besten, ihr notiert euch, wie ihr vorgeht und was ihr auswechselt. Später könnt ihr darauf zurückgreifen und zu den Zwischenschritten zurückkehren. So wisst ihr immer, was ihr schon gemacht habt, und behaltet den Überblick. Wechselt auch mal die Materialien aus und probiert andere Gegenstände.

- **Spielt mit dem Projekt herum.** Dabei kommt man manchmal auf die spannendsten Einfälle, was man noch anbauen oder ändern könnte. Vielleicht erfindet ihr so ja eine ganz neue Funktion!

- **Kopiert von anderen Projekten.** Schaut, ob ihr gegebenenfalls ähnliche, funktionierende Projekte findet, die ihr schon umgesetzt habt, und versucht, es auf euer Projekt zu übertragen. Was ist anders? Vielleicht müsst ihr euer Projekt auseinandernehmen und untersuchen.

- **Lasst das Projekt einfach liegen und legt eine Pause ein.** Unglaublich, aber wahr. Wir haben schon ganz oft Probleme gelöst, indem wir das Projekt erst mal liegen gelassen haben und spazieren gegangen sind. Einigen hilft es, ein gutes Stück Kuchen zu essen oder einfach an etwas ganz anderes zu denken, um auf eine Lösung zu kommen. Mit einem frischen Blick und neuer Energie kann euch manchmal im wahrsten Sinne des Wortes ein Licht aufgehen. Also, nicht verzagen: Alles braucht seine Zeit.

Für das Makey Makey haben wir euch auf der nächsten Doppelseite wichtige Troubleshooting-Tipps noch mal zusammengestellt.

Außerdem hilft euch ein Belegungsplan, den Überblick über euer Makey-Makey-Projekt zu behalten. Eine Vorlage, wie so ein Plan aussehen kann, findet ihr auf der Website der TüftelAkademie (siehe https://tueftelakademie.de/gemeinsamtuefteln).

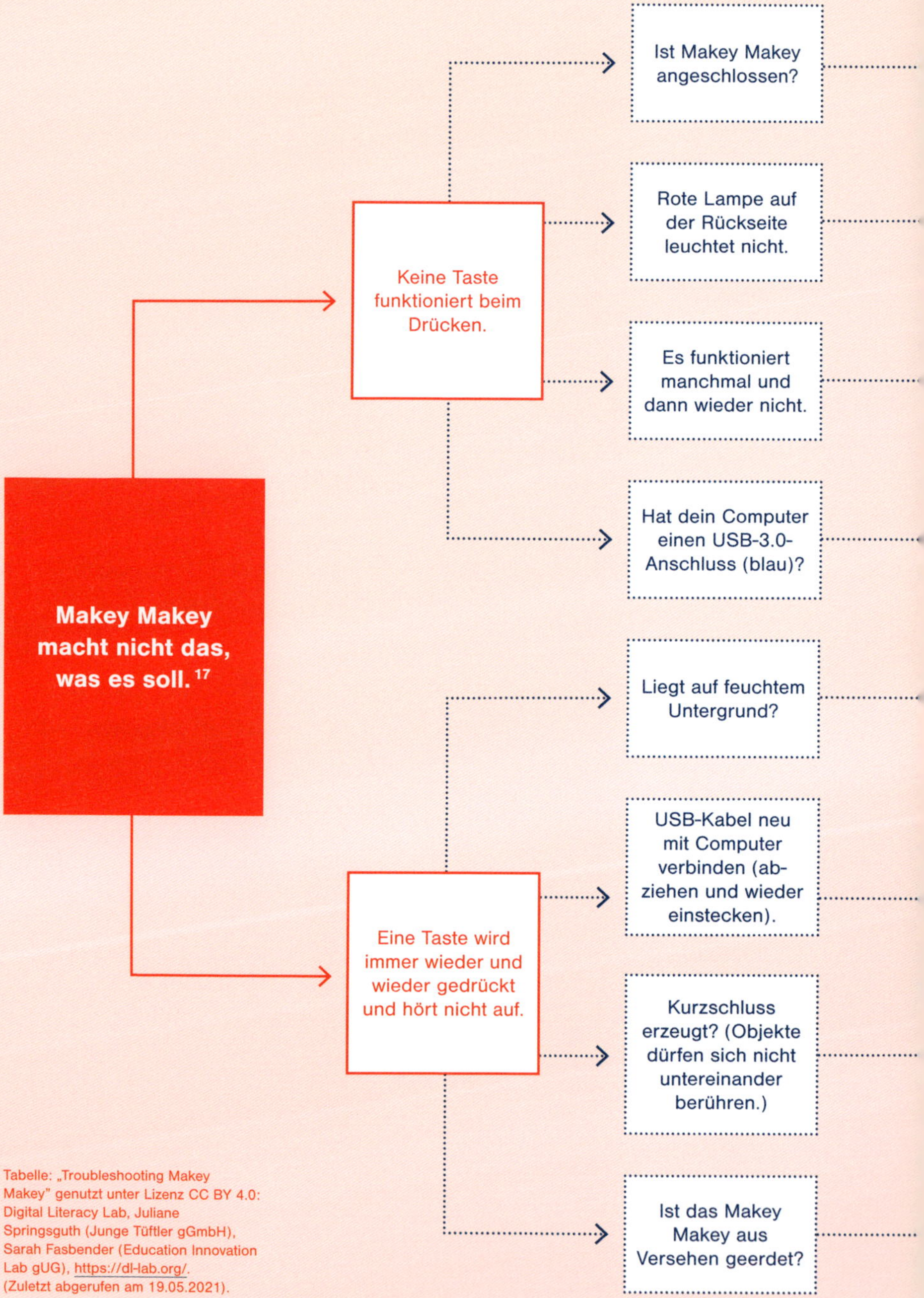

Tabelle: „Troubleshooting Makey Makey" genutzt unter Lizenz CC BY 4.0: Digital Literacy Lab, Juliane Springsguth (Junge Tüftler gGmbH), Sarah Fasbender (Education Innovation Lab gUG), https://dl-lab.org/. (Zuletzt abgerufen am 19.05.2021).

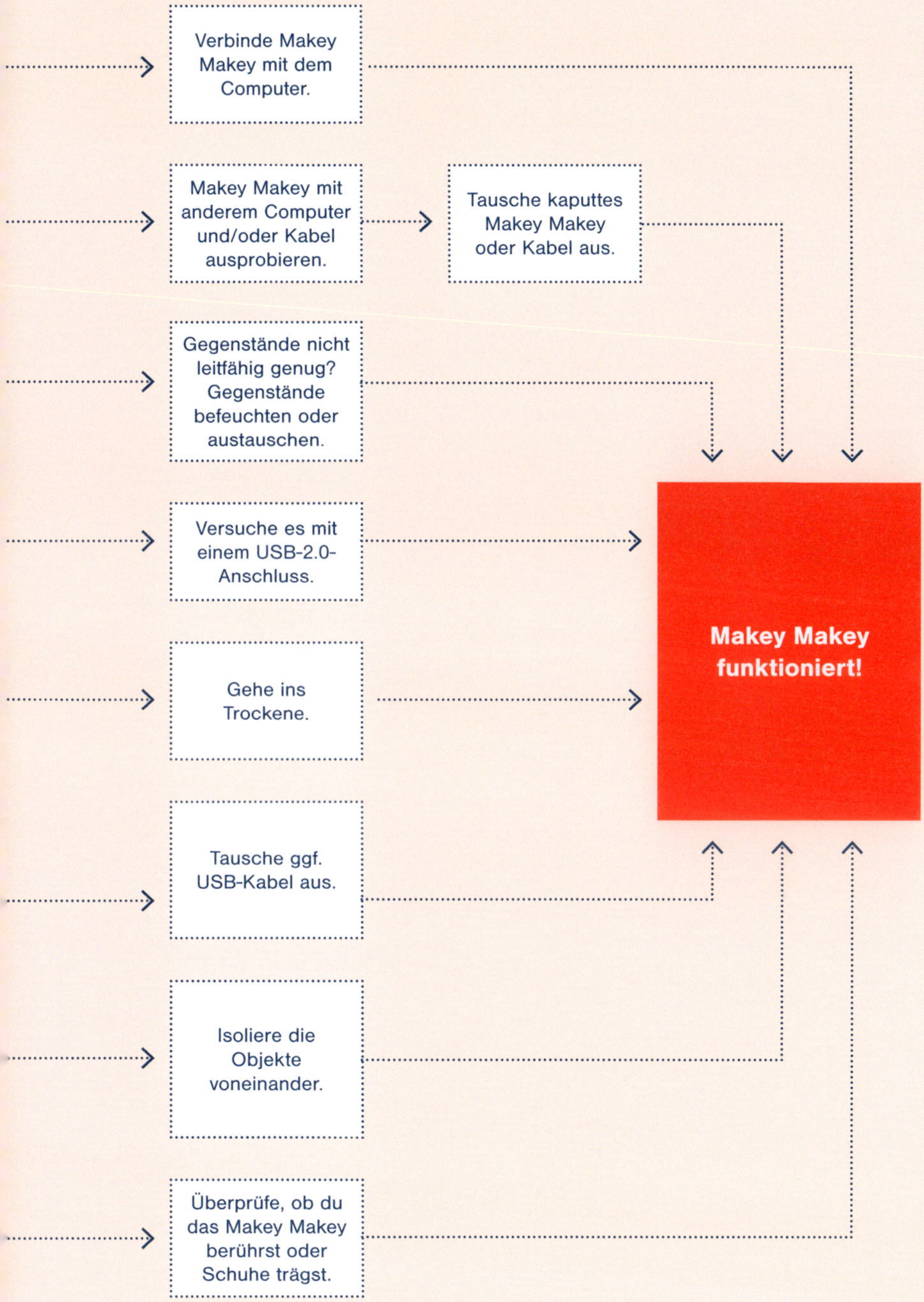
Verbinde Makey Makey mit dem Computer.
Makey Makey mit anderem Computer und/oder Kabel ausprobieren.
Tausche kaputtes Makey Makey oder Kabel aus.
Gegenstände nicht leitfähig genug? Gegenstände befeuchten oder austauschen.
Versuche es mit einem USB-2.0-Anschluss.
Gehe ins Trockene.
Tausche ggf. USB-Kabel aus.
Isoliere die Objekte voneinander.
Überprüfe, ob du das Makey Makey berührst oder Schuhe trägst.
Makey Makey funktioniert!

Teil 3

Anhang

Wenn ihr noch viele weitere Fragen habt, einige Einkaufstipps oder eine Begriffserklärung möchtet oder genauer wissen wollt, was wir Junge Tüftler und Programmiererinnen sonst noch alles machen, dann lest hier weiter.

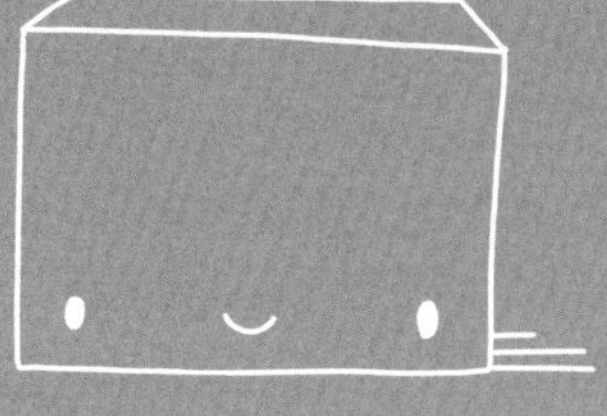

WAS ist DAS?

Aktor
Ein Aktor ist in einer Schaltung das, was durch ein elektrisches Signal aktiviert wird. Zum Beispiel kann das ein Motor, der anspringt, ein Licht, das angeht, oder ein Geräusch, das erklingt, sein.

Algorithmus
Ein Algorithmus ist eine endliche Abfolge von genau definierten Einzelschritten, um ein Problem zu lösen oder einen Prozess auszulösen.

Buzzer bzw. Summer
Der Buzzer ist ein elektronisches Bauteil, das durch das Anlegen von Strom einen (oft unangenehmen) Ton erzeugt.

Computerprogramm
Ein Computerprogramm ist eine Abfolge von Befehlen in einer bestimmten Programmiersprache. Das Programm erfüllt dann eine bestimmte Funktion oder löst ein Problem.

Debugging
Debugging ist beim Programmieren ein wichtiger Schritt, die Fehlersuche, wenn es nicht funktioniert. Man sucht den „Bug“ (engl. Käfer), der noch irgendwo steckt und den Fehler verursacht.

Klebeband, leitendes
Ein leitendes Klebeband besteht meistens aus Kupfer, manchmal auch aus Aluminium. Es ist, weil es aus Metall besteht, in der Lage, Strom zu leiten, und praktisch, weil man so die Verkabelung einfach aufkleben kann.

Knopfzelle
Eine Knopfzelle ist eine kleine runde, flache Batterie. Wir kennen sie aus Uhren, Weckern etc.

Kupferklebeband
s. Klebeband, leitendes.

LED
Steht für „light-emitting diode“, also Leuchtdiode. LEDs findet man in Taschenlampen, Autolichtern oder Glühlampen.

Leitend vs. isolierend

Leitend und isolierend sind Gegensätze. Wenn etwas leitend ist, kann es Strom leiten. Isolierend sind die Materialien, die Strom nicht leiten.

Litze

Litze ist ein dünnes Kabel, um Verbindungen herzustellen.

Makey Makey

Das Makey Makey ist ein Mikrocontroller, der an einen Computer angeschlossen werden kann und wie eine ausgelagerte Tastatur funktioniert. Durch die Umgebung Scratch kann er programmiert werden. Jeder leitfähige Gegenstand kann damit zu einer Taste werden, die durch Scratch programmierbar wird.

Mikrocontroller

Ein Mikrocontroller ist wie ein kleiner Computer, ohne Tastatur und Bildschirm. Er kann programmiert werden und Geräte steuern.

Programmieren

Programmieren bedeutet nichts anderes, als eine Aufgabe in Anweisungen (Algorithmen) zu übersetzen, mit denen ein Computer, Mikrocontroller oder Roboter genau weiß, was er zu tun hat.

Programmiersprache

Es gibt, genau wie in den Sprachen, auch in der Computerwelt verschiedene Programmiersprachen. Je nachdem, was man programmieren will, nutzt man unterschiedliche Sprachen. Wenn man eine Programmiersprache beherrscht, ist es oft leicht, auch andere Sprachen lesen und ggf. sogar schreiben zu können.

Schleife

Bei der Programmierung sind Schleifen Instruktionen, die einen gewissen Teil des Programmcodes wiederholen: Der Code, der von der Schleife umschlossen ist, wird wiederkehrend ausgeführt. Wie oft das passiert, kann in der Schleife definiert werden, also z. B. 5-mal oder auch unendlich oft.

Scratch/ScratchJr
Scratch ist eine der ersten grafischen Programmieroberflächen, entwickelt vom MIT. Durch visuelle Blöcke, die aneinandergereiht werden, entsteht ein Programm. ScratchJr ist die Version, die sich an kleine Kinder richtet, die noch keine Schreib- oder Lesekompetenz haben.

Sensoren
Sensoren sind elektronische Bauteile, die ihre Umwelt wahrnehmen können, so wie bei Menschen die Sinne funktionieren. Sensoren können unterschiedlich funktionieren. Manche haben mechanische oder chemische Mechanismen, um zu funktionieren. Sensoren können z. B. Helligkeit, Lautstärke, Temperatur, Staub, Feuchtigkeit oder Lage messen.

Steckbrett
Ein Steckbrett ist ein Plastikbrett, welches unzählig viele Löcher in Reihen angeordnet hat. Diese Reihen und deren Löcher sind miteinander verbunden. Man nutzt das Steckbrett, um exemplarisch Schaltungen aufzubauen.

Variable
Unter einer Variablen versteht man in der Programmierung eine Art „Behälter“, in dem ein Wert gespeichert wird. Im Gegensatz zu einer festen Größe, kann sie sich ändern - sie ist variabel.

Widerstand
Der Widerstand ist eine Größe, die Strom daran hindert, durch einen Gegenstand zu fließen. Je höher der Widerstand, desto weniger Strom kommt am Ende der Leitung an.

Einkaufstipps und hilfreiche Links zum Weiterstöbern

Ihr findet auch alle Tipps zum Einkaufen von Materialien unter: https://tueftelakademie.de/gemeinsamtuefteln.

Was es bei Junge Tüftler noch zu entdecken gibt

Wir haben euch eine Vielzahl an Projekten vorgeschlagen. Bestimmt habt ihr einige super gefunden, vielleicht haben euch andere nicht so gefallen? Das ist gut so, denn so habt ihr stärker herausgearbeitet, welcher Zugang zum Tüfteln euch besonders liegt. In welcher Richtung möchtet ihr nun weitermachen? Tüfteln ist eine innere Einstellung. Es sollte nicht am Ende dieses Buches aufhören, dies sollte erst der Beginn sein. Wir haben noch einige Tipps und Empfehlungen, wie ihr weitermachen könnt.

Die Welt der elektronischen Bauteile allein eröffnet euch ein ganzes Tüftel-Universum. Es macht Spaß, neue Sensoren oder Bauteile auszuprobieren und der Kreativität, was man damit alles so machen könnte, freien Lauf zu lassen. Statt Knopfzellen und 9-Volt-Blöcke könnt ihr etwa Solarmodule verwenden. Aber bestimmt entdeckt ihr selbst auch noch jede Menge Neues in der Ekektronikkiste.

Auch das Entdecken neuer Materialien macht Spaß und regt den Denkprozess an. Franzi war bei der Entdeckung von Velostat total begeistert. Dieses Material, das erst mal wie eine schwarze Plastikfolie aussieht, kann eingesetzt werden, um isolierend einen Stromkreis zu unterbrechen, es wird aber stromdurchlässig, wenn man die Folie zusammendrückt. Auch im Bereich der Soft Electronics, also „weicher“ Stromkreise mit Stoff und leitendem Garn, nutzen wir Velostat immer wieder. Wer hätte gedacht, dass es Stoffe gibt, die leiten? Oder dass man einen Streichelsensor nähen

kann, der durch Drüberstreichen LEDs zum Leuchten bringt?
Darüber hinaus gibt es unzählige Werkzeuge, die speziell für Kinderhände entwickelt wurden. Bei den Mikrocontrollern gibt es spannende Möglichkeiten. Wir verwenden als Anschluss an das Makey Makey oft den Calliope-mini-Mikrocontroller. Er ist gut geeignet für Kinder ab ca. 9 Jahren und kann zum Beispiel mit der einfachen Umgebung https://lab.open-roberta.org/ programmiert werden. Spannende Projektideen für den Calliope mini, wie den jubelnden Mülleimer, eine Lautstärkenampel oder eine Bewässerungsanlage, findet ihr unter https://tueftelakademie.de/inspiration/.

Auch das Touchboard ist eine tolle Möglichkeit, vor allem für den Tüftel-Typ Trommeln und Trompeten. Das Touchboard ist zum einen ein Theremin, also ein elektronisches Musikinstrument, das ganz ohne Berührung gespielt werden kann. Zum anderen lässt sich mithilfe des Mikrocontrollers das eigene Lieblingsbuch in eine interaktive Geschichte verwandeln oder bringt ein Poster zum Sprechen. Auch diese Projektideen findet ihr auf https://tueftelakademie.de/inspiration/.

Für alle, die noch mehr Inspiration suchen, gibt es in vielen Städten sogenannte Maker Faires. Unter der Website https://maker-faire.de/ könnt ihr sehen, wann die nächste Macher-Messe in eurer Nähe stattfindet. Dort stellen Künstler, Erfinderinnen, Tüftlerinnen und Macher aus Leidenschaft aus, was sie sich so überlegt haben.

Weitertüfteln, Fragen stellen und #einfach machen

Wir haben hier im Buch unsere Lieblingsprojekte zusammengestellt, die gut für den Einstieg geeignet sind. Viel mehr Projekte und ständig neue Inspiration entdeckt ihr auf der Plattform der Tüftelakademie https://tueftelakademie.de/. Schaut also immer mal wieder vorbei.

Wir freuen uns auch riesig über eure Ideen und Projekte. Also zögert nicht, uns Bilder und Ideen zu senden, wir nehmen diese gerne auch in unsere Plattform mit auf. Oder teilt eure Bilder über Social Media und verlinkt uns mit @jungetueftler oder @tueftelakademie.

Quellenangaben und Anmerkungen

1 Balder Onarheim: „We need creativity in any moment in our lifes" in: „3 tools to become more creative, Balder Onarheim, TEDxCopenhagenSalon"; https://www.youtube.com/watch?v=g-YScywp6AU (zuletzt abgerufen am 18.05.2021).

2 Da dessen Bedeutung so relevant für unsere Demokratie ist, wird es auch jährlich von der Bundesregierung durch Förderprogramme gestützt und ausgebaut. Einen Überblick über eine Vielzahl der Projekte findet ihr auf dem Portal www.buergerschaffenwissen.de. Hier könnt ihr mitmachen und zum Beispiel helfen, die Feldhamster zu zählen oder Ampelphasen mit dem Smartphone zu dokumentieren. Dies kann dabei unterstützen, eine bessere Ampelkarte für blinde und sehbehinderte Menschen zu erstellen.

3 Vgl.: „Flow, the secret to happiness" Mihaly Csikszentmihalyi, TED; https://www.ted.com/talks/mihaly_csikszentmihalyi_flow_the_secret_to_happiness?language=de#t-430824, (zuletztabgerufen am 19.05.2021).

4 Volker Busch in: Karsten Möbius: „Hirnforschung. Das Gehirn wird vom Lernen glücklich."; https://www.mdr.de/wissen/themenwoche/glueck-freude-lernen-gehirn-100.html (zuletzt abgerufen am 20.7.2021).

5 Gerald Hüther, Uli Hauser: „Jedes Kind ist hochbegabt", München: Albrecht Knaus Verlag 2012.

6 Auch für die Lehrpersonen ist der Druck in den letzten Jahren kontinuierlich gestiegen. Ständig kommen neue Themen auf ihren Tisch, die noch zusätzlich zum Fachunterricht adressiert werden sollen. Ebenso wird von den Lehrpersonen erwartet, dass sie auch eine erzieherische Funktion haben. Wir alle wissen, wie schwierig es sein kann, zu Hause zwei Kinder gleichzeitig zu betreuen. Und von Lehrpersonen verlangen wir, dass sie bei bis zu 30 Kindern in der Klasse noch jedes einzelne im Auge haben, individuell fördern und ggf. auch noch merken und intervenieren, wenn das Kind Sorgen hat oder auffällig ist. Das kann kein Mensch leisten. Die Lehrpersonen sind gefangen in dem System, wie es heute ist. Denn das System Schule hat sich zu lange dem Wandel der Zeit entzogen. Wissen auswendig zu reproduzieren ist in Zeiten von Google und Wikipedia weniger wichtig als Kreativität oder Kooperation. Denn die Herausforderungen, die die nächsten Generationen global zu lösen haben, können nur mit diesen Metakompetenzen angegangen werden. Dies in eine neue gute Balance zu setzen und Schule inhaltlich als auch räumlich neu zu denken, ist eine große Herausforderung unserer Zeit.

7 Vgl.: Mitchel Resnick: „All I Really Need to Know (About Creative Thinking) I Learned (By Studying How Children Learn) in Kindergarten."; https://web.media.mit.edu/~mres/papers/kindergarten-learning-approach.pdf (zuletzt abgerufen: 22.07.2021).

8 Dazu ein schlimmer Fehler von Google. Die Gesichtserkennung der Suchmaschine von Google kategorisierte Bilder von schwarzen Menschen als „Affen-Bilder" und ließ in der Suchanzeige bei der Suche nach „Affe" diese Fotos von schwarzen Menschen auftauchen. Das ist natürlich ein schrecklicher Fehler, für den sich Google entschuldigt hat. Es zeigt aber ein ganz dramatisches Problem sehr deutlich auf: Nämlich, dass die Software nicht

richtig funktioniert, weil bei der Entwicklung des Programms wohl kaum schwarze Menschen involviert waren.

9 In der 7. Klasse gibt's – unserer Erfahrung nach – häufig bereits viele festgefahrene Vorstellungen. Wir hören zum Beispiel öfter, dass oft nur noch die „Mathejungs" in der Informatik- oder Robotik-AG säßen. In den Workshops, die wir bereits mit Grundschülerinnen und Grundschülern selbst durchführen, ist das Interesse allerdings noch gleichermaßen vorhanden. Wir sind in unserer eigenen Tüftel-Familie bunt gemischt. Und wir halten das für ein sehr zukunftsfähiges Modell für die gesamte Digitalbranche.

10 Das Spannende daran ist, dass Technologien uns helfen können, die Welt Stück für Stück besser und nachhaltiger zu machen. Es liegt an den Nutzern und den Entwicklerinnen, wie wir Technologie sinnstiftend einsetzen. Falls ihr mehr dazu wissen möchtet, findet ihr unter dem Schlagwort „TechForGood" im Netz weitere Informationen.

11 Wir danken der Auerbach Stiftung dafür, dass wir die Projektidee 21 „Das Handy-Bett mit Wecker" in dieses Buch aufnehmen durften, die uns zum Weitertüfteln inspiriert hat, sowie für die Erlaubnis, die Vorlage zum Bastelbogen zu nutzen: Urheber Steffen Heil | Auerbach Stiftung, www.auerbach-stiftung.de (zuletzt abgerufen am 18.05.2021).

12 Wir danken Tinkertank für die Inspiration zu unserem Projekt 26 „Spiralen-Maler", die ihrer Projektseite www.tuduu.org entsprungen ist, https://www.tuduu.org/projekt/super-schnelle-eier-bemal-maschine (zuletzt abgerufen am 19.05.2021).

13 Projektidee 54: „Obst-Piano" genutzt unter Lizenz CC BY 4.0: Pädagogische Hochschule Schwyz | Urheber Michael Hielscher und Beat Döbeli Honegger | Überarbeitung Junge Tüftler gGmbH, https://ilearnit.ch/download/MakeyMakeyProjektideen.pdf (zuletzt abgerufen am 19.05.2021).

14 Projektidee 58: „Tanzmatte" genutzt unter Lizenz CC BY 4.0: Pädagogische Hochschule Schwyz | Urheber Michael Hielscher und Beat Döbeli Honegger | Überarbeitung Junge Tüftler gGmbH, https://ilearnit.ch/download/MakeyMakeyProjektideen.pdf (zuletzt abgerufen am 19.05.2021).

15 Projektidee 61: „Abenteuerpfad" genutzt unter Lizenz CC BY 4.0: Pädagogische Hochschule Schwyz | Urheber Michael Hielscher und Beat Döbeli Honegger | Überarbeitung Junge Tüftler gGmbH, https://ilearnit.ch/download/MakeyMakeyProjektideen.pdf (zuletzt abgerufen am 19.05.2021).

16 Projektidee 66: „VR-Brille selber bauen" genutzt unter Lizenz CC BY 4.0: medien+bildung.com | Urheber Steffen Griesinger, Christian Laber, Jennifer Schatz, www.mein-guckkasten.de (https://medienundbildung.com/projekte/maker-labor/mein-guckkasten (zuletzt abgerufen am 19.05.2021).

17 Tabelle: „Troubleshooting Makey Makey" genutzt unter Lizenz CC BY 4.0: Digital Literacy Lab | Urheber Juliane Springsguth (Junge Tüftler gGmbH), Sarah Fasbender (Education Innovation Lab gUG), https://dl-lab.org/ (zuletzt abgerufen am 19.05.2021).

Impressum

Bibliografische Information der Deutschen Nationalbibliothek

Die Deutsche Nationalbibliothek verzeichnet diese Publikation in der Deutschen Nationalbibliografie; detaillierte bibliografische Daten sind im Internet über http://dnb.dnb.de abrufbar.

Bibliographisches Institut GmbH, Mecklenburgische Straße 53, 14197 Berlin

Text und Konzept **Junge Tüftler gGmbH**
Redaktionelle Leitung **Susanne Klar**
Lektorat **Friederike Moldenhauer**, www.moldenhauer-text.de
Herstellung **Alfred Trinnes**
Layout und Satz **Veronika Neubauer**
Illustrationen **Carlotta Klee**
Umschlaggestaltung **2issue, München**
Umschlagabbildung © **Jan von Holleben, Berlin**
Druck und Bindung **AZ Druck und Datentechnik GmbH, Heisinger Straße 16, 87437 Kempten**

Printed in Germany

www.duden.de

ISBN 978-3-411-77087-8
Auch als E-Book erhältlich unter: ISBN 978-3-411-91392-3
www.duden.de

PEFC
PEFC/04-31-2260

PEFC zertifiziert
Dieses Produkt stammt aus nachhaltig bewirtschafteten Wäldern und kontrollierten Quellen.

www.pefc.de

Nutzung unter Lizenz CC BY 4.0:

Mit freundlicher Genehmigung

Wir danken für Inspiration und Maker-Mindset:

Tinkertank für die Inspiration zu unserem **Projekt 26** „Spiralen-Maler" (Seite 180-181), die ihrer Projektseite www.tuduu.org entsprungen ist, https://www.tuduu.org/projekt/super-schnelle-eier-bemal-maschine (zuletzt abgerufen am 19.05.2021).

AnnMarie Thomas vom **Playful Learning Lab** für die Inspiration zu unserem **Projekt 2** „Leuchtende Knetfiguren" (Seite 132-134), https://www.playfullearninglab.org/squishy-circuits (zuletzt abgerufen am 19.05.2021).

Steffen Heil von der **Auerbach Stiftung** für die Inspiration zu unserem **Projekt 21** „Das Handybett mit Wecker" (Seite 169-171), https://handy-bett.de/ (zuletzt abgerufen am 19.05.2021).

Steffen Griesinger, Christian Laber und **Jennifer Schatz** von **medien+ bildung.com** für die Inspiration zu unserem **Projekt 66** „VR-Brille selber bauen" (Seite 300-302), https://medienundbildung.com/projekte/maker-labor/mein-guckkasten/ (zuletzt abgerufen am 19.05.2021).

Jay Silver und **Eric Rosenbaum** von **Makey Makey** für die Inspiration zu unseren **Projekten 53-61**, die ohne die Erfindung des Makey Makeys nicht möglich wären. (Seite 266-288), https://makeymakey.com/ (zuletzt abgerufen am 19.05.2021).

Beat Döbeli von der **Pädagogischen Hochschule Schwyz** für die Inspiration zu unseren **Projekten 54** „Makey Makey – Obst-Piano" (Seite 267-268), **58** „Let's Dance – Makey-Makey-Tanzmatte" (Seite 276-278) und **61** „Abenteuerpfad mit Makey Makey" (Seite 284-288), https://ilearnit.ch/download/MakeyMakeyProjektideen.pdf (zuletzt abgerufen am 19.05.2021).

Ein besonderer Dank geht an:

Friederike Moldenhauer für das Durchhaltevermögen beim Lektorat, an **Susanne Klar** für das gesamte Projektmanagement und den Glauben an unser Buch und an **unsere Familien**, die uns viele Stunden an Wochenenden entbehrt haben, damit wir unsere Gedanken auf Papier bringenkonnten.